| 多维人文学术研究丛书 |

汉语修辞术研究

陈丛耘 | 著

中国书籍出版社
China Book Press

图书在版编目（CIP）数据

汉语修辞术研究/陈丛耘著. —北京：中国书籍出版社，2020.1
ISBN 978 – 7 – 5068 – 7684 – 1

Ⅰ.①汉… Ⅱ.①陈… Ⅲ.①汉语—修辞学—研究 Ⅳ.①H15

中国版本图书馆 CIP 数据核字（2019）第 291092 号

汉语修辞术研究

陈丛耘 著

责任编辑	袁家乐　李田燕
责任印制	孙马飞　马　芝
封面设计	中联华文
出版发行	中国书籍出版社
地　　址	北京市丰台区三路居路 97 号（邮编：100073）
电　　话	（010）52257143（总编室）　（010）52257140（发行部）
电子邮箱	eo@ chinabp. com. cn
经　　销	全国新华书店
印　　刷	三河市华东印刷有限公司
开　　本	710 毫米×1000 毫米　1/16
字　　数	238 千字
印　　张	16
版　　次	2020 年 1 月第 1 版　2020 年 1 月第 1 次印刷
书　　号	ISBN 978 – 7 – 5068 – 7684 – 1
定　　价	95.00 元

版权所有　翻印必究

目 录
CONTENTS

第一章 修辞学 ……………………………………………………… 1

　第一节　修辞观 ………………………………………………… 1

　第二节　修辞方法论 …………………………………………… 2

　第三节　表达与接受 …………………………………………… 3

　第四节　修辞的潜性与显性原则 ……………………………… 4

第二章 修辞术 …………………………………………………… 15

　第一节　源于语音的修辞术 …………………………………… 15

　第二节　源于汉字的修辞术 …………………………………… 18

　第三节　源于词汇的修辞术 …………………………………… 19

　第四节　源于语法的修辞术 …………………………………… 20

　第五节　源于逻辑的修辞术 …………………………………… 21

第三章 词语修辞术 ……………………………………………… 23

　第一节　词语的选用 …………………………………………… 23

　第二节　词语的锤炼 …………………………………………… 32

　第三节　特殊词语的选用 ……………………………………… 42

　第四节　固定短语与修辞 ……………………………………… 45

第四章 句式修辞术 ……………………………………………… 65

　第一节　常式句和变式句 ……………………………………… 66

第二节　整句和散句 …………………………………………… 68
　第三节　紧句与松句 …………………………………………… 70
　第四节　长句与短句 …………………………………………… 71
　第五节　肯定句与否定句 ……………………………………… 74
　第六节　主动句与被动句 ……………………………………… 75
　第七节　直陈句与疑问句 ……………………………………… 77
第五章　篇章修辞术 …………………………………………………… 78
　第一节　篇章修辞的要求 ……………………………………… 78
　第二节　篇章修辞的内容 ……………………………………… 80
　第三节　篇章修辞的方式 ……………………………………… 89
第六章　语体修辞术 …………………………………………………… 92
　第一节　口头语体与书面语体 ………………………………… 92
　第二节　书面语体的类型和特点 ……………………………… 94
　第三节　新兴交叉语体 ………………………………………… 100
　第四节　语体的交叉渗透 ……………………………………… 104
第七章　辞格修辞术 …………………………………………………… 110
　第一节　辞格 …………………………………………………… 110
　第二节　辞格的发掘 …………………………………………… 113
　第三节　辞格 44 种 …………………………………………… 115
　第四节　辞格的综合运用 ……………………………………… 241
参考文献 ………………………………………………………………… 245
后记 ……………………………………………………………………… 247

第一章

修辞学

"学术"包括"学"和"术",拿汉语修辞来讲,研究修辞观、方法论、修辞原则等问题的是修辞学,研究具体修辞方法的是修辞术。在修辞术里会折射出修辞学的影子,因此研究修辞术还必须先讨论修辞学的一些基本问题。

第一节 修辞观

修辞观是人们对修辞现象的根本看法,它直接影响到对修辞规律的探索。具体来说,它影响修辞的定义和性质、修辞研究的对象和范围、修辞研究的理论和方法。

"修辞"可以指修辞活动或修辞过程,是人们在说话或写作时对语言要素进行选择、加工以提高表达效果的活动过程。"修辞"还可以指修辞规律或修辞学。修辞规律是指运用语言规则把话语说得通顺或说得生动形象的方法和技巧,把话说通顺属于消极修辞,把话说得生动形象属于积极修辞,研究修辞规律的学科就是修辞学。

传统修辞学研究选词炼句、辞格等。所谓选词炼句是互文现义,即选择词语和句子,锤炼词语和句子。选词炼句的过程就是对词语和句子反复推敲的过程。

现代修辞学在传统修辞学的基础上,研究范围有所拓展,它除了传统修辞的研究对象之外,还研究篇章修辞,语体修辞等。

第二节 修辞方法论

修辞方法包括两层意思：一是修辞方法论；二是修辞的具体方法或技巧，也有人称为"修辞术"。

汉语的修辞方法包括传统修辞学的选词、炼句、辞格，也包括现代修辞学的篇章修辞、语体修辞以及与修辞学相关的新兴学科的研究方法。

现代修辞学把修辞定义为人们在特定的语言环境中根据题旨情境、运用有声语言对言语毛坯进行调适产生修辞文本的活动过程。修辞现象具有多层面性，也就相应地产生了修辞与语言、言语、语体、语境、社会、文化、心理、信息、审美等的关系。比如，修辞学与文学、美学、心理学、逻辑学、民俗学等存在着密切关系。文学是运用语言的一门艺术，某些文学创作方法与修辞学中的表现手法也有相似或相通之处；美学是研究美的本质及表现形式的科学，在探索语言美的规律方面也与修辞学相联系；心理学研究人们的心理现象及其活动规律，修辞学中着眼于联想和想象的一些修辞手法与心理活动关系甚密；逻辑学研究思维的本质、形式和规律，修辞学上的准确性原则就是讲究概念明确、判断恰当、推理合乎逻辑规律；民俗学研究民间风俗、时尚和习惯，修辞学要研究如何适应情境，它们之间也是有联系的。了解修辞学与其他相关学科的关系，可以开拓修辞研究的视野，修辞理论、手段、方法要从与修辞学相关的边缘学科中去汲取。

事实也是这样，修辞活动不仅仅是靠语言因素起作用，社会因素、心理因素、语境因素、语体因素等都会参与修辞活动。据报载，香港有一茶室为了提高经济效益，在可可茶旁边放上鸡蛋，侍者在茶客要可可茶时总要问一句"要不要鸡蛋？"有一位心理学家建议侍者不要问："要不要鸡蛋？"而应该问："要几个鸡蛋？"改变问话方式以后，该茶室的鸡蛋销售量剧增。很显然，这当中有一个修辞问题，从语言因素来看，充其量只是改变了句子内部的词语组织，但语言成分的变换，在较大程度上顺应了顾客心理。可见，研究修辞就是研究如何把话说好、说生动、说得更有效果，这就不能仅仅着眼于语言因素，其他相关的因素均应涉及。

因此，现代修辞学分支学科越分越细。如，表达修辞学和接受修辞学（阐释修辞学）、积极修辞学和消极修辞学、社会心理修辞学、文化修辞学、信息修辞学、审美修辞学等。

第三节　表达与接受

传统修辞学是重视表达的修辞学。从表达的角度看，为了把话说通，要学习语法；为了把话说准确，要学习逻辑；为了把话说生动，要学习修辞。修辞是为增强语言的表达效果而对语言进行选择加工调整的一种自觉活动。人们使用语言进行交际，总是要清楚地表达自己的意思，使听者明白，这就需要仔细揣摩，选用什么词语，组织什么句式，运用什么辞格，通过反复取舍、加工、修改，最后才能把要表达的话语确定下来。所有这些努力，都是为了提高语言的表达效果。

接受修辞学是与表达修辞学对立互补的一门新兴修辞学科。在国内外诸多修辞学理论和学派中，表达修辞学已占有一席之地，而接受修辞学却未见端倪。既然表达与接受相对峙，那么，当代修辞学在倡导表达修辞学的同时，就不应忽视接受修辞学的存在。接受修辞学的理论得益于接受美学，修辞是对言语的调适，言语调适的结果产生了修辞文本（调适后用于表达的话语），修辞文本是调适者和接受者沟通的中介。修辞文本的修辞效果通过接受者的审美反应而表现出来。调适者自身的因素反映在修辞文本中，接受者的自身因素影响修辞文本的接受。调适者和接受者的沟通依赖一定的修辞情境，并在"调适——接受"的过程中产生种种障碍。接受修辞学主要研究在修辞情境中调适者和接受者通过修辞文本进行"调适——接受"的交流反应过程及其障碍。

第四节 修辞的潜性与显性原则

修辞要秉承得体性原则，也就是修辞的显性原则。因为这个原则符合汉民族重"和谐"的价值取向，符合汉民族重直观、重整体把握的思维模式。同时，在得体性原则之下还隐含着一个潜原则，那就是"诚信原则"。

一、修辞的潜性原则——诚信

诚信是汉文化的核心，是中华民族做人的基本准则。修身养性，"诚"是根本。《大学》和《中庸》的关键是一个"诚"字；成语：推诚布公，推心置腹，待人以诚，诚恳待人，将心比心，心口如一，言为心声，言无信不立等，讲究的也是"诚"字。语言生活是社会生活中重要的一部分，中国传统文化的精髓就集中体现在语言生活中。中国的传统修辞学非常注重"诚信"二字。"修辞立其诚"，这是早在《周易·乾·文言》中就已经提出的。《周易·乾·文言》曰："君子进德修业。忠信，所以进德也；修辞立其诚，所以居业也。"唐·孔颖达疏："'修辞立其诚，所以居业'者，'辞'谓文教，'诚'谓诚实也；外则修理文教，内则立其诚实，内外相成，则有功业可居。故云'居业'也。""修辞立其诚"就是说，修辞不能巧饰于外而忘了"诚信"这一根本。因此"诚信"不仅是中国传统文化所追求的境界，也是中国传统修辞学所追求的境界。

但是，中国现代修辞学"在向西方修辞学学习的时候丢掉了中国传统修辞学的优秀传统，其中最重要的是对'修辞立其诚'原则的忽视和背离。"[1] 20世纪90年代王希杰先生又郑重地把"修辞立其诚"迎回修辞领域。他认为"修辞学的复兴要从修辞学的根本出发点开始，一定程度上要向中国古典修辞学复归，重新回到'修辞立其诚'的原则上来"。[2]

"诚信"原则是建立在"真实"的基础上的。"真实"就是要符合客

---

[1] 王希杰. 略论修辞立其诚 [J]. 苏州教育学院学报，2003，3.1–4.
[2] 王希杰. 修辞学通论 [M]. 南京：南京大学出版社，1996.

观的物理世界的真实,就是要表里如一,不歪曲事实,有根有据。鲁迅先生曾用这样浅显易懂的言语揭示"修辞立其诚"和真实性之间的关系:"'燕山雪花大如席'是夸张,但燕山究竟是有雪花,就含有一点诚实在里面,使我们立刻知道燕山原来有这么冷。如果说'广州雪花大如席'那可就变成笑话了。"(《鲁迅全集》第六集)

为什么"燕山雪花大如席"就是一个很好的修辞的句子,而"广州雪花大如席"就变成笑话了呢?原因很简单,燕山有雪而广州无雪,无雪说成有雪,而且是大雪,那不是太虚假了吗?虚假即不真实,不真实即不诚信。

修辞学上的诚信原则,又不能简单地等同于物理世界的真实。这个特定的真实来自思维。思维的真实,思维的诚信,其实是真善美的统一。这个统一是在善统率下的统一。因此在我们看来,诚信就是道德上的善。王希杰先生在2002年9月21日给聂焱先生的信中写道:"'诚信'不一定就只指'说实话',从'善'的愿望出发说假话,并不违背诚信原则。"[①] 比如:在看望病人时,人们经常说的一句话就是"您今天的脸色好多了"。这话有时是真的,病人通过医生的治疗,病情的确有所好转,脸色也好看多了。这时说这句话,显然是"真实"的,因而是具有诚信的,当然也是得体的。但是,有时情况并非如此,病人通过反复治疗,病情并未好转,甚至反而加重了,脸色也难看极了。但是,没有一个傻瓜会在探望病人时,当着病人的面说"您今天的脸色难看极了"之类的话语,这虽然是真实的,但却很不得体。反而,他会本着"善意"说"您今天的脸色好多了"这句并不真实的话,这时没有人会指责他违背了"诚信"原则。因为话语发出者是"诚心"的、"诚恳"的、"诚挚"的,这是一种善意的"谎言",是中国传统文化的必然表现。因此,在谈论诚信原则和真实性之间的关系的时候,我们应当注意:语言生活中的真实性是一个文化世界和心理世界的问题,不是简单的物理世界的事情。换句话说,所谓诚信,所谓真实,都是从特定文化和心理标准出发的。

---

① 聂焱. 王希杰修辞思想研究 [C]. 北京:中国文联出版社,2004.4.

二、修辞的显性原则——得体

好话一句三冬暖，一句熨帖的话，可以化解心灵的寒霜，温暖冰冻的心灵，甚至可以化解一触即发的矛盾。那么，什么样的话语容易被人们愉快地接受呢？王希杰先生认为："得体性是评价话语好坏的最重要的标准，也是决定话语表达效果的最重要的因素。"① 他把"得体"封为修辞的最高原则，也是修辞学中的显性原则。

如何做到得体呢？孔子曾经有过这样的论述："质胜文则野，文胜质则史，文质彬彬，然后君子。"还说过："辞达而已矣。"（《论语·雍也》）这其实就是谈的"得体"。得体是言语外在美的展示。在中国传统文化的制约下，"得体"其实就是"和谐""和合"之美，即话语表达与话语环境，话语表达与话语对象等诸因素之间要和谐、协调。

有这么一则小幽默：

招聘服务生的老板，面试前来应聘的三人，提出一个问题：推门进屋，突然看见女顾客洗澡怎么办？甲说：对不起，小姐。乙说：对不起，小姐，并把门关上。丙说：对不起，先生。把门关上。

老板录用了丙。何故？道理很简单，在突发情况前，丙能够根据特殊情况，把话说得巧妙得体。"对不起，先生！"可以看出丙是在装"糊涂"。应该明白，这种"糊涂"是在特定的环境下最聪明的体现。丙语言表现出来的"糊涂"，传达出的信息让吃惊的女顾客感到：这个服务生高度近视，或者这个服务生太紧张了，什么也没看清。而这种"错觉"，正是丙得体的语言造成的。丙之举，巧妙地维护了女顾客的尊严，所以，丙才会被老板录用。

在生活中，说话不得体的事例，屡见不鲜。朋友的公司要招聘一文秘。广告一出，应者如云。一女大学生递上自荐书，主考官边看自荐书，边自言自语地笑说，"啊，身高一米六五？穿上高跟鞋恐怕比我个头都高啦"。女生笑说，"别悲观，浓缩是精品嘛！"如此戏语，令主考官哭笑不

---

① 王希杰. 语言的规范化和言语的得体性 [J]. 韩山师范学院学报，1996，2（57-65）.

得。女生本想借潘长江小品中的台词开个玩笑，可惜搞错了对象。作为应聘者，无论从哪个角度讲，说这样的话都是违背了修辞的显性原则"得体"了。

相反朱庆余的诗《近试上张水部》就很得体。诗是这样写的：

"洞房昨夜停红烛，待晓堂前拜舅姑。妆罢低声问夫婿：'画眉深浅入时无？'"

粗粗一看，这是一首美丽动人的闺房诗。然而，诗的本义并非是新婚小娇娘问夫婿化妆是否入时，却是一名应试才子巧妙地向考官试探消息。这非常符合中华民族特有的含蓄委婉的性格，以及中国知识分子清高矜持的性情，非常得体，效果很好。如此，我们是否可以这样说"话语的最佳表达效果的获得取决于得体性原则的满足程度"。得体性的满足程度越高则话语的效果越佳。

当然，我们所说的"得体"主要是指宏观上得体。一般来说，宏观上的得体大多数是与微观得体相一致的，但是，有时微观上的不得体放在宏观的角度看却是很得体的。

如淡墨的《山里，有这样一个女人》中的描写："月亮夜夜升起她的忧愁。太阳天天沉落她的青春。""忧愁""青春"都是一种很抽象的、无形的东西，怎么可以受到"升起""沉落"这样的动词支配呢？从语义上看也是说不通的，从微观上看显然是不得体的，但纵观全文，从宏观的角度看，却是非常符合人物的命运的，因此是得体的。

但有时，微观上是得体的，宏观上却未必得体。《雅谑》上有这样一则翁媳的对话造成的笑话：

"次媳入京，公适卧疾，呼之床前，而以手拍枕曰：'老年头畏风，速买一帕寄回。'明日登程，诸亲毕会，忽又呼媳曰：'勿忘昨夜枕上之嘱。'众骇然，问其故，乃始抚掌。"

从微观的层面看这些对话没有什么问题，符合微观的合格原则。但放诸宏观的语境中，其"语旨""语境""语效"三者没有达到和谐，因而就不得体，就难免"众骇然"了。由于这些话与当时的话语环境和话语对象极不和谐，因此，交际就出现了障碍。交际出现了障碍，正说明了老翁的话违背了修辞显性原则"得体"。

得体还有个文化程度高低的差异,甚至还有性别,年龄的差异。有两句俗语:"三折肱知为良医"与"久病成良医",这两句话所表达的信息是一致的,就话语本身而言,虽一雅一俗,但句子的内部结构均符合规范,而且读来也还算顺口,意思也没有科学错误。从微观的层面上来说都是得体的,但若放错了话语环境,看错了话语对象,那就有可能会弄出不得体的笑话了。下面这个例子正好说明了这一点。

作家协会的一位老同志去修鞋,他的鞋是一个名牌鞋,鞋匠也很专业,他想老同志的鞋不是一般的鞋,做工这么好的鞋,他这辈子没见过几双。他问:"老同志的鞋在哪儿买的?"老同志说:"那是在意大利买的巴利牌鞋。"鞋匠问:"多少钱?""人民币4千多。"鞋匠又问:"你是干什么的?""我是作协的。""什么?做鞋的?唉,真是人比人气死人。你做鞋的就穿意大利皮鞋,我修鞋的就穿破球鞋。"

对一个修鞋的人怎能用"作协"这样的缩略语呢?这无疑是对牛弹琴呀,实在不得体。有句老话这样说"俗人说俗话,雅人说雅语",林妹妹绝对说不出"红刀子进白刀子出"这样的醉话,焦大也绝对吟不出葬花词来。

值得注意的是"交际活动中的得体性原则也有种族、时代和地域的差异"。有一位著名的哈萨克作家在他的作品里描写一名英雄才俊竟然用"眼睛里放射着狼一样的光芒"来形容,这在汉民族来看,是无论如何也不能接受的。这就是文化造成的差异。

显然,"得体"是个复杂的问题,它虽然是语言世界研究的问题,但又必定会涉及物理世界、文化世界和心理世界。如若您对江南水乡或一马平川的地区一辈子也没见过山的人说"车到山前必有路",那您就不能责怪他"连这点道理也想不明白"。同样,若对缺水少河的黄土高坡的人说"船到桥头自然直",他也是"丈二和尚摸不着头脑"。

当然,得体性也会因人因事因物而显现出一定的差异度,所谓"横看成岭侧成峰,远近高低各不同"。但这个差异度只能限定在"量"的变化上,决不能发生"质"的变味。从中国传统的哲学观来说,"得体"还要讲究一个"度"的把握。不偏不倚，中正适度，适度即得体。这个适度研究的也是"特定的交际环境中话语对于交际环境的适应程度的问题"。王希杰先生在讲述"适度原则"时说："交际的艺术其关键也就是一个保持'适度'的问题。正如哲人所说'真理向前再走半步，就是谬误！'……在修辞学中，最重要的事情就是适度，一切的一切都不可以过分，过头，过量，过火，不可以太出格。"在"大跃进"时期有很多群众性的歌谣，有的就没有把握好"度"，因此也失去了"信"。有一句是这样写的"种的南瓜比地球大"。这样的夸张超过了"度"，就失去了"信度"，成了笑料。种的南瓜再大，也得让地球放得下，这与当时的浮夸风盛行不无关系。有位中学生在他的习作《送同学参加军干校》中颂扬他参加军干校学习的同学："你是太阳，你是旗帜。你将来的成就——世界人民的和平，亚洲人民的安全，中国人民的幸福。"这个夸奖也没有掌握好"度"，显然也违背了修辞的显性原则，是不得体的。

三、得体性的要求

得体有什么要求呢？其实，得体就是合宜。得体不得体，合宜不合宜，全在于修辞的时机是否掌握好。掌握得好，就是得体；掌握得不好，就是不得体。孔子的看法是："可与言而不与言，失人；不可与言而与之言，失言。知者不失人，亦不失言。"（《论语·卫灵公》）修辞时机的确定可以从这几方面加以把握。

（一）得体要符合交际目的

希腊哲学家苏格拉底的妻子是出了名的悍妇。有一次，正当他与友人畅谈时，妻子闯了进来大吵大闹，苏格拉底采取了充耳不闻的态度继续自己的谈话，泼悍的妻子恼羞成怒，竟将一盆水泼在他的头上。朋友以为这下免不了一场恶战，苏格拉底却捋了捋胡子平静地说道："我早就料到，雷霆之后必定是暴雨。"朋友笑了，妻子也无趣地走了。苏格拉底说这番话的目的既是劝导妻子，同时也使自己很体面地摆脱窘境。目的明确，设喻得体，效果自然理想。再比如，在某电影颁奖晚会上，主持人要扮演焦裕禄获奖的李雪健说几句话。他说的是"所有的鲜花和荣誉，都给了傻小子李雪健，而所有的苦和累，都给了焦书记……"李雪健之言，谦虚得体，赢得了满场的掌声，李雪健称自己是傻小子正是为了衬托自己塑造成功的荧幕形象焦裕禄。

（二）得体要注意言语环境

一个词语，一句话，孤立地看，也许无所谓好，无所谓坏，但一旦放在一定的言语环境中，情况就大不相同了。言语环境简称语境，是交际活动中的一个重要因素。语境包括文化世界的社会环境，物理世界的自然环境、时间环境、空间环境和心理世界的心理环境等。其实，简而言之，言语的环境就是场合，得体性原则就是要选择一个合适的语境。对于这一点，周恩来总理就给我们做出了很好的示范。据说，周恩来总理在1957年访问尼泊尔时的讲演非常成功，讲演中用了一个很好的比喻，周总理说："在我要结束我的讲话的时候，我祝中国和尼泊尔的友谊像联结着我们两国的喜马拉雅山那样巍然永存。"由于话语环境选择得好，喜马拉雅山就在眼前，是听众所熟知的，所以显得贴切、活泼。

生活中，因为不注意语言的环境、对象、气氛，而引出不愉快的事情时有发生。

某饭店，老先生生日宴会。老友热情地点歌祝贺。掌声响过，歌声骤起，"西边的太阳快要落山了……鬼子的末日就要来到……"顿时主人容颜大变！尽管及时制止了乐曲继续演奏，但是，整个现场的气氛已十分尴尬。

点歌的朋友并非有意为之，他只注意了"弹起我心爱的土琵琶，唱起我心爱的歌谣……"是他们一代人喜欢的歌，然而却忽略了一个"日薄西山"。老人最敏感的就是"西边的太阳快要落山……"最担心的就是"末日就要来到"。朋友忽略了歌词的内容是不适合生日宴会的。

有一条标语"欢迎再来"。若把这条标语放在商店、影院、宾馆、舞厅等场所，会给人一种温馨的感觉；若放在医院、殡仪馆，就令人不寒而栗了，在这些环境里是很忌讳这样的话语的。

言语环境还可以分为显性言语环境和隐性言语环境两种。显性言语环境是指修辞活动的具体环境，包括时间、空间、对象以及上下文等。隐性言语环境是指修辞活动的隐含环境，大致是指文化世界的社会环境，心理世界的心理环境，包括交际的目的、交际双方对某个问题的共识等。玛拉沁夫在《女部长》中，写了一个女秘书，她为多个部长起草文稿：

"她对每一位部长的特点了如指掌，有的部长讲话，只给列出几条提纲就行了，他会拿那几条提纲，洋洋洒洒讲一个上午或下午；有的部长则习惯于一字不落，一字不加地照稿宣读，对这位部长的讲话稿，就需要格外细心地斟字酌句；有的部长实际工作经验多，也擅长讲话，但文化水平低，给这位部长写讲话稿，就得避免使用成语典故，生僻字句，要写得明明白白，朴素简洁；有的部长年纪大了，眼睛老花，讲话稿字体要大；有的部长身体虚弱，中气不足，讲话稿要简短扼要……这许许多多细枝末节，都照顾到了以后……女秘书郝玉民后来升为副部长了。"

这个秘书起草讲话稿，之所以能够得到领导的喜欢，就在于她把握了她的服务对象的特点，针对讲话部长的多方面因素，恰到好处地拟定讲话稿。这个秘书成功的关键就是把握住了潜性言语环境的得体性。

（三）得体要注意适合语体

从前有一个书吏想让儿子继承自己的事业，就强迫儿子背诵公文套话。有一年，他家的海棠花开迟了，他要儿子作一首诗，儿子吟道：庭前一株海棠花，缘何至今未发芽？着尔东风齐助力，火速明朝便开花。

本应用于公文语体中的"缘何""着尔""火速"等用于文艺语体中就没了诗味。

某机关办公室下班后，办公室主任和朋友通电话，说到高兴时哈哈大笑。未婚女下级笑说："和情人说私话呀，这么高兴！"这样的语言，无论从职务还是年龄辈分讲，都是不应该的。况且，这样的话还牵涉个人隐私。女下级之言是不得体的，如果换一种语体："主任今天这么开心，一定又有喜事了。能跟我们分享吗？"前者是平辈、很熟的朋友之间的戏谑之言，后者才是下级对上级的语体。

（四）得体要注意言语对象

对象，是言语活动中的一个重要因素，说话不看对象，就好像"无的放矢"或"对牛弹琴"。毛泽东把"无的放矢"当作党八股的第三条罪状,深恶痛绝。对言语对象的得体,孔子也有论述:"朝,与下大夫言,侃侃如也;与上大夫言,誾誾如也。"(《论语·乡党》)英国政治家切斯特菲尔德在《给儿子的信》中这样说:"用你所在的这个人群的语言讲话,只用这种语言,不要夹杂任何别的。"这里强调的是语言必须服从语言对象,要考虑到"可接受性",要考虑到说写者的编码意图能顺利地被听读者正确解码。

某君一日去郊外踏青,看到一老农在拉二胡,技艺并不高超,但伴着桃花垂柳,倒也叫人陶醉。此君不禁动了情,上前夸道:"您老真不愧为当今善才。"岂料老农摇头答道:"你认错人了吧,这一带没有叫善才的。"

真叫人啼笑皆非。这句话单看很好,但对这样一位知识水平不高的农村老大爷,用这种夹有典故的言语,就不很得体。因此,两人的交际就出现了障碍。张贤亮在小说《绿化树》中写到一个知识分子章永璘,他把自己的情人马缨花称作"亲爱的"。但是,马缨花觉得不好听,小说中有这样一段对话:

"那我叫你什么?"我诧异地问。

"你要叫我'肉肉'!"她用手指戳着我的太阳穴教导我。

马缨花认为"亲爱的"远没有"肉肉"来得亲热。然而,若是对着受过高等教育,甚至留过洋的女孩子说"肉肉",那才叫肉麻。她们喜欢的还是"亲爱的"。

可见,对不同的交际对象,就得选用不同的语码,这就是语言对象的得体性。中国有句俗语是"对着秀才说书,见着屠夫说猪"也是这个道理。同时,言语对象的得体性也要注意到忌讳问题,例如,当着麻子的面,不要说点子多;当着胖子的面,不要说肥;连阿Q也忌讳灯呢!得体性原则是那样的重要,抓住了得体原则也就是抓住了修辞学的要领。尤其是对实用修辞学来说,得体性原则就是它的生命线,它的总纲。但是,由于修辞的环境是千变万化的,很多情况是不能预设的,有些话语即使在此时此地效果不错,但在彼时彼地未必如此,这就要求修辞者不断对自己的语言进行调整。

一个人说话,不仅是思想的表达,也体现出一个人的修养和文明程度。在社会生活中与人交流时,既要注意环境,也要注意对象身份,更要注意把握尺度分寸,同时还要考虑对方的理解接受程度,等等。归根结底,语言表达得恰当与否,不仅是一个人语文修养的问题,从较高的层次而言,更蕴含着说话者对人生的认识与阅历。世事洞明皆学问,人情练达即文章。生活的阅历多了,知识的积淀厚了,语言的表达方能升华到一个较高的境界!

四、修辞的潜性原则和显性原则之间的关系

修辞的潜性原则"诚信"是内隐的,是看不见摸不着的;而修辞的显性原则"得体"则是外露的,是听得见,感受得到的。一个是话语的内潜,一个是话语的外在。诚信是表达的出发点和立足点,得体是表达的结果和表现形式。诚信必须通过"得体"这个漂亮的外衣来显示。"诚信"是话语的灵魂,如果没有了"诚信"这个"灵魂","得体"将成为一个不堪一击的空壳;当然,只注意遵守修辞的潜性原则,而忽略了修辞的显性原则,抱着一颗诚信的心,而不在乎与话语环境和话语对象的和谐,那终究要碰一鼻子的灰。宋代王应麟在《困学纪文》中这样论述二者的关系:"修辞立其诚,修其内则为诚,修其外则为巧言。"由此可见,这两个原则相依相存,任何一方都不能偏废。

修辞的潜性原则和显性原则有时一致,有时不那么一致。如小说、戏剧和电影中的英雄杨子荣在威虎山座山雕的面前讲了许多黑话和谎话,为了无产阶级和全人类的解放事业,英雄杨子荣冒着生命危险扮演土匪,运用"欺骗"来换取匪徒的信任。他骗取土匪们的信任,目的是站稳脚跟,配合部队,一举歼灭威虎山的土匪。这虽然违背了一段意义上的诚信,但他对座山雕的欺骗是对人民最大的诚信!因此我们应当把修辞的潜性原则"诚信"放置到特定民族文化的坐标中去观察。

此外,即使是同样的事实,对不同的交际对象,也应是有所不同的。比如针对一例病入膏肓的病人作病情陈述,就要因人而异。病情虽然是一个客观的存在,但是作为医生,对病人和对家属与对同行专家的陈述必然是不一样的。对病人,尤其是心理素质不很好的病人,医生在陈述病情时,自然会把病情说得很轻;对家属,可以说得更接近事实;对同行专家,会说得很透彻。无论他怎么说,都是遵循了修辞的潜性原则和显性原则,因此,都是得体的。所谓"到什么山头唱什么歌"就是这个道理。若不及时地根据话语的环境和话语的对象进行调整,或者干脆对着干,那就会一败涂地。因为"任何交际活动都是在特定的交际环境之中进行着的。离开了特定的交际环境,语言就不可能发挥出它的交际职能"。①

看来,修辞的潜性原则"诚信"和修辞的显性原则"得体"之间的关系还很复杂,不是简单的一对一的对应关系。得体的话语必须是诚信的,而诚信的话语不一定是得体的。"诚信"与"得体"之间是非对称的关系,因此,不能逆向推断。②

---

① 王希杰. 语言的规范化和言语的得体性 [J]. 韩山师范学院学报,1996,2 (57 - 65).
② 钟敏. 汉语修辞概论 [M]. 北京:中国文联出版社,2006.

第二章

修辞术

传统修辞学往往是从表达方式、表达效果的角度，联系语音、汉字、词汇、语法、逻辑去研究语言运用，这是汉语修辞术的几个主要来源与途径。

语音修辞是利用语音形式提高修辞效果，如谐音、双声叠韵、押韵、平仄、语调、节奏等。

汉字具备了拼音文字不具有的文化解读功能，汉字为修辞提供了字形、字音、字义的有利条件。

词汇则为词语的选择锤炼以及修辞方式提供了条件，修辞使词汇在运用中"超凡脱俗"，产生新的意义和作用。

修辞以语法为基础，合乎语法是修辞的先决条件，修辞又常常突破语法常规，造成新的不合语法的现象。语法为修辞提供表现形式，修辞的需要又决定着语法形式如何组织安排。

修辞还要以逻辑为基础，有时有条件地突破逻辑限制，故意违反逻辑常规，会产生修辞的各种变异用法。

第一节　源于语音的修辞术

语音是语言的要素之一。在汉民族共同语——普通话中，基本音节有1200个左右。修辞要运用语音学的有关原则、规律来增强语言的表达效果，就必须研究现代汉语的语音系统，以及在汉文化背景下对这个系统范围的适度偏离。通过语音联想形成偏离来体现修辞效果,如在有华人居住的地方,过年过节,很多人在自家大门上倒贴上一个大大的"福"字,以表示"福到家"。因为在汉语中"倒""到"同音,于是人们用这样的举动来讨口彩。相反,汉语的"四"与"死"音近,因此,汉民族忌讳"四"。再如,亲朋好友吃梨,再大的梨,也不能切分成几份,分几个人吃,若这样,人们就认为犯了"离"的忌讳,这是因为"梨"与"离"同音,分梨就等于分离。家、家族一向被人们视为重要的集体,"生离"是比"死别"更痛苦的事,因此,必须回避。这种回避实际上就是谐音禁忌,不同的语音模式,不同的文化心理,语音禁忌也有所不同。比如日本人就忌讳数字"四"和"九",因为它们的发音与"死"和"苦"相近。

通过语音联想形成偏离来体现修辞效果的,还有"东边日出西边雨,道是无晴却有晴","晴"与"情"音同,构成双关。这种情况在印欧语系中是不存在的。这些偏离所带来的修辞效果是在不偏离的情况下无法比拟的。因此,还要研究通过语音的音义偏离所创造出来的修辞手段。比如毛泽东在《答李淑一》中写道:"我失骄杨君失柳,杨柳轻飏直上重霄九。"这里的"杨柳"暗指杨开慧和柳直荀。李商隐的著名诗句:"春蚕到死丝方尽,蜡炬成灰泪始干。"中"丝"与"思"的谐音都是运用了语音的相关关系构成的双关。再如:

今天上午,上级通知要来一个解馋团,说要烟酒横向联喝的问题。我们肠胃立即为此召开会议,虽然每人苦恼得滴下眼泪,还是决定宴到肚里。(鲍照《读〈白字秘书的日记〉》)

"解馋团"是"检查团"的谐音。"烟酒横向联喝"是"研究横向联合"的谐音,"肠胃"是"常委"的谐音,意在指领导干部下基层大吃大喝。又如:

黄浦江上有座桥,

江桥腐朽已动摇,

江桥摇,眼看要垮掉,

请指示,

是拆还是烧?(童怀周编《天安门诗抄》)

"文革"是一个特殊的年代,人们没有言论自由,言语稍有不慎动辄就被打成反革命。人们为了表达对"四人帮"的憎恨,需要采取曲折、委婉的语音偏离。"江桥摇"就是指"四人帮"中的"江青、张春桥、姚文元",这里对三个人名的语音偏离,含蓄地表达了广大人民对这三人的痛恨之情。

另外,还要研究谐音、双声、叠韵、平仄、押韵、字调、语调、叠音、节奏、儿化等问题,研究这些语音现象所表现出来的感情色彩、音律美感和民族风格。如:苏南民歌《蟋蟀瞿瞿叫》:

蟋蟀瞿瞿叫

宝贝心里跳,

翻开乱砖地,

必必仆仆跳,

一跳跳到城隍庙,

香炉蜡杆都跌倒,

吓得城隍老爷无处跑。

这里模仿蟋蟀的叫声,让你有一种身临其境的感觉,仿佛又回到童年,和儿时的好友一起抓蟋蟀,那种天不怕、地不怕的童真尤显可爱。

再如诗歌《过雪山草地》:

雪皑皑,野茫茫,高原寒,炊断粮。

红军都是钢铁汉,千锤百炼不怕难。

雪山低头迎远客,草毯泥毡扎营盘。

该诗韵脚押的韵是 an,一韵到底,读来朗朗上口。

又如杜甫七律《宿府》的颈联:"风尘荏苒音书绝,关塞萧条行路难。"荏苒(renran)为双声,萧条(xiaotiao)为叠韵,这句诗就是采用了双声对叠韵。双声、叠韵的运用,使语音和谐、悦耳动听,富于音乐美。

王蒙《有一种人"生下来就过时"》中的一段描写:

第二个人出来了,他说:"啊,我真快乐!我为男男女女、国国家家、吃吃喝喝、忙忙碌碌而满意而大喜……"

其中"男男女女、国国家家、吃吃喝喝、忙忙碌碌"一串的叠音词，生动地描摹出当前一些所谓公仆的繁忙公务生活。

第二节　源于汉字的修辞术

汉字具备了拼音文字不具有的文化解读功能。汉字是在汉民族特有的文化土壤中诞生的，它是中国文化的脊梁。瑞典汉学家高本汉说过："中国人抛弃汉字之日，就是放弃他们的文化基础之时。"汉字是以表意为基本特征的。汉字的造字方式"六书"中，象形以描摹事物的形象为基础，而指事、会意、形声都是在象形的基础上完成的。汉民族的造字宗旨是以形表意。而古人造字最初是"仰则观象于天，俯则观法于地，视鸟兽之文与地之宜，近取诸身，远取诸物"，因此，在造字之初，汉字就与物理世界、文化世界、心理世界紧密相连，它的意象特点直接反映了民族的文化价值取向，展示了社会生活的多维层面。

同时，由于汉字具有意象的特点，它的形体也是修辞的自然材料。如鲁迅的《阿长与〈山海经〉》："但到夜里，我热得醒来的时候，却仍然看见满床摆着一个'大'字，一条臂膊还搁在我的颈子上。"用"大"字的形体来形容长妈妈的睡态，只有汉字才具备这样的功能。著名的2008年北京奥运会的会徽就是利用汉字的形体附会而成，既代表北京之"京"，又代表文化之"文"，还是一个赛跑的人形，具有较高的审美价值和丰厚的文化底蕴。

由于汉字的基本符号是笔画，由笔画按一定的规则组合成部件，再由部件构成汉字，它的形体结构，是点画成"文"，合"文"为"字"，因此，它的组装灵活多变，给"拆字"修辞格的形成创造了条件。如：

子系中山狼，得志便猖狂。金闺花柳质，一载赴黄粱。（《红楼梦》第五回）

这里把"孙绍祖"的"孙"字拆为"子""系"两字，再用"子"

"系"来代"孙"字。离合拆字也可以与谐音等其他手法交互运用。如称"假"为"西贝",就是先把"假"字谐音作"贾",再把"贾"字拆为"西""贝"而成的。

再如拆字对联:"品泉茶,三口白水;竺仙庵,两个山人。"上联将"品"拆成"三口","泉"拆为"白水";下联把"竺"拆成"二个","仙"拆成"山人"。上下联拆字自然工整,更表达了悠然闲适的心境。

第三节 源于词汇的修辞术

词汇是语言的"建筑材料",是交际的基本构件,没有词汇就没有语言,没有这些交际的基本构件,人们之间的交际就无法完成。因此,修辞要以词汇学原理为依据,从筛选、锤炼的角度去研究词语的运用。刘勰先生在《文心雕龙·章句》中指出:"夫人之立言,因字而生句,积句而成章,积章而成篇。篇之彪炳,章无疵也;章之明靡,句无玷也;句之清英,字不妄也。"汉语中有丰富的同义词、反义词和多义词,恰到好处地运用这些优势,会给交际带来意想不到的效果。

例如,在电视剧《杨乃武与小白菜》中有这样一句状词:

江浙无日月　神州无青天

这是杨乃武在无故蒙冤,气愤异常的情况下写成的状词中的两句。他怕"状词"有不妥之处,叫他姐姐拿去请一位秀才帮助修改,秀才作了如下修改:

江浙无日月　神州有青天

一字之改,意思大有出入。原文不仅骂了江浙的贪官污吏,还骂了当朝的皇帝。把"无青天"改为"有青天",不但能直接把矛头指向江浙的贪官污吏,同时还能争取到皇帝的支持,为打赢官司创造条件。真可谓一字千金。

第四节　源于语法的修辞术

　　语法是语言的结构规律，它制约着句子"通"的问题。由于汉语语法具有意合特点，因此，句子的"通"与"不通"有一定的弹性。如《牵手》的歌词"悲伤着你的悲伤，幸福着你的幸福"，这是"通"还是"不通"呢？只要是汉民族，或者是使用汉语的民族，谁都不会不明白，那就是"通"的。一般说来，人们在运用语言交际的过程中，要遵守本民族语言的结构规则，这才能使交际的双方很好地沟通。修辞则是为了使句子表达"好"，但"好"必须以"通"为前提。因此可以说，语法是修辞的基础。句子合乎语法，才有调整、加工的可能。汉语的语法手段主要是语序和虚词，同时，语序也是修辞的手段之一，相同的字，语序不同，意义也随之发生变化。如曹禺先生的《北京人》第二幕中，江泰的一段话：

　　我们只会叹气、做梦、苦恼，活着只是给有用的人糟蹋粮食，我们是活死人，死活人，活人死！

　　这段话中"活死人，死活人，活人死"就是把活、死、人三个字调换语序而形成。既利用了汉语回环往复的特点，又同时巧妙地表现了新的意蕴。

　　同样，复合词内部各语素的次序安排，也反映了汉民族的价值取向。如：夫妻、父母、公婆等，构成这些词的两个语素之间的关系是并列的，按构词理论来说，并列的两个语素可以互换位置，且意义不变。因此，"夫妻"完全可以说成"妻夫"，"父母"也可以说成"母父"，"公婆"当然也可以说成"婆公"，这些都是合乎语法规范的。但是，汉民族却固执地、潜意识地把男性的词素放置首位，这多少也映射出汉民族重男轻女的传统价值观。

　　由于修辞的需要，语法上的某些偏离现象也是允许存在的。如于庭兰在《豆蔻春初》中写的：

　　一碗山风，一碟虫鸣，一群山里娃，醉成柳絮。

从微观上看，这些句子是不符合语法规范的，"山风"怎么用"一碗"，"虫鸣"怎么用"一碟"来修饰呢？但这个偏离，恰恰起到了很好的修辞作用。再如："吃食堂""恢复疲劳""好不热闹"等都不能用符合不符合语法来衡量。为什么"吃食堂""恢复疲劳""好不热闹"乃至于"你什么都好，就是心眼儿不好"这类看来不合逻辑的语言结构都为语法所容忍呢？这就是修辞所起的作用了。修辞使"吃食堂"，比"在食堂吃"，"恢复疲劳"比"恢复体力"，"好不热闹"比"好热闹"等更富有表现力而被社会交际所"约定俗成"，从而为语法所接受。"吃桌子"不行，而"吃食堂"之类可以，这是人们在语言交际中选择的结果，可不可以说，约定俗成的过程，就是一个选择的过程，即修辞的过程。从这个角度看，修辞成了语法与思维的中介物，成了语法概括语言结构的必由之路。由此，我们可以这样认为，凡是经修辞的魔棒点化的语言形式，语法必定予以认可。

第五节　源于逻辑的修辞术

逻辑研究的是思维的形式和规律，只有合乎逻辑的思想才能被交际对象接受和理解。因此，只有合乎逻辑，才能提高语言的表达效果。修辞当然要以逻辑为基础，但是有时有条件地突破逻辑限制，故意违反逻辑常规，会产生出各种变异用法。尽管在语言的表层理解上往往不合情理，但蕴含的深层的含义却是常态语言无法比拟的。

如臧克家在《有的人》这首诗中写道：

有的人活着，他已经死了。有的人死了，他还活着。

"活着"的人，却说成"死了"；"死了"的人，却说成"活着"。这话看起来，似乎非常矛盾，不符合一般逻辑，甚至是有悖常理。但实质上却是对逻辑常规的灵活运用，诗句是从"肉体"和"精神"这两种不同的角度来歌颂某些人，鞭挞某些人的。既爱憎分明，同时又准确地反映出事物间既矛盾又统一的辩证关系，含义深刻。

再如《荷塘月色》的歌词：

剪一段时光缓缓流淌，流进了月色中微微荡漾；弹一首小荷淡淡的香，美丽的琴音就落在我身旁。

"时光"怎么去剪？"小荷"是琴音还是花香？这些显然是不符合物理世界的逻辑，但正是这些不符逻辑的偏离增强了表达效果。

有些修辞格，如比喻："逝去的岁月，像永远无法靠岸的渡船。"（李勇新《当你老了》）从表层意义上看，"岁月"是虚无的，"渡船"是实在的，两者风马牛不相及，这样作比，似乎不合逻辑，然而，它们内在的相似点及个人的认知程度，使它们成了很好的比喻。

第三章

词语修辞术

第一节 词语的选用

一、词语选择的要求

词语是表达意义的基本单位和组成句子的基本材料。要反映客观事物和现象，充分地表达思想感情，就要对词语反复推敲，精心挑选，刻意锤炼。使词语深刻化、艺术化，增加语言的表达效果。最终的要求就是使词语具有准确性、鲜明性、生动性、简练性。

（一）准确性

准确，是指词语的意义切合人物的思想感情，切合被描述的客观实际。这是最基本的要求，它是鲜明、生动、简练的基础。例如：

看吧，山上的矮松越发的青黑，树尖上顶着一髻儿白花，象些日本看护妇。山尖全白了，给蓝天镶上一道银边。山坡上，有的地方雪厚点，有的地方草色还露着，这样，一道儿白，一道儿暗黄，给山们穿上一件带水纹的花衣；看着看着，这件花衣好象被风儿吹动，叫你希望看见一点更美的山的肌肤。等到快日落的时候，微黄的阳光斜射在山腰上，那点薄雪好象忽然害了羞，微微露出点粉色。就是下小雪吧，济南是受不住大雪的，那些小山太秀气。（老舍《济南的冬天》）

这里写雪后山景，树尖用"顶"，山尖用"镶"，山坡用"穿"，山腰用"露",粉色用"羞",这些动词各得其所,传神精妙,给人留下了想象的空间。读来给人以亲切、温馨的感觉,使文章充满了诗情画意。

选用了贴切传神的词,还可以很好地表现人物形象和人物特征,揭示人物的性格和内心世界。比如:

那人一只大手,向他摊着;一只手却撮着一个鲜红的馒头,那红的还是一点一点的往下滴。

老栓慌忙摸出洋钱,抖抖的想交给他,却又不敢去接他的东西。那人便焦急起来,嚷道:"怕什么?怎的不拿!"老栓还踌躇着;黑的人便抢过灯笼,一把扯下纸罩,裹了馒头,塞与老栓;一手抓过洋钱,捏一捏,转身去了。(鲁迅《药》)

老栓怎样交钱,那人怎样交人血馒头,写得十分具体、准确。"嚷""抢""扯""裹""塞""抓""捏"七个动词,十分准确地表现了"黑的人"在特定场合下的动作特征,淋漓尽致地刻画了这个刽子手凶狠、粗鲁、贪婪的性格。老栓"慌忙""抖抖""踌躇"等动作也非常传神,鲜明地反衬出他忠厚老实、纯朴善良的性格,活脱脱地揭示出他对"那东西"既恐惧又想治好儿子的病,内心充满矛盾的精神世界。

(二) 鲜明性

鲜明,就是词语能明确地表现人物的立场、观点和态度,意思毫不含糊。鲜明生动的关键性词语能起到画龙点睛的作用,增强语言的表达效果,如果堆砌造作,就会画蛇添足,影响到意思的确切表达。

例如:摘我心头花,依依松头挂。凝眸回望处,朵朵俱是它。(朔望《英雄纪念碑前的花朵》)

这首短诗是为了悼念周恩来总理而作的。周总理逝世那一天,作者在英雄纪念碑前看到人们都把胸前的白花摘下,挂满了松枝。作者着重写了心灵深处难以表达的感情,一"摘"、一"挂"、一"望",三个动作生动地揭示了作者内心沉痛、哀思、感奋的复杂心情,这种心情和诗意揉成了一片。例如:

说中国人失掉了自信力,用以指一部分人则可,倘若加于全体,那简直是诬蔑。(鲁迅《中国人失掉自信力了吗》)

副词"简直"本无褒贬含义，作者原稿中没有这个词，后来加了上去，从而更加鲜明、突出地表达出作者愤慨的感情。

不同的语体选用的语词各自带有的风格色彩是不同的，具有某种语体色彩的语词要用于相应的语体里。口语中的词要显得朴实、自然、活泼，带有浓厚的生活气息。书面语中的词要显得庄重、细腻。

（三）生动性

生动，就是词语具体形象、鲜明活泼，能够吸引人、打动人。生动、活泼，就是要把词用得形象、传神，使之具有强烈的感染力，给人一种身临其境的感受。例如：

这个亭踞在突出的一角岩石上，上下都空空儿的，仿佛一只苍鹰展着翼翅浮在天宇中一般。（朱自清《绿》）

"踞"字用得生动传神，寓静于动，使梅雨亭有如"龙盘虎踞"之态，颇具气势。下文"浮"字也用得精巧，让静态的"亭"成了展翅的鹰，使人如见其形，如临其境。再如：

①"傍晚，凉风从台湾海峡吹来。路旁的金合花散发出甜丝丝的清香。厦门的夏夜是多么的迷人！"

②"他的脸'刷'地一下红起来了。"

例①花的清香我们只能用嗅觉感知，作者说成"甜丝丝的清香"，这就把读者的味觉和嗅觉沟通了，使人对金合花形象的感知更加具体。例②"脸红"我们只能用视觉来感知，它是不会发出声的，用上一个拟声词"刷"，使读者的视觉与听觉沟通，"脸红"变得更形象了。

（四）简练性

简练，就是用少量的词语表达丰富的内容，做到"言简意赅"。要做到简练，就必须对所描写的对象有深刻、全面的认识，并能抓住其最有特征的部分，选用最准确的词语，集中、突出地表达了出来。例如：

中间便是松堂，原是一座石亭子改造的，这座亭子高大轩敞，对得起那四周的松树，大理石柱，大理石栏杆，都还好好的，白，滑，冷。（朱自清《松堂游记》）

这句中用"白""滑""冷"寥寥三字，就把大理石柱和大理石栏杆的质感、手感、特征非常准确地表达了出来，形象突出、鲜明生动，起了以一当十、画龙点睛的作用。

再比较两个句子：

①"有些人学识非常渊博，但仍然谦虚好学，勤学爱问。而有些人不学无术，却自以为是，反而不学也不问。"

②"学识渊博的人懂了还要问，不学无术的人不懂也不问。"

以上两句话相比较，很明显，后一句言简意赅，显得含蓄耐读，而且前后自成对比，富有哲理意味。

二、如何选用词语

词语选用是词语修辞的重要途径。汉语词汇极为丰富，同一个意思可以用不同的词语来表达。当两个或几个词语都能在某个语境中出现时，就需要从中选择更适切、表达效果更好的一个。词语选用应从以下几个方面着手。

（一）把握词语的含义

句子中每个词语都有特定的含义。词语的含义有两种：一种是本身的概念意义，是词语固有的意义；一种是在特定的题旨情境中产生的语境意义，是表达中临时赋予的意义。词语选用合适与否，首先得考虑词语的含义。特别是同义词语中，大多数是近义词语。选用时必须重视细微的差别，准确地反映客观事物的特征。为了做到确切、妥帖，就需要精心选择词语。例如：

①另一位先生听得厌烦。把嘴里的香烟屁股扔（掷）到街心，睁大了眼睛说……（叶圣陶《多收了三五斗》）

②从此就看见许多陌生（新）的先生，听到许多新鲜（新）的讲义。（鲁迅《藤野先生》）

例①的"扔"原稿为"掷"，"掷"一般指有目标地投，而此处的"香烟屁股"显然是随意丢弃的，改为"扔"更切合实际。例②的"陌生""新鲜"在原稿中都是"新"字，"新的先生"可以指"新来的先生"，也可以指"生疏的先生"；"新的讲义"可以指讲义是新的，也可以指内容是新的，不够确切。修改后，表意就更具体明确了。

(二) 突出感情色彩

词语的感情色彩有褒义、贬义、中性之分，反映说话人对所陈述事物的立场和态度。在褒贬词语的选择上要反复琢磨，推敲再三。

有的词语在使用时的感情色彩与词语本身的感情色彩完全一致。例如：

①"在乌云和大海之间，海燕像黑色的闪电，在高傲地飞翔。"(高尔基《海燕》)

②它的事业，只是以伶俐的皮毛获得贵人豢养，或者中外的娘儿们上街的时候，脖子上拴了细链子跟在脚后跟。(鲁迅《论"费厄泼赖"应该缓行》)

例①选用"高傲"这一带有褒美感情色彩的词赋予海燕以人的性格，突出了它的英勇矫健，表现了它藐视恶劣环境的英勇气概；全句从形、神两方面突出了海燕勇猛、善战的雄姿。

例②的"娘儿们"则体现了作者对这些贵妇人的轻蔑态度。

有的词语感情色彩发生变化，褒义变为贬义，贬义变为褒义，中性变为褒义或贬义。例如：

①中国军人屠戮妇婴的伟绩，八国联军惩创学生的武功，不幸全被这几缕血痕抹杀了。(鲁迅《记念刘和珍君》)

②我们全党全民要把这个雄心壮志牢固地树立起来，扭着不放，"顽固"一点，毫不动摇。(邓小平《目前的形势和任务》)

例①的"伟绩"是一个褒义词，"武功"是中性词，这里都带上了贬义。"伟绩"实际是"血债"，"武功"是"罪恶"，揭露了敌人的屠杀罪行。例②的"顽固"是贬词褒用，突出表达了坚定的信念。

词语的感情色彩不只是简单地按褒贬区分，有时相当复杂，要深入地体会和辨察。例如：

人家卖西瓜是卖完一个再切一个。他一块儿八个全宰了。(侯宝林《改行》)

这里的"宰"带有凶狠的意思，用"宰"而不用"切"，说明卖西瓜的演员是外行，同时也把大花脸那种吓人的做派生动地表现了出来。

（三）重视虚词选择

虚词一般没有词汇意义，但它们在词句中出现的频率相当高，恰当地选用，能增强语言表情达意的效果。

虚词孤立地看，词义很空灵，但在一定的语境中，它可以表达实在的意义，对于内容的表达往往是实词代替不了的。例如：

"好了，好了！"看的人们说，大约是解劝的。

"好，好！"看的人们说，不知道是解劝，是颂扬，还是煽动。（鲁迅《阿Q正传》）

阿Q和小D打架，"看的人们"有的喊"好了，好了！"；有的喊"好，好！"，有没有虚词"了"，表意则完全不同。"好"后有"了"表示劝解，没有"了"则表示颂扬或煽动。鲁迅利用"了"的奇妙作用表现出看客们的不同态度，收到很好的修辞效果。

虚词更多的时候是同实词配合起来使用，还可以表达复杂而微妙的思想感情，以产生耐人寻味的含义。例如：

①囚徒，时代的囚徒！

我们并没犯罪！

我们都从火线上捕来，

从那阶级斗争的火线上捕来。（杨沫《青春之歌》）

②大门外立着一伙人，赵贵翁和他的狗，也在里面，都探头探脑挨进来。（鲁迅《狂人日记》）

例①的"没"原文写作"不"。"不"和"没"在这里都作否定副词用。但"不"是从本质上、从主观愿望上对"犯罪"加以否定，并不能说明客观实际犯了罪没有。"没"是从客观实际方面对"犯罪"加以否定，表明并不存在犯罪问题。"囚徒"没有犯罪事实，却竟然被捕了。这样改换，有力地揭露了反动统治的黑暗。例②中的"和"用得妙，它把"赵贵翁"与"他的狗"并列起来，视为同类，表现出"狂人"对赵贵翁这类人的极端憎恶。

多数虚词主要表示语法关系和语气。选用得好，可以使语句跌宕有致，流畅顺口。例如：

①车既是自己的心血，简直没什么不可以把人与车算在一块的地方。（老舍《骆驼祥子》）

②他大约未必姓赵，即使真姓赵，有赵太爷在这里，也不该如此胡说的。（鲁迅《阿Q正传》）

例①的连词"既"承认事实，"简直"以肯定的语气推出结论，不容置疑地说明祥子与洋车不可分割的关系。例②由于使用了"大约""未必""即使""也"这几个连词和副词，使分句间的关系更为明确，语言更流畅了。

（四）精心选用动词

例如：

……他悠悠地踱着步子，嘬着牙花子，慢吞吞地吐着每一个字。好像是在掂着每一个字的分量；又像是在咂每一个字的滋味。是的，他的话语就像五香牛肉，浓缩，醇厚。（王蒙《说客盈门》）

作者用五个动词，再配以最后的一个比喻和两个形容词，用这样的白描手法把"他"的形象勾勒出来了——吃老本、说套话、保乌纱的有官僚习气的领导干部，可见作者是精心挑选了这几个用来刻画人物形象的动词的。

（五）考虑词语配合

在语言中，没有什么绝对的好词和坏词，词语有没有表现力，只有放到具体的语境中考虑。适切语境，与前后词语搭配，与上下文词语相互呼应，一个极普通的词也会显出神韵，放出异彩。否则，不管堆砌多少漂亮的词语，文章也不会因此而美妙。词语的配合有以下几种情况。

1. 同义互现

丰富的同义词是语言发达的表现，也为准确地表现客观事物的特征，反映事物之间的细微差别，提供了充分的选择空间和余地。因此，恰当地选择同义词，是取得最佳修辞效果的基本功。

在20世纪50年代冷战时期，西方许多国家的右翼人士有反华情绪或反华言论，杨朔的《议山》一文就反映了这个时代的特点。《议山》中有一段与欧洲人吉茨的对话很精彩：

"也许觉察到我在暗暗注意他，吉茨忽然抬起头脸朝我一笑，怪殷勤地招呼说：'真是个黑暗的大陆啊，天气也使人热得难受——你说是不是，先生？'

我假装没听见，不睬他。那家伙进一步说："我在东方学过巫术，如果你不见怪的话，先生，我想告诉你，恐怕你正面临着什么不愉快的事情吧？"

我控制一下自己的感情，笑着说："我在西方也学过巫术，如果你不见怪，我倒想告诉你，不幸已经降临到你的头上。"

这里，吉茨用了一个"面临"，杨朔用了一个"降临"，两个词都是有遇到、来到的意思，但它们有细微的差别。"面临"着重在面前遇到，"降临"着重在从上到下地落下来，"面临"的意义轻，"降临"的意义重。杨朔选择了同义词"降临"，一方面以同样的方式回应吉茨；一方面也准确地表达了杨朔为了维护国家的尊严，所具有的那种针锋相对、不可凌辱和压倒对方的气势。如果杨朔也同样用"面临"一词"回敬"，把话说成"我也想告诉你，你也正面临着不幸的事情"，那么，文章就平淡无味，而没有了战斗力。可见，准确地用好同义词，对文章所起的作用也是至关重要的。

（1）同义相别。上下文中表意相同的两个词语，为了避免重复，选用不同的同义词语来表示。例如：

①屋子里，院子里，全是湿的，全是脏水，教我往哪儿藏，哪儿躲呢！（老舍《龙须沟》）

②我们以我们的祖国有这样的英雄而骄傲，我们以生在这个英雄的国度而自豪。（魏巍《谁是最可爱的人》）

例①的"藏"和"躲"是同义词语相互搭配，避免了语言的重复呆板，使语言显得错综有变化。例②的"骄傲"与"自豪"配合使用，充分抒发了对祖国及其英雄儿女的赞颂之情，充满了民族自豪感。

（2）两义相辅。上下文中前后的词语在语义上配合照应，起着互相辅助、加强的作用。例如：

①门开了，胖胖的孟副主任侧着身体挤了进来。（齐平《看守日记》）

②他飘飘然的飞了大半天，飘进土谷祠。（鲁迅《阿Q正传》）

例①前有"胖胖"的形容，后有"侧着身体挤"的动作，前后照应配合，突出了孟副主任的胖。例②的"飞"与"飘"前后呼应，刻画了阿Q精神胜利后得意忘形的神态。

（3）同素相配。利用构词形式上具有相同语素的词语之间的配合。例如：

刚提出引滦入津要在三年内完成时，有人曾认为这是奇谈，而今，奇谈变成了奇迹。（《人民日报》）

"奇谈"和"奇迹"，这一对同素词语的配合表现出引滦入津工程规模巨大以及工程进展的神速。

（4）同词复现。采用同一个词重复出现来照应。例如：

虽然在寨子上种地远了许多，但劳动不曾停止过一天，因为手一停止，嘴也将跟着停止了。（柳青《一个女英雄》）

这个例子前后的三个"停止"，突出强调了劳动与吃饭的因果关系。为了照应前词，采用不同意义的同词复现，说成"嘴也跟着停止了"，揭示了"手"与"嘴"的关系。

2. 反义相对。

上下文中利用反义词语形成相互对比进行照应。例如：

①伟大就寓于平凡之中，正像种子就藏在果实之中一样。沙粒构成了山，水滴汇成了海，平凡孕育了伟大。（秦牧《面包和盐》）

②我们大家辛辛苦苦为的是什么？就是为的一个心愿：要把死的变成活的；把臭的变成香的；把丑的变成美的；把痛苦变成快乐；把生活变成一座大花园。（杨朔《京城漫记》）

这两例选用反义词语搭配，使得语言对比鲜明，效果增强。

3. 多义有别。

汉语中的许多词语都有不止一个义项，这几个不同的义项都是从一个基本意义派生出来的，有着共同的基础，相互之间存在着必然的联系。要恰当地使用多义词语，就要清楚地辨析词义，了解词义之间错综复杂的关系，选择最恰当的义项。例如："老"是个多义词，主要有以下义项：

①年岁大：老人；

②老年人：徐老；

③婉辞，指人死：老了人了；

④对某些方面富有经验的：老手；

⑤很久以前就存在的：老朋友；

⑥陈旧：老脑筋；

⑦原来的：老地方；

⑧（蔬菜）长得过了适口的时期：白菜老了；

⑨（食物）火候大：鸡蛋煮老了；

⑩经常：老迟到。

具体使用的时候要恰如其分：

①当我们渐渐老去的时候，才感觉到生命的可贵。

"老"的意思是"年龄变大、衰老"。

②我们是老交情，已经快有十年不见面了。

"老"的意思是"很久以前就存在的"。

③"因为老下雨，所以把我泡成这么大了。"

"老"的意思是"经常"。

在不同句子的上下文中，使用多义词时，就应该弄清楚各个义项之间的关系，准确表达不同的意思。

第二节 词语的锤炼

写文章不仅要准确、通俗、明白，而且要鲜明、生动、有力。要达到这个目的，词汇要丰富，词语要锤炼。锤炼词语，古人叫做"炼字"，它是一种非常艰苦的劳动。唐代皮日休说："百炼为字，千炼成句。"杜甫说："为人性僻耽佳句，语不惊人死不休。"他们这种呕心沥血、一丝不苟的精神值得学习，这也告诉我们遣词造句要千锤百炼、精益求精。

贾岛是唐代诗人，屡次应试没有考中，一度出家当和尚，后来听从韩愈劝告还了俗，当过小官。他作诗时，非常讲究铸字炼句，反复苦吟思索，为此传下来一个生动的故事。有一天，他骑驴访问隐居的友人李凝，正好友人外出未归，他便在门墙上题诗一首，即《题李凝幽居》："闲居少邻并，草径入荒园。鸟宿池边树，僧推月下门。过桥分野色，移石动云根①。暂去还来此，幽期不负言。"②共八句，描绘李凝隐居地的幽静景色，叙述自己来访不遇，准备以后再来一同隐居的想法。从李凝隐居地往回走，贾岛一直觉得这首诗的三四句有个字似乎应该改一改，"鸟宿池边树，僧推月下门。"他想：究竟用"推"字好呢？还是改为"敲"字好？贾岛在驴背上反复思索，总是犹豫不决，不知不觉间用手做出推和敲的姿势，想把这个字定下来。这样一直走到长安城里，他还是做着手势不断苦吟。这时，任长安地方长官的韩愈出门办事，贾岛由于太专心了，一头撞进韩愈的仪仗队还不觉得。仪仗队的士兵见贾岛这么放肆，已经冲进了第三节还要向前闯，便不客气地把他揪下驴来，推到韩愈跟前。韩愈问贾岛，为什么无缘无故冲撞他的车骑？贾岛这时已回过神来，连忙说明是在驴背上作诗，神情恍惚的缘故，并非有意冲撞。韩愈是有名的文学家，对贾岛的问题也产生了兴趣，不但没责备他，反而也一起参加思索，然后说："用'敲'字好。"于是，这两句就最后定下来，成为：鸟宿池边树，僧敲月下门。此事一时传为佳话。

唐朝诗人任蕃夜宿台州巾子峰禅寺，在寺墙上题诗"绝顶新秋生夜凉，鹤翻松露滴衣裳。前峰月映一江水，僧在翠微开竹房"。待他走出几十里路后，觉得"半江水"要比"一江水"更贴切，更符合现实，忙返回寺院修改，谁知到了寺院，他发现早有人把"一"字改为"半"字了。真是"英雄所见略同"啊！"前峰月照"一定会出现"峰掩月"的情况，月光不会照遍一江流水，改为"半江水"既符合实际，又诗味含蓄。

北宋文学家范仲淹曾为东汉隐士严子陵的祠堂作记，写过"云山苍苍，江水泱泱。先生之德，山高水长"的句子。友人李泰伯看后，夸云

---

① 云根：古人认为"云触石而生"，故称石为云根。这里指石根云气。
② 幽期：再访幽居的期约。言：指期约；不负言：决不食言。

山、江水等句立意宏伟，气势不凡。但"德"字略显局促，换"风"字会更协调。范仲淹反复吟咏，果真韵味无穷，大喜而改之。

苏轼被贬，王安石作诗为其钱行。其中有一句"明月当空叫，黄犬卧花心"。苏轼一看，心想，明显的有错误嘛：明月怎么会叫呢，黄狗再小，也不能卧在花心上啊！这与事实不符，所以自作主张将其改成了"明月当空照，黄犬卧花阴"。后来，苏轼得知当地有种小鸟叫明月，有一种小虫被称为黄犬，才知自己改错了，于是登门致歉。一时传为佳话。

其实，好些诗人、作家都注意锤炼词句。如宋祁的"红杏枝头春意闹"，一个"闹"字，境界全出。张先的"沙地并禽池上眠，云破月来花弄影"中的"弄"字把景物写得活灵活现。

除了写诗外，锤词炼句还能帮人打赢官司。古时有个县官最讨厌啰唆，断案也因此有偏向。有一位妇女丧夫后想改嫁，婆家竭力劝阻。这时有人帮妇女写了一份诉状，县官当时就下了判词："嫁。"原来诉状上只有八个字：夫死，无嗣，翁鳏，叔壮。这四个原因清清楚楚地摆出了这位妇女的为难处境。可谓字字如金。

炼字还能救人性命。从前，某县尉查案卷，看到他一个朋友的案卷，上面有一句"某盗大门而入"，这是强盗所为，按律当斩。县尉想帮朋友减轻罪行，就在这句话的某一个字上加了一笔，定案时，此人由死罪改为流放三年。究竟是哪个字的改动，竟有这么大的变化呢？原来是"大"字改为"犬"字。"大门而入"的强盗行为变成"犬门而入"的小偷小摸，一字之差竟"生死有别"呀。

从以上锤炼词语的故事可以看出，词语的锤炼是词语选用的深化。锤炼的本质是将寻常词语艺术化，使之获得不同于常规的意义和用法。往往用活一字，可使文句质变生辉，力锤千钧，意境深远。

词语锤炼作为一种修辞现象，需要厚积薄发，要有深厚的文化修养和语言功力，这不仅仅是充分发挥艺术想象力的灵感体现，同时也有规律可循。常见的词语锤炼方法有以下几种。

一、寓繁于简

寓繁于简是指在词语运用中用最经济的语言表达最丰富的内容。

例如：

①孔乙己一到店，所有喝酒的人便都看着他笑，有的叫道："孔乙己，你脸上又添上新伤痕了！"他不回答，对柜里说，"温两碗酒，要一碟茴香豆。"便排出九文大钱。（鲁迅《孔乙己》）

②我温了酒，端出去，放在门槛上。他从破衣袋里摸出四文大钱，放在我手里，见他满手是泥，原来他便用这手走来的。（鲁迅《孔乙己》）

例①和例②的"排"和"摸"都是写孔乙己付钱时的动作。用"排"字，表现出孔乙己拘谨、认真、朴实、善良的性格，说明孔乙己的九文大钱来之不易，是他帮人抄抄写写换来的，活画出他对钱的珍惜；也反映出他自视为读书人，不同于短衣帮的清高神态。后来，他被丁举人打断了腿，也不能帮人抄写，失去经济来源，还欠酒店十九文钱。这次喝酒也不能付现钱，所以在身上找遍，才能"摸"出。一个"摸"字预示了孔乙己最惨的遭遇即将降临。由"排"到"摸"，前后照应，形象深刻地揭示了孔乙己的悲惨命运。

二、寓静于动

寓静于动是用表示动态的词语去表示静态的事物，使静态事物充满神韵，栩栩如生。例如：

①这条渐远渐无穷的石子路，在深山幽谷间盘旋，忽高忽低；在芭茅草丛里伸展，时隐时现。（袁鹰《井冈山记》）

②在那山径上，碧水边，姑娘们飘着彩色长裙，顶着竹篮、水罐，走回开满波斯菊的花园。（魏巍《依依惜别的深情》）

例①把山间的石子路，写成"盘旋""伸展"，形象生动地描绘出石子路在深山幽谷间蜿蜒起伏的景象。例②不说"穿着"而用"飘着"，表示了动作的持续性，表现了朝鲜姑娘顶水时步履迅速而生风的情景。

三、寓情于中

寓情于中是指选用的词语在表现客观事物的同时还带有人的主观感受。例如：

①潘月亭——一块庞然大物裹着一身绸缎。（曹禺《日出》）

②忍看（眼看）朋辈成新鬼，怒向刀丛（刀边）觅小诗。（鲁迅《为了忘却的记念》）

例①在描写潘月亭时，用"一块""裹"刻画了潘月亭这个臃肿、硕大、毫无生气、宛若行尸走肉的人物形象。例②把"眼看"改为"忍看"，蕴含着作者对国民党反动派的满腔愤怒，也反映出对革命先烈的痛悼之情。把"刀边"改为"刀丛"，既深刻地形容了白色恐怖的严重性，又反衬出作者对革命的无比坚贞以及大无畏的斗争精神。

四、词性活用

词性活用是指在一定语境中突破常规用法，临时改变词语的词性。例如：

①她跳的这段独舞，给人总的感觉是很青春，很阳光。

②真没想到你这么无情无义，咱们总算是兄弟一场，你心里竟然一点亲情都没有。

"青春""阳光"都是名词活用作形容词，意思是"具有青春的朝气和活力"。"兄弟"是名词活用作动词，意思是"做兄弟"。

五、暗含比喻

在运用词语时，把本来与甲事物搭配的词语用来和乙事物搭配，从而在暗中把乙事物比喻成甲事物。例如：

①我们已经走出树丛，现在是在被月光洗着的马路上了。（巴金《苏堤》）

②秋天的黄昏，晚霞烧红了西方的天空。（和谷岩《枫》）

例①把月光照着马路说成"洗着"，暗含"月光如水"的比喻，写出了马路在月光下的洁净和清新，表达出一种舒畅的心情。例②不说晚霞"映红"或"照红"了天空，说"烧红"，暗中将晚霞比喻成"火"，给人形象生动的感受。

六、声音配合

语音是语言的物质外壳,意义是通过声音表达的。任何词语都是声音和意义的结合体。所以,说话写文章,不仅要考虑到词语意义的锤炼,还要注意从声音上推敲琢磨,做到语音美。声音配合得当,和谐优美,铿锵悦耳,以优美的节奏和旋律来增强表现力,提高艺术性,给人以美的享受。语言的音乐美,主要表现在音节的整齐匀称,声调的平仄相间,韵脚的和谐自然,叠音的优美传神。比如由台湾著名艺人小虫创作的《龙文》歌词:

一弹戏牡丹　一挥万重山
一横长城长　一竖字铿锵
一画蝶成双　一撇鹊桥上
一勾游江南　一点茉莉香
洒下床前明月光
上下千年一梦长
古今如一龙凤凰
黑眼黑发真善良
宫商角徵羽　琴棋书画唱
孔雀东南飞　织女会牛郎
深爱这土地　丝路到敦煌
先人是炎黄　子孙血一样
读懂了千年　金钩银画样
习惯了故乡　白米面或汤
一杯清茶道汉唐
妙笔丹青画平安

歌词概括了中华文明的点点滴滴,书法、古诗词、茗道、戏曲……思绪纷飞与之一起贯穿中华五千年的文化脉搏。从大漠敦煌到小桥江南,从丝路驼铃到峻美三峡,从民间民俗到阳春白雪,从文人墨客到历史传说,一幅幅画卷从眼前掠过。这些内容作者都巧妙地运用了中国特有的五声调式,由宫商角徵羽这五个音符变化而来的旋律古香古色,整首词压了"ang"的韵,一韵到底,朗朗上口,像是青茶在口,让人回味无穷!

(一) 音节匀称

说话作文时,要讲究音节的匀称。音节整齐匀称,上下对称,配合适宜,可以使话语顺畅上口,增加话语的整齐美和节奏感。

做到音节匀称,主要是单音节词配单音节词,双音节词配双音节词,三音节词配三音节词,等等。当然,在需要用错综形式表现时,也会打破这一习惯。例如:

①尼罗河是温柔的,同时又是凶暴的,尼罗河下游是平静的,上游却是喧闹的。(韩北屏《金字塔的启示》)

②所谓片面性,就是不知道全面地看问题。……或者叫做只看见局部,不看见全体,只看见树木,不看见森林。(毛泽东《矛盾论》)

例①在各分句相同位置上用"是……的",使前后对称,形式整齐,节奏和谐。例②"叫做"后由四个分句组成,前两个对后两个是整齐的一组。每个分句又都是五个音节,结构相同,这就造成了多层次的整齐匀称,读起来朗朗上口,富有旋律美。若把它变成"只看局部,不看见全体,只见树,不看见森林",则读起来拗口,失去了平衡,破坏了协调,没有旋律美。不仅如此,就是在一个言语片断中,也要讲究整齐匀称。如说"工人、农民、士兵"或"工、农、兵"则是整齐协调。如果说成"工人、农民、兵"或"工人、农、士兵"等则显得特别别扭。可见,音节的匀称,在各个层面上都要注意协调。

在单音节和多音节词联合使用时,习惯上总是把音节少的词放在前面,音节多的词放在后面,这样由少到多地排列,避免前重后轻,能使词句井然有序,整齐匀称。例如:

要是来了客人,就想方设法,弄出好多碗:鸡、鸭、烘鱼、腊肉、熏腰子和蛋卷子等等。(《周立波短篇小说集》)

在词语排比时,排列词语音节多少的次序也要遵循这个规律。例如:

将士们在鄂西大山中不论是行军或宿营,常听见老虎叫声、狼的叫声、野猪和猿猴的叫声,以及其它各种大小野兽的叫声……(姚雪垠《虎

吼雷鸣马萧萧》)

当然,汉语音节的调整,要根据需要灵活调配,不能为了只求音节匀称而任意增减音节。

(二) 平仄相配

汉语的声调有平仄之分,在现代汉语中,平声就是阴平、阳平两个调类,仄声就是上声、去声两个调类。

韵文,特别是律诗,是要讲究平仄的。一般来说,平声语调上扬,平缓响亮;仄声语调下抑,曲折凝重。平仄调整好,会形成声音上的高低、轻重、缓急、长短的变化,使语句产生抑扬顿挫、悦耳动听的音乐美,提高表达效果。

旧体诗词非常讲究平仄的相配,要求一句之内平仄交错,上下两句平仄相反。例如:

爱此江边好,(仄仄平平仄)

流连至日斜。(平平仄仄平)

眠分黄犊草,(平平平仄仄)

坐占白鸥沙。(仄仄仄平平)(王安石《题舫子》)

现代诗歌、散文不取旧体诗词那样严格的平仄形式,但也注意平仄相配,特别是句末的平仄。例如:

在南方每年到了秋天,总要想起陶然亭的芦花,钓鱼台的柳影,西山的虫唱,玉泉的夜月,潭柘寺的钟声。(郁达夫《故都的秋》)

例句中的"芦花""柳影""虫唱""夜月""钟声"这五句的句末双音节词分别是平平、仄仄、平仄、仄仄、平平,平声对仄声,声调高低相间,读起来抑扬起伏、和谐动听。就是许多成语,也是利用这种平仄变化造成的。如:

欢天喜地(平平仄仄)　　四世同堂(仄仄平平)

千方百计(平平仄仄)　　万紫千红(仄仄平平)

(三) 韵脚和谐

韵脚是指在有关句子末尾的能起到押韵作用的一组字。这样的字,其韵相同或相近。恰当安排好韵脚,能造成一种同韵前呼后应的语音和谐美和节奏的整齐美，形成一个统一的旋律，把前后语句连成一体，使音节回环应合，优美动听，增强说话的感染力。

押韵的方式多种多样。有隔行交差押的交韵，两行一换的随韵，行行押的排韵等形式。例如：

①总得叫大车装个够，（gòu）
　它横竖不说一句话，（huà）
　背上的压力往肉里扣，（kòu）
　它把头沉重地垂下。（xià）（臧克家《老马》）

②万木霜天红烂漫，（màn）
　天兵怒气冲霄汉。（hàn）
　雾满龙冈千嶂暗，（àn）
　齐声唤，（huàn）
　前头捉了张辉瓒。（zàn）（毛泽东《渔家傲·反第一次大围剿》）

③红旗万梭织锦绣，（xiù）
　海北天南一望收！（shōu）
　塞外的风沙呵黄河的浪，（làng）
　春光万里到故乡。（xiāng）（贺敬之《桂林山水歌》）

例①押的是交韵。例②押的是排韵。例③押的是随韵。

此外，在散文、民歌、谚语中安排一些押韵句，也能使语句整齐，读起来优美动听。例如：

就在天的那边，很远很远，有美丽的月牙泉，它是天的镜子、沙漠的眼，星星沐浴的乐园。那年我从月牙泉边走过，从此以后魂绕梦牵，或许你们不懂得这种爱恋，除非也去那里看看。（佚名《梦系月牙泉》）

这段文字读起来朗朗上口，富有韵律美。其中"边""远""泉""眼""园""牵""恋""看"押韵，和谐优美，有一种音乐的韵律回荡其中，"月牙泉"美妙、清纯的形象强烈地感染着读者。

当然，为了使韵脚和谐，可以对诗句的结构作适当的处理。如"白日依山尽，黄河入海流"的"流"放在句末就是为了押韵。但要注意，不能乱改滥变，生拼硬凑。

（四）叠音自然

相同音节（字）复叠出现叫叠音。音节重叠的方式构成的词叫叠音词。如"呼呼""哗哗""干巴巴""绿油油""叽叽喳喳""红红绿绿"。这些词语多数有附加意义，有的还可增强语言的形象性。用好叠音词，能突出词语的意义，增强形象性和音乐性。用它描绘人物，可使人物形象惟妙惟肖，栩栩如生；用它写景状物，可以烘托气氛，有如身临其境。例如：

曲曲折折的荷塘上面，弥望的是田田的叶子。叶子出水很高，像亭亭的舞女的裙。层层的叶子中间，零星地点缀着些白花，有袅娜地开着的，有羞涩地打着朵儿的；正如一粒粒的明珠，又如碧天里的星星。微风过处，送来缕缕清香，仿佛远处高楼上渺茫的歌声似的。这时候叶子与花也有一丝的颤动，像闪电般，霎时传过荷塘的那边去了。叶子本是肩并肩密密地挨着，这便宛然有了一道凝碧的波痕。叶子底下是脉脉的流水，遮住了，不能见一些颜色；而叶子却更见风致了。《荷塘月色》

短短一段话，就有九处叠音。这些叠音，给这幅秀丽朴素、生动形象的画面增添了立体感，使人从视觉、听觉、嗅觉、触觉等各方面都获得真切的感受，领略到荷塘月色的神韵。

双声、叠韵词的使用，也可以增加语言的音乐美。例如：

大雨落幽燕，

白浪滔天，

秦皇岛外打鱼船。

一片汪洋都不见，

知向谁边？（毛泽东《浪淘沙·北戴河》）

这里的"幽燕""滔天"是双声词，"汪洋"是叠韵词。利用双声、叠韵，造成声音的起伏协调，描绘出北戴河大雨滂沱、巨浪滔天的雄壮景色。

第三节　特殊词语的选用

特殊词语包括方言词、网络词语等，特殊词语的选择和锤炼也是增强修辞效果不可缺少的方面。

一、方言词的选用

汉语有八大方言之分，每种方言都有其独特的词语。这里说的"方言词"是指经过作者精心提炼，并且能被广大观众所接受的。通俗地说是观众一听就能懂，而不需要反复揣摩才能弄懂的方言词。这些词必须用得精当，用得得体。

如莫言在《白沟秋千架》中写暖姑说到自己与哑巴所生的几个孩子时，说：

一个个又呆又聋，哭起来像擀饼柱子不会拐弯。

"擀饼柱子"是山东农村最常见的一种做饭工具。当地人的主食就是饼，"擀饼柱子"是烙饼必不可少的工具。在这里，作者将小孩的哭声这种听觉效果比喻成了当地人最常见的具有视觉效果的"擀饼柱子"，一个个哭起来时声音不会转弯的哑巴孩子的形象一下就具像化了。

又如，在莫言的《丰乳肥臀》中，上官吕氏对司马亭说：

这就对了。三儿，别听司马家大疯子胡吣，日本人来干啥？再说，你这是积德行善，鬼都绕着善人走。

"吣"的意思在标准语里是"呕吐"，而在这里的方言中为胡说八道的意思。

"擀饼柱子""胡吣"这都是地道的山东高密方言，但又不是外地读者听不懂的土话，这些方言词表现力强，用在作品中，使作品中的人物性格更加鲜明，同时也与观众的距离更近一步，使观众能在观看的瞬间产生共鸣，得到最佳的欣赏效果。

还有一些作家在作品中用了吴方言的一些词语，也收到了很好的效果。如，鲁迅先生《吃白相饭》：

但"白相饭"的朋友倒有其可敬的地方，因为他还直直落落地告诉人们说，"吃白相饭的！"

其中"吃白相饭"就是吴方言词语，指无所事事、游手好闲、不务正业，靠家产或不正当来源生活。

常州籍作家高晓声的小说《陈奂生专业》：

"牛吃蟹"吴楚骂了一句，这又不是河泥，猪灰，能随便要吗？

其中"牛吃蟹"也是吴方言词语，表示瞎搞、胡来，像是牛吃螃蟹，十分形象。

再如，矛盾的《子夜》：

你是老门槛，你自然明白这笔借贷实在只有五十万，不过放款的银团取得继续借与二百五十万的优先权。

其中"老门槛"也是吴方言词语，表示精明老到，工于算计的人。

又如，程乃珊《父母心》：

他"说了算"的次数好像也越来越少，可怕的是连他自个也经常"老居失匹"。

"老居失匹"在吴方言中指"聪明人做了不聪明的事"，或"聪明反被聪明误"的意思。这些方言表现力很强，用在作品中增加了作品的乡土气息。

近来涌现出的小品，甚至是电影，其中人物语言，往往也愿意使用方言，大概作者的意图也出于此。但使用太多，太滥，观众大都听不懂，甚至在给中国人看的中国电影银幕上要打上汉字，这就有悖于作者的初衷了。在某种程度上，也侵犯了观众的权力，这是我们不敢恭维的。

二、网络词语的选用

一般人的心里，都有着求新、求变、求刺激的需求，网络语言的出现并被广泛运用，正使人们这种需求得到满足。所谓网络语言是先由网上使用，后逐渐渗透到人们生活中的语言。网络语言的种类较多，常用的有谐音和谐义两种。

谐音的如美眉、水母情话、斑竹、菌男、霉女、青筋、竹叶、木油、驴友、偶等。

谐义的有青蛙、恐龙、造砖、楼上、楼下、菜鸟、灌水、水母等。

更妙的是用字母和数字谐音的网络语言，如GG（哥哥）、JJ（姐姐）、MM（妹妹）、BB（宝贝）、1314（一生一世）、886（拜拜喽）、520（我爱你）、745（气死我）、3399（长长久久）等，表现力非常强。

在写作或交际中恰当地使用网络语言至少有两个优点。

（一）可以使语言生动形象。如，用"造砖"指"写作"，形象地展现了写作过程及写作的艰辛；用"恐龙"指"丑女"，"青蛙"指"丑男"，也十分形象逼真；用"楼上"指"上一个帖子"，用"楼下"代"下一个帖子"，再现了网上交流的格式。

（二）操作简单快捷。现代人，尤其是年轻人，喜欢在网上聊天，使用字母和数字表示内容的网络语言，更显示了这个优势，如，用数字"886"代表"拜拜喽"，用字母"MM"代表"妹妹"，要比用原字快捷得多。

例如有这样一段话：

本人在贵公司的烘焙鸡上荡了一个软件不能用，可能贵公司的东东里面bug太多，现特发上一张帖子奉告，虽然是小case，也请贵公司予以重视。BTW，如有可能，请将修正后的软件E我。大虾。（《语文建设》2000年第11期）

这里面有许多网络语言："烘焙鸡"——音译词，Homepage，主页；"荡"——音译词，Download，下载；"东东"——东西；"bug"——臭虫、问题、故障；"帖子"——在公共留言板上张贴留言；"小case"——小意思、小问题；"BTW"——英语 By the way，顺便说一句；"E我"——通过电子信件传给我；"大虾"——网络高手。

实际上这段话的意思是：

本人在贵公司的主页上下载了一个软件不能用，可能贵公司的东西里面问题太多，现在特发一个网上留言，虽然是小问题，也请贵公司予以重视。顺便说一句，如果有可能，请将校对后的软件通过电子信件传给我。

网络高手。

在这里正可以看出现代人求新、求变、求刺激的语言需求。

第四节　固定短语与修辞

一、谚语与修辞

在语言这个符号系统中,谚语是以极少的文字反映极多信息的语言形式,言简意赅是它们的优势。它们是"通俗并广泛流行的定型的语句,简练而形象化,大多数是劳动人民创造出来的,反映人民的生活经验和愿望"。① 因此,它有坚实的群众基础,拥有了一大批使用者和传播者,是广大人民在生活中用集体的智慧创造出来的。因此,在谚语这一简洁的形式里面,蕴含了丰富的、独特的民族文化的宝藏,同时也蕴含着丰富的修辞技巧。

（一）精练性

"泉水最清,谚语最精。"谚语能"以片言明百意",从而避免了说教式的冗言赘语,鲁迅谓之"炼话"。这种精练性是从句式上而言的,谚语的句式整齐,篇幅一般比较短小。单句形式如"没有不透风的墙","趁热好打铁","一个将军一个令","泥人也有个土性儿",等等,都阐述了简单而又普遍的真理。在这些句子中,抽象的概念寓于具体的形象之中,言浅意深,常常有事半功倍的效果。

由单句并列组合成的复句式谚语,根据组合情况可以分为两类:一类是由单句依靠语序直接组合而成,多为两个单句组合,也有二四个单句组合的形式;另一类是借助关联词组合而成。前一类如"日中则移,月满则亏","是福不是祸,是祸躲不过","官向官,民向民,和尚向着出家人","饥不择食,寒不择衣,慌不择路,贫不择妻"等。后一类如"宁可

---

① 史仲文.中国人:走出死胡同［M］.北京:中国发展出版社,1991:203.

无了有，不可有了无"，"麻雀虽小，五脏俱全"，其中"宁可……不可……"表选择关系，"虽"表转折。

谚语中还有一些紧缩复句的习用格式，或两部分压缩在一起，取消中间语音停顿，如"一人做事一人当"，"不是冤家不聚头"，"不见兔子不撒鹰"等；或省去某一部分，如"人心不足蛇吞象"省去谓语动词"犹如"；"无毒不丈夫"，省略了主语等等，这样就使得句子更加紧凑和整齐。

（二）口语性

谚语多来自民间，是劳动人民集体智慧的结晶，多是人民大众对具体事物的认识，带有浓重的口语性。例如我们常说的"瞎猫碰着死耗子"，"兔子不吃窝边草"，"瘦死的骆驼比马大"，"死猪不怕开水烫"，"放长线钓大鱼"，等等。虽然用语比较俗，却是实实在在挂在嘴边，流于民间的，带有浓厚的生活气息。

谚语的口语性不仅表现在它的通俗，还体现在它善于巧妙地挖掘生活中的常例来进行描述，给人一种既熟悉又新颖的感觉。例如"口里叫哥哥，背后摸家伙"指表面上非常亲热，实际上却凶狠无情、暗下毒手。"按着葫芦抠子儿"比喻用强硬的手段逼人讲真话。这类谚语具有极强的意蕴，能够启发读者由此物想到彼物，进而体会其中的道理。

（三）形象性

谚语的形象性往往是通过运用各种修辞手段来实现的。如"天下乌鸦一般黑"是通过比喻手法，比喻不管什么地方的坏人，都是一样的坏。用"乌鸦"来比喻黑心黑肺的坏人，再形象不过。"大丈夫顶天立地"是通过夸张的手法，形容有志气有作为的人形象高大，气概豪迈。"恶有恶报，善有善报"这是旧时佛家劝告人行善改恶的口头语，它通过对偶的形式，告诫人们做好事就有好报应，做坏事就有恶报应。"三个臭皮匠，顶个诸葛亮"，臭皮匠、诸葛亮又是使用的借代手法，臭皮匠代平常之人，诸葛亮代足智多谋者。其余如使用比拟手法的"庄稼不认爹和娘，功夫到了自然强"；使用顶真手法的"林多水多，水多粮多"；使用摹状手法的"天上钩钩云，地上雨淋淋"；使用双关手法的"要打当面鼓，莫敲背后锣"，等等。

（四）声律美

谚语很讲究节奏和韵律，讲究声律美。谚语的节奏，大致和诗句的节奏相似。四言谚语如"入乡随俗"，"情急智生"，节奏一般为二二；五言谚语如"礼多人不怪"，"日久见人心"，它的节奏多是二一二，少数为三二；六言谚语如"一山不藏二虎"，"一客不烦二主"，节奏为二二二；七言谚语如"天狗吃不了日头"，"响鼓不用重锤敲"，节奏是二二三。八言以上的谚语，节奏多为二二三，二二三，如"各人自扫门前雪，休管他家瓦上霜"。它们不论长短，都显示出一种均匀整齐的美感。

谚语在注意节奏的同时，还注意押韵。有的押平声韵，如"不听老人言，吃亏在眼前"中的"言""前"；有的押仄声韵，如"善有善报，恶有恶报；若还不报，时辰未到"中的"到""报"；有的平仄相间，如"瓜熟蒂落，水到渠成"，讲究"平平仄仄，仄仄平平"；还有的押尾韵如"先苦后甜，富足万年"中的"甜""年"，押头韵如"人前一只鼓，人后一面锣"等。

（五）对称美

喜欢成双成对，两两照应。谚语以对偶句形式出现的占很大的篇幅，如"酒逢知己千杯少，话不投机半句多"，"画虎画皮难画骨，知人知面不知心"，"千尺有头，百尺有尾"，"不怕红脸关公，就怕抿嘴菩萨"等。

（六）含蓄美

在谚语中，比喻、双关等修辞手法广为运用，如："爪儿只拣软处捏"是比喻那些专门欺侮弱小的事；"狗改不了吃屎"是比喻坏人改不了做坏事的本性；"打开天窗说亮话"是使用双关手法，表层的意思要打开天窗透着光亮说话，实际上指不要遮遮掩掩，要说明明白白的话；"包子有肉不在褶子上"，含蓄地告诫人们看问题要看实质，而不能只看外表。在诸多修辞方法的使用上，比喻又占绝对的优势，因为比喻既能满足语义通俗易懂的需要，又不失中国人重含蓄、委婉表达的性格特点，两全其美。

二、成语与修辞

成语是语言词汇中一部分定型的词组或短句，是劳动人民智慧的结晶，大多言简意赅、生动形象、寓意深刻，并且沉积了浓厚的历史和民族文化。成语有着丰富的来源，概括了大量的历史故事、古代寓言。比如抱头鼠窜、自相矛盾、画龙点睛等，也有来自古白话的语录、文艺作品、民间流传的语句，比如重于泰山、轻如鸿毛、鼠目寸光、破镜重圆等，也有社会发展过程中产生的新成语，如惩前毖后、治病救人、百花齐放、百家争鸣等。这些成语结构紧凑、语音和谐、朗朗上口。这与修辞手法的运用是分不开的。

（一）四字结构，平仄协调

大多数成语是四字结构。现代汉语的阴平、阳平为平声，上声、去声为仄声，而成语的四个字正好形成平仄配合的方式。如：

平平仄仄式：穷形尽相、风和日丽。

仄仄平平式：力挽狂澜、未雨绸缪。

平仄平仄式：发号施令、肝胆相照。

平仄仄平式：安步当车、身体力行。

仄平仄平式：趾高气扬、倒行逆施。

这种平仄协调的声调，读起来能产生抑扬顿挫、急舒有致的美感。声调美是成语特有的修辞手段之一。

（二）音韵和谐，叠韵双声

有两个成语常被人们弄错，一个叫"望洋兴叹"，以为是"望着海洋感叹"，其实不然，这里的"望洋"是个叠韵词，指抬起头来看的样子；兴，产生，发出。另一个成语叫"首鼠两端"，"首鼠"不是"第一只老鼠"，而是一个双声词，指犹豫不决，欲进又退的样子；端：头，整个成语形容迟疑不决或动摇不定。可见，在成语中利用双声叠韵词，会使音节和谐，读起来富有乐感。文章中若要加强语言的表现力，使用成语是一种重要的修辞手段。但是，我们一定要特别注意对双声叠韵词的整体理解，绝不能望文生义，否则，在文章中误用成语，不但起不到应有的作用，还会闹笑话。下边这些成语中带点词都是值得思考的。

参差不齐、未雨绸缪、从容不迫、小巧玲珑

古人云"叠韵如两玉相扣，取其铿锵，双声如贯珠相联，取其婉转"。

适当采用双声叠韵的成语一定会使文章格外生动。

（三）同义联合，互文见义

有部分成语是由同义词组合而成，当我们对其中一个词义不明白时就可以用"互文"的修辞知识加以解决，免得理解错误，导致误用成语而贻笑大方。比如有学生在作文中写道："老师求全责备我们，说我们重理轻文。"显然，这个学生将成语中"责备"当成"责怪"用了，其实，这个"责"是要求的意思，"备"是"齐全"的意思，"求全责备"是一个由两对同义词交叉搭配、并列使用的联合式成语。类似的成语还有文过饰非、循规蹈矩、装模作样、聚精会神等。了解成语互文见义这一特点还可以帮助我们正确理解文中的联合词组，如《阿房宫赋》中的"尽态极妍"，这里的"尽"和"极"同义，都是无以复加的意思，"态"和"妍"同义，都是美丽娇媚的意思。如果将"态"解作"姿态"，文章就不通了。另一个成语"不学无术"常被学生理解为因为不学习，所以没有本领，粗略看没有大错，实则不正确。这个成语也用互文来理解，"不"与"无"同为否定副词，都是没有的意思，"学"和"术"都是名词，分别是"学问"和"本领"的意思。

（四）成语活用，幽默谐趣

成语的活用是在特定的语言环境中，为了表达上的种种需要所采用的一种临时性修辞手法。活用成语，不仅可以让语言幽默、谐趣，增强气氛，还可以使文句表达得更具体、更明确，让人能充分理解。因此随着社会和语言的不断发展，成语活用的现象变得越来越活跃。

成语的活用方式一般有以下几种。

1. 易字

易字是指更换原形中的某个字。如：

①广开才路，不拘一格选人才。（方毅《在全国科学大会上的报告》）

广开言路——广开才路。

②伫立远眺，书海茫茫，不能"望书"兴叹了。（曹靖华《智慧花开烂似锦》）

望洋兴叹——望书兴叹。

③江清对古典诗歌一窍不通，炫其博学，引了《黄鹤楼》诗，说是：李白写了这首诗，同情曹操杀祢衡，崔冠李戴，成为笑话。（臧克家《在民族古典诗歌基础上发展新诗》）

张冠李戴——崔冠李戴

2. 谐音

谐音是指变体中的读音与原形中的读音相同。如：

闲妻良母——洗衣机，骑乐无穷（摩托车广告），以帽取人（帽子公司广告），随心所浴（热水器广告），一网情深（网络广告）。

3. 拆用

拆用指把成语原形拆开使用。如：

根深叶茂——根深才能叶茂；聪明不必绝顶（美加净颐发灵广告）；杏仁露一到，众口不再难调（露露杏仁露广告）。

4. 易色

易色是指借用成语原形，但感情色彩不同。如：

①敢想敢说又敢做，创造发明日日多，这样的异想天开好得很。（《人民日报》）

"异想天开"，一般用法是表示贬义，这里却是贬义褒用。

②这些坚定的人，好比屹立天地的巨石。它们诞生于"水深火热"之中，经过大水和热火的锻炼，它们生成了一身坚强的筋骨，所以特别经得起狂风疾雨的打击。（陶铸《革命的坚定性》）

"水深火热"，一般用法是比喻"人民所处的极其艰苦的生活处境"，而这里却是临时用为词面意义。

5. 易序

易序是指改变成语原形成分的次序。如：

①况且世人大抵受了"儒者柔也"的影响；不述而作，最为犯忌。（《鲁迅全集》一卷）

述而不作——不述而作。

②无论从旧道德，从新道德，只要是损己利人的，他就选挑上，自己背起来。（鲁迅《为了忘却的纪念》）

损人利己——损己利人。

（五）生动形象，巧用辞格

1. 形象具体，妙在比喻

成语的形象性和表现力莫过于比喻的运用。

（1）明喻。成语中有相当数量的明喻，喻词常用"如""似""若""类"等。如"如虎添翼""势如破竹""冷若冰霜""虽死犹生"等。无论用在什么地方，什么语言环境，一眼就看出是个比喻。而且这种比喻的用法和作用与一般修辞上的比喻没有什么两样，它不但生动形象，而且言简意赅，避免啰唆，使文字精练。比方说某人写的诗文不好读，晦涩难懂，如果用"味同嚼蜡"来形容它，既形象又简洁，可以省去许多笔墨。如"人生如梦"：比作世事无定，人生短促，像一场梦。如"月光如水"：月光皎洁柔和，如同闪光而缓缓流动的清水等，这一类成语很多，应用也特别广泛。

（2）暗喻。如"笔头生花""挥汗成雨""众志成城""风刀霜剑""心猿意马"等。"人为刀俎，我为鱼肉"：刀俎，剁肉的刀和案板，指宰割的工具。比喻别人掌握生杀大权，自己处于被宰割的地位。这种比喻即是暗喻，它把一种事物等同于另一种事物（将"人"等同于"刀俎"；将"我"等同于"鱼肉"）本体（"人""我"）和喻体（"刀俎""鱼肉"）用"为""是"等词相连接，构成一种同一关系或相合关系。

（3）借喻。如"琴瑟和谐"是说夫妇情笃意好，"怜香惜玉"是说对女子十分温存爱怜，"乱点鸳鸯"系指错配姻缘，"漏泄春光"比喻秘密或男女私情外泄。"高屋建瓴""空谷足音""骑虎难下""一丘之貉""金蝉脱壳""阪上走丸"都是用喻体来代替本体。

（4）博喻。即从不同的角度，反复设喻，去说明、描绘同一个本体，淋漓尽致地表现事物。这种比喻，叫作博喻，也叫连比，即连续地打比方。由于字数所限（成语一般为四字格），成语中的连比基本是从两个方面来设喻，如"如花似锦"：好像花朵、锦缎那样，形容衣着华丽。"如火如荼"：像火那样红，像荼（开白花的茅草）那样白，形容气势很盛。"如胶似漆"：像漆和胶粘着一样，形容极其亲密。"如临深渊，如履薄冰"：

好像到了深水潭的边上，好像走在薄冰上，比喻做事十分小心谨慎。还有"如饥似渴""水性杨花""风平浪静""铜墙铁壁"，这些比喻都略去了本体，但其所指都不言而喻。

（5）较喻。它不但指出本体与喻体的相似，而且指出在这相似的方面本体超过（或不及）喻体的"喻中有比"的修辞方法。成语中的较喻，有"苛政猛于虎"：繁苛的政令比老虎还凶猛、可怕。如"防民之口，甚于防川"：谓堵住百姓的嘴，不让他们说话造成的危害比堵塞河流造成的水灾还要严重。"救人一命，胜造七级浮屠"：浮屠意为佛塔，救他人一命，胜过为寺院造一幢七层的宝塔。谓救人功德无量。上述各例都是"喻中有比"。

（6）扩喻。如"千部一腔，千人一面"：成千部戏都是一个腔调，成千个人都是一个面孔。两句并列，进行类比，虽无喻词，但比喻的含义十分明显，都是形容程式化、公式化的文艺创作或戏曲表演。这就是扩喻。有些扩喻，本体与喻体可以互相置换，如上例。成语中，有相当数量的扩喻，如"人死留名，豹死留皮""人穷志短，马瘦毛长""兵来将挡，水来土掩""君子一言，快马一鞭"等。

（7）倒喻。即喻体在前，本体在后。如"豆蔻年华"，用"豆蔻"喻"年华"，多指女子十三四岁之时。"年华"是本体，"豆蔻"是喻体。又如"风烛残年"：风烛，风中摇晃易灭的灯烛。残年，残剩的年岁。将残年比作风中之烛，形容人已衰老，不久于世。在这个比喻中，"残年"是本体，"风烛"是喻体。喻体在前，本体在后，这与一般的比喻本体在前，喻体在后的顺序相反，所以叫倒喻。另外像"高山景行""流金岁月"等也都是倒喻。

成语中的喻体丰富多彩。善用动物、植物或自然现象做喻体。这也是汉语成语在表达方式上的一个特点。

在动物作为喻体的成语中，动物种类之多，无奇不有。可以说，与人类接触频繁的任何一种动物都在成语中以喻体的形式出现过。比如：龙凤虎马，鸡狗鼠兔，鸟鱼虾蟹，龟鳖虫蛇，狐貉狼豺，莺鹤燕鸿等。范围之广，天上飞的、地上爬的、水里游的、山上走的，应有尽有。比喻的形式也多种多样。(一)以动物的形貌作喻。如:彪形大汉、虎背熊腰、尖嘴猴腮等。(二)以动物的行为方式作喻。如:虎踞龙盘、鸡飞狗跳、狼吞虎咽等。(三)以动物的本性作喻。如:鸿鹄之志、狡兔三窟、狼心狗肺等。(四)以动物的技能和力量作喻。如:龙凤呈祥、鹦鹉学舌、鸡鸣狗盗等。(五)以动物间的关系作喻。如:凤友莺交、兔死狐悲、狼狈为奸等。(六)以动物与人之间的关系作喻。如:叶公好龙、盲人瞎马、对牛弹琴等。在这些成语中,动物们的表演,形象生动,各有个性。透过这些成语,可以看到许多社会现象,有令人振奋的"龙马精神",也有"狐假虎威"的"鸡鸣狗盗",这些喻体构成了社会的缩影,是社会的群生相、众生图。

在以植物为喻体的成语中,主要分为四大类:树、木、花、草,尤以花多。桃花、兰花、桂花、菊花、梅花、荷花、春花、扬花;还有"银花""残花"① 等,在这些成语中,植物往往有了生命。仅以花为例。如:"豆蔻年华"一词源于唐代诗人杜牧的《赠别》诗:"娉娉袅袅十三余,豆蔻梢头二月初。"他用早春二月枝头含苞待放的豆蔻花来比拟体态轻盈、芳龄十三的少女,这一千古妙喻一直流传至今。现喻指妙龄少女。"水性扬花"出自明·无名氏《小孙屠》:"你休得假惺惺,杨花水性无凭准。"比喻年轻女子作风轻浮,感情不专。"寻花问柳"出自唐·杜甫《严中丞枉驾见过》诗:"元戎小队出郊坰,问柳寻花到野处。"花、柳:比喻妓女。喻狎妓。"明日"比喻过时或无意义的事物。在这些成语中,花的喻体都是有生命的人或事物。以花为喻的成语比喻的形式也很多。(一)以花喻貌。如:花容月貌、人面桃花、梨花带雨等。(二)以花喻人。如:花花公子、闲花野草、绣花枕头等。(三)以花喻事。如:昙花一现、移花接木、洞房花烛等。(四)以花喻理。如:柳暗花明、镜花水月、雾里看花等。(五)以花喻情。如:花前月下、落花无言、桃花潭水等。(六)以花喻景。如:鸟语花香、柳绿花红、花团锦簇等。

在以自然现象为喻体的成语中,古人选取了与他们的日常生活关系密

---

① 加引号是指非自然界中的花。

切的自然界中最常见的雨露风霜、日月星辰做喻体，也说明了古人与大自然水乳交融的紧密关系。如风调雨顺、风花雪月、清风明月、和风细雨、风月无边、云蒸霞蔚等。也有对自然现象的认识。如：风驰电掣、风起云涌、风卷残云、星移斗转、拨云见日等。但也有对大自然的畏惧。如：天翻地覆、风雨飘摇、惊涛骇浪、雷霆万钧等。成语是汉文化的一个缩影，是语言艺术的宝库。而比喻修辞在成语中具有举足轻重的作用，多视角地去研究成语中的比喻修辞艺术，不单能使我们领略到中华文化的博大精深，同时也可挖掘到成语的一些艺术表现规律。①

2. 引人联想，巧用借代

苏东坡有一首打油诗云："龙邱居士亦可怜，谈空说道夜不眠，忽闻河东狮子吼，拄杖落手心茫然。"诗中的"河东狮子吼"指嫉妒而又厉害的妇人，因这妇人姓柳，河东是柳氏的家乡，故以河东狮子来代嫉妒而又厉害的妇人。这种借某一事物的特征来代替本体，可以引起读者的联想，加深读者的印象。成语中运用借代手法增强了形象性和表现力的还有不少。比如用"化干戈为玉帛"，就比用"化战争为和平"更有韵味，用"大兴土木"比"大搞建筑工程"来得简洁明快，用"舞文弄墨"比说某人"玩弄文字技巧"更形象贴切。

3. 成语连用，排比映衬

李密《陈情表》里有一句话："但以刘日薄西山，气息奄奄，人命危急，朝不虑夕。"连用四个成语，把表达的意思层层引向深入，十分形象地描述了作者祖母病势垂危的严重情况，这就是连用成语排比的修辞功用。再如，"不少的人对同志对人民不是满腔热情，而是冷冷清清、漠不关心、麻木不仁"。这里将"满腔热情"与"冷冷清清"等三个排比成语鲜明对照形成反衬，深刻地揭露了事物矛盾的本质。再如，有一段赞美见义勇为的文字："我们要学习他那种临危不惧，视死如归，奋不顾身，舍己救人的英雄品格。"连用四个成语排比起来，如江河奔泻之势，激动人心。由此可以看出，我们在说话作文时，如果连用成语将会收到加强语

---

① 陈丛耘. 谈成语的比喻修辞艺术. [J] 宿州师院学报，2011 (6).

意,文笔遒劲的功效。

4. 其他辞格

运用比拟修辞的成语：闭月羞花、百花争艳、草木皆兵、风尘仆仆、呆若木鸡、生龙活虎、莺歌燕舞、抱头鼠窜、肥头大耳、土崩瓦解、风烛残年、狐朋狗友、鸦雀无声、花枝招展、鸟语花香、烘云托月、风卷残云,等等。运用对比修辞的成语：口蜜腹剑、口是心非、虎头蛇尾、好逸恶劳、阳奉阴违、南辕北辙、外强中干、吃一堑长一智,等等。运用夸张修辞的成语：日理万机、日月如梭、三头六臂、怒发冲冠、一日千里、一字千金、百发百中、胆大包天、寸步难行、一步登天、望眼欲穿、刀山火海,等等。运用对偶修辞的成语：地大物博；感恩戴德；山穷水尽；满招损,谦受益；家喻户晓；得道多助；失道寡助；仁者见仁；智者见智,等等。运用反复修辞的成语：登峰造极、星移斗转、提纲挈领、审时度势、情真意切、罪魁祸首、丰功伟绩、心灰意冷、真凭实据、一心一意,等等。运用反问修辞的成语：不入虎穴,焉得虎子；皮之不存,毛将附焉；塞翁失马,焉之非福；人非圣贤,孰能无过,等等。运用双关修辞的成语：风雨同舟、藕断丝连、立地成佛、乐在其中,等等。运用回环修辞的成语：来者不善,善者不来；人不犯我,我不犯人；用人不疑,疑人不用,等等。运用顶针修辞的成语：知无不言,言无不尽；人同此心,心同此理；一传十,十传百；一而再,再而三,等等。

三、歇后语与修辞

什么是歇后语？"歇",就是停止的意思。"歇后",就是停止后面的话,而这蓄势到后面的话,正是语言表达所指。《现代汉语词典》对歇后语的定义是："由两个部分组成的一句话,前一部分像谜面,后一部分像谜底,通常只说前一部分,而本意在后一部分。如'泥菩萨过江——自身难保''外甥点灯笼——照舅（旧）'。"[①] 歇后语是汉语语汇的重要组成部分。它以独特的结构、生动活泼的表现形式和妙趣横生的表达效果而为群

---

① 现代汉语词典（第5版）[M]．北京：商务印书馆,2005：1505．

众所喜闻乐见。①

"歇后语"的名称，据说起源于唐朝郑启所写的"歇后体"诗。人民群众中流传的歇后语，大部分是从生活中创造出来的，表现了劳动人民的智慧，是活在人民群众口头上的语言。我国历代著名的文学大师都很重视歇后语的运用，《水浒传》《西游记》《红楼梦》《儒林外史》等优秀古典小说中就有不少运用得很成功的歇后语。现代优秀作品中运用歇后语的情况，更是比比皆是。歇后语已成为我国民族语言大花园中一簇开不败的奇葩。

歇后语是一种采用巧妙的修辞手法表达抽象思想艺术的语言，具有通俗形象、生动活泼的特点，富有幽默感和想象力，因此，运用歇后语是一种积极修辞，不少权威的语言学家把歇后语作为修辞格的一种。但是，歇后语本身就是一种比较固定的"现成话"，是采用积极的修辞手法构成的艺术语言。从这方面来说，它与其他修辞格不同。歇后语的结构在歇前和歇后两个部分上，通常是指象在前，意义在后，前面指事，后面喻意，表里衬托，两相照应。歇后语最基本的修辞作用，就在于它通过它前一个语节所表示的形象、感情等色彩，使后一个语节所表示的语义形象化。②

在歇后语中比较常见的修辞手法有以下几种。

（一）比喻与歇后语

由于歇后语是由前譬后解组成的有机整体，因此，比喻是构成歇后语的基本修辞手法（其他修辞手法往往也是和比喻手法综合运用）。歇后语前一部分设喻是喻体，后一部分说明、解释是本体。喻体和本体两部分紧密结合成一个有机整体，在设喻之后，就直接把本体说出来（喻体和本体之间可以用破折号，可以用逗号，也可以不用标点），不使用喻词。从形式上看，这是暗喻。从喻体的内容上看，可以分作以人为喻、以物为喻、以事为喻、以历史为喻、以神话传说为喻等类。

1. 以人为喻

我这个老头子八十多岁了，没什么能耐，我要跟大家一起为孩子们做

---

① 温端政.汉语语汇学［M］.北京：商务印书馆，2006：348.
② 温端政.汉语语汇学［M］.北京：商务印书馆，2006：428.

好事。我这个话不是天桥的把式,净说不练,我是真练,一直练到我这个蜡烛头着完了为止。(《人民日报》1989年6月2日)

上例用了"天桥的把式——净说不练"这条以人为喻的歇后语。"把式"是指耍把戏的人;"天桥"是地处北京永定门的一个闹市。新中国成立前,那里曾经是走江湖和耍把戏的人集中的地方。他们在那里设摊卖艺,把自己说得天花乱坠,吹得玄乎其玄,凭那三寸不烂之舌招徕顾客,以推销他们的狗皮膏药,结果却拿不出什么技艺练给观众看。用"天桥的把式"作喻体,十分形象地讽刺了那种净说大话不干实事的人。例(1)用这条歇后语表明自己不是"净说不练",而是"真练",态度鲜明,活泼诙谐,生动贴切。还有:①皇帝的女儿——不愁嫁,②太平洋上的警察——管得宽,③戏台上的官——做不长,④梁山的兄弟——不打不成交,⑤铁路警察——各管一段,等等。

这类以人为喻的歇后语,抓住人物身份、性格、言行、经历某一方面与众不同而又为群众熟知的独特之处,巧妙地设喻。如①"皇帝的女儿"取其身份高贵的特点;④"梁山兄弟"取其上梁山之前大都有过打斗的经历,构成喻体,再在本体画龙点睛地指出本义所在,相互配合,给人以极其鲜明的印象。

2. 以物为喻

我们有些同志喜欢写长文章,但是没有什么内容,真是"懒婆娘的裹脚布——又长又臭"。(毛泽东《反对党八股》)

上例用了"懒婆娘的裹脚布——又长又臭"这条以物为喻的歇后语。用"懒婆娘的裹脚布"比喻有些同志所写的"空话连篇,言之无物"的文章,就把这种文章"又长又臭"使人厌恶的道理说得十分浅显通俗。还有:①麻布袋上绣花——底子太差,②茅坑里的石头——又臭又硬,③聋子的耳朵——摆设,④芝麻开花——节节高,⑤出窑的砖——定型了,等等。

这类以物为喻的歇后语,根据物体的形态、性质、作用的典型特点进行设喻。如①"麻布袋"取其质量差的特点,③"聋子的耳朵"取其毫无听觉作用的特点,构成喻体,再在本体加以解释,指出本义。喻体形象生动,典型性强,就使本来意义比较抽象的本体形象化、具体化,并使语言含蓄而风趣。

3. 以事为喻

彭老总对部属的要求是很严格的。他自己也风趣地说:"我这个人爱批评人,是高山倒马桶——臭名远扬。"(黄克诚《丹心照日月,刚正垂千秋——悼念我党我国我军杰出的领导人彭德怀同志》)

彭老总用"高山倒马桶——臭名远扬"这条歇后语表明自己为了革命利益,不怕得罪人,严格要求,爱批评人的特点,语言活泼幽默,态度亲切直率。彭老总的性格和神态,跃然纸上。还有:①哑巴吃黄连——有苦说不出,②卤水点豆腐——一物降一物,③大姑娘上轿——头一回,④肉包子打狗——有去无回,⑤竹篮子打水——一场空,等等。

这类以事为喻的歇后语,有的来自现实生活,如②以"卤水点豆腐"做喻体,就真实地反映了在做豆腐的过程必须用卤水使豆浆凝聚成豆花儿下沉的情况,从而使本体"一物降一物"鲜明、突出,具有说服力。有的不是来自现实生活,而是人们的虚构想象,如⑤"竹篮打水"是现实生活中不可能存在的,纯属人们的虚构想象。唯其是虚构想象,所以典型性更强。以这种虚构的事情做喻体,并与本体相互配合,就特别生动风趣,富有启发性。

4. 以历史故事为喻

我们单位享受公费医疗的人有个共同感觉:一些医生过去"吝啬"得很,如今却非常大方。他们现在开药是韩信将兵——多多益善。谁个头痛、感冒,一下子就给两三元的药。(《人民日报》1991年1月3日)

上面的例子用了"韩信将兵——多多益善"这条以历史故事为喻的歇后语。故事出自《史记·淮阴侯列传》:"上(刘邦)问曰:'如我能将几何?'信(韩信)曰:'陛下不过能将十万。'上曰:'于君何如?'曰:'臣多多而益善耳。'"用"韩信将兵"做喻体来说明"多多益善",不仅十分准确生动,而且启发人们联想,语言也显得活泼幽默。还有:①徐庶进曹营——一言不发,②刘备摔孩子——收买人心,③八擒孟获——多此一举,④司马遇文君——一见钟情,⑤周瑜打黄盖——一个愿打一个愿挨，等等。

这类以历史故事为喻的歇后语，因长期流传于民间，以人民群众十分熟悉的史籍或历史小说中的故事设喻，群众一看便知，一听就懂，喜闻乐见。

5. 以神话传说为喻

①严贡生发怒道："放你的狗屁！我因素日有个晕病，费了几百两银子合了这一料药，是省里张老爷在上党做官带了来的人参，周老爷在四川做官带了来的黄连！你这奴才！'猪八戒吃人参果——全不知滋味'！说的好容易！是云片糕！"（吴敬梓《儒林外史》）

"猪八戒吃人参果——全不知滋味"这条以神话传说为喻的歇后语，出自神话小说《西游记》。猪八戒这个憨直愚蠢、鲁莽贪吃的人物吃人参果的故事，已经为群众熟知。以此做喻体说明不知滋味、不分贵贱，形象鲜明，余味无穷。还有：①八仙过海——各显神通，②姜太公钓鱼——愿者上钩，③猪八戒照镜子——里外不是人，④铁拐李的葫芦——不知卖的什么药，⑤何仙姑回娘家——云里来雾里去，等等。

神话传说反映人民美好愿望，富有浪漫主义精神。以优美的神话传说做喻体的歇后语，生动形象，表现力强，深受群众欢迎。

有些歇后语容易理解，在群众中已经广为流传，使用中可以只说前面的喻体，省去后面的本体。如：

②媳妇总是跟他干仗，两口子真是针尖对麦芒。（周立波《暴风骤雨》）

③"对！"干爹更乐了，"咱们要结成亲家啦，要是玩板眼玩到老亲家的头上，大水冲了龙王庙，那可了不得啊！"（《西湖》1986年9月）

例②直接用喻体"针尖对麦芒"代替本体"尖对尖"，例③直接用喻体"大水冲了龙王庙"代替本体"自家人不认自家人"。从形式上看，这是借喻。

（二）双关与歇后语

歇后语含蓄风趣，诙谐幽默，往往利用语义和语音的条件，有意使后一部分的解释具有双重意义，言在此而意在彼，巧妙地构成双关。因此，双关是构成歇后语的重要修辞手法。歇后语的双关可分为借义双关和谐音双关。

1. 借义双关

我很喜欢读文章，读到高兴处喜笑颜开，读到悲哀处潸然泪下，读到恐怖处毛骨悚然。总之读得津津有味。可是，老师一讲，不知怎的，听得索然寡味。有时讲得支离破碎，只见树木，不见森林；有时讲得云天雾地，不识庐山真面目；有时讲起来借题发挥，丈二和尚摸不着头脑。（《中学语文教学》1998年5月11页）

"摸不着头脑"，表面上的意义是指丈二和尚十分高大，摸不着头部，实际上是弄不清头绪。这里利用"头脑"的不同含义构成双关，比直接说"弄不清头绪"，显得既生动形象，又诙谐幽默。还有：①墙上挂门帘——没门，②没骨头的伞——支撑不开，③水兵的汗衫——满是道道，⑤老鼠进风箱——两头受气，⑤柳树上开花——没结果，等等。

其中①中的"没门"表面上是指没有房门，实际上是指没有门道、没有办法；③"满是道道"表面上是指满是横的蓝线条，实际上是指办法多；⑤中"没结果"表面上是指没有结出果实，实际上是指没了结，没成效。这些都是利用词语的不同含义构成双关，含蓄幽默，耐人寻味。

2. 谐音双关

我是我们家的一棵独苗，又仗着自己有手艺，想说个媳妇，容易！人家给我介绍这个，我不要；相了那个又不可心；横挑鼻子竖挑眼，等我实心实意想找个过日子的人时，哎，挑水的回头——过景（井）了。（《小说选刊》1981.6）

"挑水的回头——过景（井）了"利用"景"与"井"的字音相同，构成了谐音双关，用来表达韶华已过，良景难留的惋惜之情，十分贴切、诙谐、生动。还有：①外甥打灯笼——照旧（舅），②小葱拌豆腐——一清（青）二白，③四两棉花两张弓——细谈（弹），④纳鞋不用锥子——真（针）好，⑤和尚打伞——无法（发）无天。

其中①"外甥打灯笼"，表面上的意义是"照亮舅舅（照舅）"，实际上是利用"舅"和"旧"字音相同，构成双关，指的是"照旧"，即跟原来一样。这是音同谐音。⑤中的"和尚打伞",表面上的意义是"没有头发也看不见天(无法无天)",实际上是利用"发"与"法"字音相近,构成双关,指的是"无法无天",即不遵守法纪的约束,肆无忌惮地为所欲为。这是音近谐音。这种谐音双关的歇后语诙谐活泼,意味深远。

(三)拟人与歇后语

为了增强形象性和生动性,许多歇后语把物予以人格化,使它们有人一样的思想感情,行为动作。"拟人"是歇后语一种常用的修辞手法。

这天晚上,张金龙带了个人,突然来找小小子。小小子知道他是黄鼠狼给鸡拜年,没安好心眼儿;可又不能不接待他。(袁静、孔厥《新儿女英雄传》)

例子中的歇后语"黄鼠狼给鸡拜年——没安好心眼儿",就是用拟人的手法,把黄鼠狼人格化了。从前在人们心目中,黄鼠狼常以狡诈的方式拖鸡吃,用"黄鼠狼给鸡拜年"来比喻"没安好心眼儿",就给人以鲜明深刻的印象。还有:①夜明珠喘气——活宝,②麻雀嫁女——叽叽喳喳,③猫哭耗子——假慈悲,④泥菩萨洗澡——越洗越脏,⑤屎壳郎戴花——臭美,等等。

"夜明珠"是稀世之宝,它自然不会"喘气",①这条歇后语却赋予"夜明珠"以人的动作"喘气",当然是"活宝"了。猫吃老鼠是本能,③歇后语却巧妙地用拟人的手法说成"猫哭耗子",当然是"假慈悲"。这类用拟人手法构成的歇后语由于抓住被拟物各自的特点,因而真切自然,感染力强。

(四)夸张与歇后语

歇后语为了更突出、更鲜明地强调后一部分的本义所在,往往对前一部分作为喻体的事物故意作扩大或缩小。因此,"夸张"也是歇后语一种常用的修辞手法。

①自修,谈何容易。人类知识千千万,作为一个教师什么都该懂,什么都应学,"老虎吃天,无从下口"呀!(《人民教育》1984.8)

②"算了,算了!我算认得你王铁人了!"孙大姐笑着说,"用工人的话来说,你是一根头发剖八瓣——细得厉害呀!"(《人民文学》1999.2)

例①的老虎无论如何凶猛也不可能吃得了天，显然是扩大的夸张。但是用这一扩大的夸张来比喻"无从下口"，就生动地突出了头绪太多，无从着手的处境。例②的"一根头发"已经很细了，怎么能再"剖八瓣"呢？显然是缩小的夸张。但是用这一缩小的夸张来说明"心细"，就可以收到强烈的艺术效果。还有：千里送鹅毛——礼轻情义重，高射炮打蚊子——大材小用，冬瓜大的茄子——嫩不了，高粱秆挑水——担当不起，顶着石磨做戏——吃力不讨好，等等。

这些歇后语有意识地突出、夸大事物的情状，渲染事物的本质，将抽象的道理生动化，"千里""高射炮""冬瓜大的茄子"等，运用夸张手法，给人以形象生动之感，能引起人强烈的共鸣，使读者获得丰富的审美感受。

（五）借代与歇后语

借代是不直接说出所要表达的人或事物，而借用与之密切相关的人或事物来代替的修辞手法。有些歇后语，运用借代的手法，在设喻部分选择形象化的具有鲜明特征的借体代替本体，使语言生动简洁，语意丰富而深刻。

①他们担心的是，目前贯彻调整方针之一是压缩基本建设规模，怕这个扩建项目被停建或缓建，变成"驼背跌跟头，两头不着地"，二千四百平方米拆掉了，而扩建厂房却落了个空。（《解放日报》1990.12）

②没等他说完，老刘就顶上去，严肃地批评了他："你真是讨吃打官司——没吃的尽说的！不用说你只是叫我舅舅，你就是我亲生儿子也不行！"（《人民日报》1996.6）

例①中的"驼背"代替驼背的人，是以本体的特征代替本体。例②中的"讨吃"代替讨饭吃的人，是以本体的行为代替本体，都运用了借代的修辞手法。

还有：巴拉眼照镜子——自找难看，歪嘴吹喇叭——一股邪气，凸牙齿啃西瓜——挖肚，馋嘴进药店——自找苦吃，等等。

这类以借代手法构成的歇后语中，有一些是以人的生理缺陷设喻，含有讥讽之意，须慎用。

（六）对比与歇后语

对比是把两种不同的事物或者同一事物的两个不同方面放在一起作比较的修辞手法。不少歇后语运用对比的手法，在设喻部分把对立的事物或事物对立的两面并列，使大同小、多同少、真同假、善同恶、美同丑等的对比更为鲜明突出，让人们在比较中得到鉴别，分清好坏，辨明是非。

澳大利亚矿井工人平均效率，每工十吨多，西德采煤工人平均效率，每工十七吨，都高过我们三四倍，跟人家比，眼下我们还是大拇指比粗腿，差一大截呀！（《文汇报》1995.1）

上例的歇后语设喻部分巧妙地用人体中粗细之别极为悬殊的"大拇指"与"粗腿"相比，矛盾鲜明突出，这就使说明部分"差一大截"显得贴切、生动，用来形容我国采煤技术远远落后于世界先进水平的情况，给人的印象十分深刻。

还有：雷公打豆腐——专拣软的欺，黄连树下弹瑶琴——苦中取乐，鲜花插在牛屎上——臭美，端着金碗讨饭——装穷叫苦，一斗芝麻添一颗——有你不多，无你不少，等等。

（七）拆字与歇后语

拆字是根据汉字构造的特点，把一个字拆开来用或略加或增减的修辞手法。有的歇后语运用拆字的手法，在前一部分将字形加以离合或增减为谜面，在后一部分揭示谜底指出本义。

①那天早上，自己一清二楚。所谓流言，无稽之谈！可是自己怎么办？向大家解释？没有人信不说，还要招人耻笑。跟人家翻脸？你根本找不到债主冤头，无从谈起。唉！刀架心头上——忍吧！（《收获》1981.1）

"刀架心头上——忍吧"这一歇后语即是把"忍"字拆成"刀""心"两个字，说成"刀架心头上"，作为谜面，再揭示谜底"忍"作为本义，委婉含蓄地表达了无可奈何，只好隐忍的心情，意味十分深长。

还有：王字少一横——真土，山字垛山字——请出，王奶奶和玉奶奶——差一点，自大加一点——臭，等等。

以上歇后语的修辞手法分为比喻、双关、拟人、夸张、借代、对比、拆字七类，作了一些粗浅的探讨。这种分类，只是为了便于分析说明。实际上大多数歇后语往往是几种修辞手法的综合运用，从这一角度看是甲种修辞手法，从另一角度看是乙种修辞手法。

②看到这个情景，有些人说："人家是师长的女儿，干这种活只不过是做做样子，不信你看，保证是兔子的尾巴——长不了。"（《中国青年报》）

③一个干部就这么一个水平，你能和他讲清理么？讲不清就不讲，老虎拉碾子不听那一套。为了河西二百口子的饭碗，我这小腿非扭扭他那条大腿不可。（《小说选刊》2001.3）

例②中用"兔子的尾巴"来比喻"长不了"，"长不了"表面上指兔子的尾巴长不长，实际上指某种情况或局面不会维持很久，是双关。这条歇后语是比喻、双关两种手法的结合运用。例③是比喻、拟物、夸张三种手法的综合运用，兼有拟物、夸张的特点和表达效果。另外还有双关的表达效果，本体是"不听那一套"，表面上指老虎不肯上套，实际上喻指不听那一套意见或办法，是双关。

歇后语正是由于综合运用了多种修辞手法，才显得生动形象，风趣活泼，为群众所喜闻乐见，成为祖国文化的瑰宝之一。①

---

① 参考唐士军"杂七杂八"《浅谈歇后语的修辞手法》。

第四章

句式修辞术

句式选择，指在语言运用中对句子基本意义相同的不同句式的选择。

在修辞中，句式是指在结构或语气上具有某种特点的句子形式。比语法所谈的句子范围要宽。

句式是多种多样的。不同的意思可以用不同的句式来表达，同样一个意思，也可以用不同的句式来表达。我们把这种表达意思相同或基本相同而结构不同的句式，称为同义句式。修辞中的句式选择，实质上是指这种同义句式的选择。同义句式的修辞效果往往不同，在风格色彩、表达形式上存在着差异。例如：我今晚能去。——我能今晚去。这两句是同义句式，孤立地看，似乎它们表达一样的意思，但是在具体语境中，它们有着不同的适应性和表达焦点。如：

①你今晚能不能去？——我今晚能去。√
②你能不能今晚去？——我能今晚去。√
③你今晚能不能去？——我能今晚去。×
④你能不能今晚去？——我今晚能去。×

③④的答话之所以显得不连贯，原因在于词语顺序不合适，即焦点不对应。

这里讲一件老一辈革命家彭大将军的故事。

彭大将军为人民的解放事业呕心沥血，建立了彪炳史册的赫赫战功。人民无限感激他，爱戴他，赠送给他一面锦旗，上书"人民的伟大儿子"。那感情的焦点明显是在"伟大"二字上。彭老总诚挚地感激人民，却不肯接受这一光荣称号，毅然地把它改为"伟大人民的儿子"。

你看，沉甸甸的"伟大"二字，由于语序作了调整，那境界便活脱脱地发生了质的变化。

人们在进行选择时，要适应不同的交际目的和交际场合，根据一定的语境，选择最能表达题旨的句式。要适应上下文需要，以求上下文的联系紧密和协调，强调重点，合乎事理逻辑，随情设句，切情切境，使语句气势贯通，表现力增强，收到理想的表达效果。下面介绍几种常见句式的选择。

第一节　常式句和变式句

常式句是符合常规顺序的句子。汉语句子常规的顺序是：主语在前，谓语在后；定语、状语在中心语前；偏正复句的偏句在前，正句在后。但是，为了收到积极的修辞效果，把本来可以构成的程序句，改变了常规顺序，这样的句子叫变式句。二者的着眼点主要在于句子语序的变化。我们先来看一个句子：

"夏夜人们不约而同地来到小溪旁，在轻柔的夜风中纳凉，在炎热中小溪给人们消暑，在干旱时小溪赐予人们甘霖，家乡人民感谢你，小溪。"

同样的意思如果我们这样来表达：

"古老而年轻的小溪啊！用怎样的魔力把全村的人召集到膝下？不是动听的言语，也不是诱惑的微笑，只是默默地敞开温柔的胸脯，在炎热中给人们消暑，在干旱时赐予人们以甘霖，以无限的爱心庇护着劳苦而淳朴的家乡人民。"

前一段是一般的陈述句，显得平淡。而后一段，用了感叹句、把字句、设问句，句式变化多样，增强了表达效果。

变式句的表达效果主要是突出强调变动部分，使句子的抒情意味增强，感情表达得深沉热烈，发人深思，引人入胜。变式句主要有以下几种。

（一）主谓倒装的变式句

①起来，饥寒交迫的奴隶！

起来，全世界受苦的人！（《国际歌》）

②终于过去了，中国人民哭泣的日子，中国人民低头的日子。（何其芳《我们最伟大的日子》）

③多美啊，北京的初冬！（杨朔《埃及灯》）

④多么幸运啊，我家乡的小河，

　　千里迢迢来此汇合，

　　假如我是粒水珠，

　　愿永远在大海里欢歌。（《北京文艺》）

例①是《国际歌》的第一句歌词。"起来"置于主语之前，充满了战斗性，增强了号召、鼓舞的力量。唤醒受压迫的人们起来埋葬旧世界，做新世界的主人。例②把谓语"终于过去了"提到主语之前，表达了解放了的中国人民摆脱屈辱与压迫后的那种欣慰、自豪的感情。例③的谓语倒置，抒发了对北京的冬天的赞美之情。例④主语在后，主要是为了与"合""歌"押韵，读起来朗朗上口，顺畅自然，同时还强调了谓语。

（二）定语后置的变式句

①她一手提着竹篮，内中一个破碗，空的；一手拄着一支比她更长的竹竿，下端开了裂；她分明已经纯乎是一个乞丐了。（鲁迅《祝福》）

②火车进站了，他把窗户推上去，一阵凉风扑面而来，上海的。（王安忆《本次列车终点》）

③说巧也巧，我们正好走进一座柏树林，阴森森的……（李健吾《雨中登泰山》）

④满怀深仇把救星找，找到了共产党走上革命的路一条。（京剧《智取威虎山》）

例①的"空的"是"破碗"的定语，后置则强调了祥林嫂沦为乞丐的悲惨命运，刻画了祥林嫂的乞丐形象。例②定语"上海的"在"凉风扑面而来"后面出现，起补充强调的作用。例③定语"阴森森"的后置，突出了阴暗的形象，也符合先走进，后有感觉这种先后顺序。例④的定语"一条"后置，是为了与前句押韵。

(三) 状语移位的变式句

①在这些日子里，一个伟大的灵魂震撼着人们的心灵；这就是雷锋这个普通战士的灵魂。(魏巍《路标》)

②如果我能够，我要写下我的悔恨和哀怨，为子君，为自己。(鲁迅《伤逝》)

③他生下来的时候，并没有玫瑰花，他反而取得成绩。而现在呢？应有所警惕了吧，当美丽的玫瑰花微笑时。(徐迟《哥德巴赫猜想》)

④我漫步着，漫步着，在这少有的寂寞里。(鲁迅《秋夜记游》)

例①的时间状语被挪到了句首，在句首作状语，强调了时间。例②的"为子君，为自己"本是两个句中状语，移至句尾，表现了主人公无限感伤的心情。例③将状语"当美丽的玫瑰花微笑时"放在句末，不仅突出了状语，而且使文章情深意长，耐人寻味。例④的状语"在这少有的寂寞里"倒置在句尾，强调了状语，追加说明漫步时的心情。

(四) 偏句后置的变式句

①正义是杀不完的，因为真理永远存在。(闻一多《最后一次讲演》)

②今晚却很好，虽然月光也还是淡淡的。(朱自清《荷塘月色》)

③过去打仗也好，现在搞工业也好，我都不喜欢站在旁边打边鼓，而喜欢当主角，不管我将演的是喜剧还是悲剧。(蒋子龙《乔厂长上任记》)

④总之，倘是咬人之狗，我觉得都在可打之列，无论它在岸上或在水中。(鲁迅《论"费厄泼赖"应该缓行》)

例①是因果复句倒装，强调了原因，加重了语气，鲜明地表现出为捍卫真理不怕流血牺牲的革命精神。例②是转折偏句后置，表达出作者不同以往的乐观心情。例③条件分句后置，突出表现了乔厂长不计个人得失荣辱，敢于挑大梁的性格特点。例④的条件分句倒装，突出强调了偏句，批判某些人宣扬的"费厄泼赖"精神，充满了战斗性。

第二节　整句和散句

句子的形式有整有散。结构相同或相似，整齐排列的一组句子叫整句。结构不整齐,各种句式交错使用的一组句子叫散句。

整句形式整齐,语气贯通,声音和谐,意义鲜明。表达效果主要是形式上的整齐美,表意上的凝重深沉美。这是由对偶、排比、层递、顶真、回环等修辞格造成的。例如:

①走生路,生而出新;走险路,险而出奇;走难路,难而不俗。(徐刚《黄山拾美》)

②我们分担寒潮、风雷、霹雳;我们共享雾霭、流岚、虹霓。(舒婷《致橡树》)

例①三部分句子字数、结构都相同,构成排比格式。作者拿黄山的不同的路与作家三种不同的创作道路相类比,形式整齐匀称,表意简练醒目。例②两个分句构成对比,分述恋人之间同甘苦、共患难的不同情况,表现那种相互理解、相互支持、平等和谐的爱情,抒情强烈激越,音调悦耳和谐。

散句是语言的自然形态,它形式多变,灵活自然,散而不乱,于错综起伏中显示出和谐统一,富于变化美、参差美和飘逸美。例如:

不过,瞿塘峡中,激流澎湃,涛如雷鸣,江面形成无数漩涡,船从漩涡中冲过,只听得一片哗啦啦的水声。过了八公里的瞿塘峡,乌沉沉的云雾,突然隐去。峡顶上一道蓝天,浮着几小片金色浮云,一注阳光像闪电样落在左边峭壁上。(刘白羽《长江三日》)

这里描写瞿塘峡的景色,句式各种各样,字数长短不一,灵活多变,形象生动,把瞿塘峡的美景描写得栩栩如生,避免了单调呆板。

整句和散句各有各的适用场合,运用时要根据内容表达的需要而定。一篇文章里如果全用整句,就会使语言显得呆板,单调,失掉生机;如果只用散句,会使文章气势不振,索然无味。一般说来,人们往往喜欢整散结合,使句式错落有致,二者互补,相得益彰。例如:

在和煦的阳光下,四野里东一片、西一片,都是菜园。芥兰开满了白花,白菜簇生着黄花,椰菜在卷心,枸杞在摇曳,鹅黄嫩绿,蝶舞蜂喧,好一派艳阳天景色!(秦牧《古战场春晓》)

这段文章,整散结合,不拘一格,展现了美丽的田园春色。

第三节 紧句与松句

句子的组织有紧有松。句子成分组织紧凑、语气急迫、句中停顿较小的句式叫紧句，句子成分组织松散、语气舒缓、句中停顿较大的句子叫松句。例如：

①他是一个诚实、坚定、勇敢的人。

②他是一个诚实的人，他是一个坚定的人，他是一个勇敢的人。

例①和例②是同义关系，例①是紧句，显得紧凑有力，严密集中。例②是松句，结构松爽，节奏舒缓，反复强调，显得轻松活泼。

紧句的构成有两种手段：

一是让联合短语充当句子成分。例如：

①麦穗和刺刀，可以算作北方人的希望与忧惧的象征。（老舍《骆驼祥子》）

②抗日战争的前线后方，有谁没有听过、没有唱过那种从延安唱出来的歌呢？（吴伯箫《歌声》）

例①把本来该分说的两句话结合在一起，使对立的二者统一在象征这一点上。例②的联合短语"没有听过，没有唱过"做谓语，句子显得紧凑简练。

另一种手段是利用紧缩形式。例如：

老实说，我情绪一来就会乱，而他却层次清楚，不显雕琢。（赵丹《地狱之门》）

这句是由"一……就……"构成的紧缩句，非常精练紧凑。这句是有标志紧缩复句的延展式。

松句的构成也有两种手段：

一种是重复一些词语，把句子放松。例如：

我十分憎恨地主，憎恨资本家，憎恨一切卖国军阀；我真诚地爱我们的阶级弟兄，爱我们的党，爱我们中华民族。（方志敏《狱中纪实》）

这里"憎恨"和"爱"都重复了三次,突出了各自的对象。

另一种是不厌其烦地把基本相同的事物或过程的进展缓慢地推进。例如:

于是看小旦唱,看花旦唱,看老生唱,看不知什么角色唱,看一大班人乱打,看两三个人互打,从九点多到十点,从十点到十一点,从十一点到十一点半,从十一点半到十二点然而叫天竟还没有来。(鲁迅《社戏》)

这句写了六个"看",分四句写了时间的持续,真实地表现出少年们因久等而非常不耐烦的心情。

紧句和松句表达效果各不相同,但一篇文章中,松句和紧句一般可同时使用。例如:

十八年来,我们党是逐步学会了并坚持了武装斗争,我们懂得,在中国,离开了武装斗争,就没有无产阶级的地位,就没有人民的地位,就没有共产党的地位,就没有革命的胜利。(毛泽东《共产党人》)

前面用联合短语构成紧句,后面用重复方式构成松句。先紧后松,既精确严密,又稳健有力。

第四节　长句与短句

长句是指词语多、结构复杂、形体较长的句子。短句是指词语少、结构简单,形体较短的句子。长与短是相对而言的,不能量化。

长句中的联合成分或限制、修饰成分较多,或成分结构复杂,内容含量大,有严密周详、精确明晰、委婉细腻的效果,可使语意贯通,气势畅达,风格比较稳重。例如:

美国白皮书和艾奇逊信件的发表是值得庆祝的,因为它给了中国怀有旧民主主义思想亦即民主个人主义思想,而对人民民主主义,或民主集体主义,或民主集中主义,或集体英雄主义,或国际主义的爱国主义,不赞成,或不甚赞成,不满,或有些不满,甚至抱有反感,但是还有爱国心,并非国民党反动派的人们,浇了一瓢冷水,丢了他们的脸。(毛泽东《丢

掉幻想，准备战斗》）

这里用长定语修饰和限制中心语"人们"，列举了具有旧民主主义思想的人们的不同表现，表达非常细致、精确。

长句多用于书面语中的政治论文、科学论著中，但有时为了描写和抒情性议论的需要，在文学作品中，也可用长句。例如：

每逢看到了欣欣向荣的庄稼，看到刚犁好的涌着泥浪的肥沃的土地，我的心头就涌起像《红旗歌谣》中的民歌所描写的——"沙果笑得红了脸，西瓜笑得如蜜甜，花儿笑得分了瓣，豌豆笑得鼓鼓圆"这一类带着泥土、露水、草叶、鲜花香味的大地的情景。（秦牧《土地》）

这个长句用了复杂状语："每逢……土地"；句子中宾语"情景"的定语很长，共有四个修饰限制的成分，具体、细致、明确、生动地描写了"我"心头涌起的情景，使读者身临其境，充分地领会作者对土地的深厚情感。

长句的形成，主要在于人们思维精密化和汉语自身的发展，同时，也明显受西方语言的影响。长句之所以长，是联合成分用得多，修饰语多或复杂。从这个角度看，长句可以化为短句。

短句的修辞效果是活泼、明快、简洁、有力。它一般在表达欢快、激动、愤怒的感情时，在渲染激烈、紧张、恐怖的气氛时用。短句由于短小精悍，表意灵巧，多用于日常谈话、演讲、辩论和文艺作品的对话。例如：

①今天，这里有没有特务？你站出来，是好汉的站出来！你出来讲！凭什么要杀死李先生？（厉声，热烈的鼓掌）杀死了人，又不敢承认，还要诬蔑人；说什么"桃色案件"，说什么共产党杀共产党，无耻啊！无耻啊！（热烈的鼓掌）这是某集团的无耻，恰是李先生的光荣！（闻一多《最后一次的讲演》）

有个农村叫张家庄。张家庄有个张木匠。张木匠有个好老婆，外号叫"小飞蛾"。小飞蛾生了个女儿叫"艾艾"，算到1950年正月15元宵节，虚岁20，周岁19。庄上有个青年叫"小晚"，正和"艾艾"搞恋爱。故事就是出在他们两个人身上。（赵树理《登记》）

例①由一连串短句构成，表现闻一多义愤填膺的激昂情绪。例②没有任何修饰语句，只使用短句平铺直叙，却收到了简洁、明快，清晰利落的表达效果。

短句比长句容易理解，人们说话或写文章时多用短句。为了表达的需要，人们常常把长句变为短句来使用。

长句化短句主要有两种方法。

（一）把联合成分拆开，重复与之搭配的成分，化成若干分句。例如：

这部影片，一开始就向观众展现了北大荒那广袤的田野和知识青年们为开垦荒地，建设粮食基地而艰苦劳动的动人场面。

可以改为：

这部影片一开始就向观众展现了北大荒那广袤的田野，展现了知识青年们为开垦荒地，建设粮食基地而艰苦劳动的动人场面。

（二）让修饰语或限制语独立成为分句或单独成句。例如：

听了有个小孩上山放羊，为了好玩儿，高喊"狼来了"，人们急忙上山打狼，才知道是小孩撒谎，另一次狼真的来了，那个小孩又高喊"狼来了"，人们还以为是撒谎，结果小孩被狼吃了这个故事，小朋友们受到了很大启发。

改为短句：

听了这个故事，小朋友们受到了很大启发。这个故事的情节很简单：有个小孩上山放羊，为了好玩儿，高喊"狼来了"，人们急忙上山打狼，才知道是小孩撒谎，另一次狼真的来了，那个小孩又高喊"狼来了"，人们还以为是撒谎，结果小孩被狼吃掉了。

长句和短句各有各的优点，各有各的适合场景。在具体写作中，为了提高表达效果，常常是长句和短句一起使用，这样能兼收两种句式的长处，同时也使句式富于变化。例如：

天空的霞光渐渐地淡下去了，深红的颜色变成了绯红，绯红又变为浅红。最后，当这一切红光都消失了的时候，那突然显得高而远的天空，则呈现出一片肃穆的神色。最早出现的启明星，在这深蓝色的天幕上闪烁起来了。它是那么大，那么亮，整个广漠的天幕上只有它在那里放射着令人注目的光辉，活像一盏悬挂在高空的明灯。

这段话描绘的是夏夜海滨特有的景色之一，共用了九个单句（包括复句中的分句），其中两个长句，七个短句。用灵活的形式，写多变的色彩和光线，内容和形式得到了较好的统一。

第五节　肯定句与否定句

肯定句是对事物作出肯定判断的句子。否定句是对事物作出否定判断的句子。在具体的语言表达中，同一个意思可以用肯定句表达，也可以用否定句表达，但二者的修辞效果不完全相同。一般情况下，肯定句直截了当，语气坚决；否定句委婉曲折，语气较弱。例如：

不过，你真是个古怪的老头儿，在斑白的头发底下还保持着一个二十岁小伙子般强烈的感情，这样的人是不会幸福的。（黄秋耘《丁香花下》）

这是一句否定句。如果换成肯定句表达，那就是：

不过，你真是个古怪的老头儿，在斑白的头发底下还保持着一个二十岁小伙子般强烈的感情，这样的人是会很痛苦的。

两者相比，"不会幸福"比"很痛苦"更加委婉、含蓄，语气相对较缓和，而"很痛苦"则更直接，语气更强，甚至还有些武断。

否定句除用一个否定词的一般否定句外，还有双重否定句。双重否定是用两个互相配合的否定词来表达肯定的语气。双重否定句内一般有两个否定词，或由一个否定词加上一个表示反问语气、疑问语气或表示否定意义的动词组成。双重否定句用来表示肯定，但比一般的肯定句的语气要强些，而且有的还使语意委婉含蓄，富有言外之意。例如：

①从前线回来的人说到白求恩，没有一个不佩服，没有一个不为他的精神所感动。（毛泽东《纪念白求恩》）

②男子倘要这么突然的飞黄腾达，单靠原来的男性是不行的，他至少非变狗不可。（鲁迅《关于妇女解放》）

例①用了两个双重否定句强调了白求恩精神的感人之深。例②句子使用了"非……不可",突出强调了"他必然要变狗"。

否定句中还有一种三重否定句。三重否定句内有三个否定词,它表达的意思是否定的,语气比一般否定句要强烈。例如:

①这件事情的原因,没有谁不会想象不出的。

②这件事情的原因,谁也想象不出。

例①和例②是同义。例①语气较为强烈,例②语气弱一些。

在具体运用中,为了加强表达效果,常常把肯定句否定句结合在一起使用。例如:

①在这里,秋天不是人生易老的象征,而是繁荣昌盛的标志。(峻青《秋色赋》)

②再说我们那两库水,它不是水,它是黄澄澄的粮食啊!(李准《耕耘记》)

③眼前有靳开来这样的勇士,懦夫也会壮起胆来!是的,越怕死越不灵,与其窝窝囊囊地死,倒不如痛痛快快地拼!(李存葆《高山下的花环》)

例①的否定肯定句式先后出现,相互映衬,相互补充,使语气更加坚定。例②先否定"两库水"不是水,再肯定它是"粮食",生动地说明了水利建设和农业生产的密切关系。例③是强调肯定。先作肯定性评价,然后用"是的"进一步引出带哲理性的见解。

第六节 主动句与被动句

在主谓句中,主语是动作行为发出者的句子叫主动句,主语是动作行为承受者的句子叫被动句。一个意思,可以用主动句来表达,也可以用被动句来表达,二者强调的对象不同。例如:

①社会主义制度一定要代替资本主义制度。

②资本主义制度一定要被社会主义制度所代替。

例①和例②是同义关系。例①是主动句,强调行为的发出者"社会主义制度"。例②是被动句,强调行为的承受者"资本主义制度"。

一般来讲,主动句比被动句直截了当,明确有力,所以我们平时说话、写作,用主动句式的时候比较多。但被动句能变换语言形式,有着特殊的表达作用,有时用被动句比用主动句更为合适。以下情况通常用被动句表达。

(一)为了突出强调被动者,而主动者不需要说出,或不愿说出,或无从说出时。例如:

①那瀑布从上面冲下,仿佛已被扯成大大小小的几绺;不复是一幅整齐而平滑的布。(朱自清《绿》)

②中国共产党和中国人民并没有被吓倒,被征服,被杀绝。(毛泽东《论联合政府》)

例①强调瀑布的气势,主动者是什么,无从说出。例②是为了突出表现"中国共产党和中国人民",主动者不需要说出。

(二)为了使前后分句叙述的角度一致,语义连贯,语气流畅。例如:

①小二黑挣扎了一会,无奈没有他们人多,终于被他们七手八脚打了一顿捆起来了。(赵树理《小二黑结婚》)

②任何敌人也不会压倒我们,而只会被我们所压倒。(毛泽东《论联合政府》)

例①是从"小二黑"的角度来叙述的,所以后面用了被动句。例②为了使第一个分句的主语"敌人"统一起来,后面选用了被动句,这样叙述角度就一致。同时,也可造成句式结构匀称,对比鲜明。

(三)为了强调不如意或不希望发生的事情时。例如:

①(闰土)终于被他父亲带走了。(鲁迅《故乡》)

②闰土的父亲把闰土带走了。

两句表达的意思相同,但是例①强调了闰土的走是被迫的,虽然迅哥儿急得大哭,闰土也躲到厨房里哭着不肯出门,但他还是被带走了。用被动句更能突出两个少年真挚深厚的感情。如果用例②,意思就变成了叙述闰土的父亲做了把闰土带走的事,这显然不是作者的本意。

第七节　直陈句与疑问句

句类分为陈述句、祈使句、感叹句、疑问句。除疑问句外，其他三类可以合称直陈句。疑问句分为"因疑而问"和"无疑而问"。前者是一般疑问句，后者可分为设问和反问句式。其中，"无疑而问"与直陈句之间存在转换关系，这里主要说的就是这二者的句式选择。

反问句是一种无疑而问的疑问句，它只问不答，答在问中。它往往用否定形式表达肯定的内容，用肯定的形式表达否定的内容。直陈句与反问句，修辞效果不同。一般来讲，直陈句语气比较平缓，有助于把话说得委婉；反问句的语气比较强烈，宜于表达激动的感情。例如：

①你走快点。（陈述句）

②你走快点！（祈使句）

③你走快点好吗？（疑问句）

④你不能走快点吗？（反问句）

⑤"胡闹！胡闹！"四铭忽而怒得可观，"我是'女人'么？"（鲁迅《肥皂》）

⑥……毛病不大，就不要给人家添麻烦了，先对付着推吧。（浩然《车轮飞转》）

例①②是直陈句，语气比较平稳。例③是一般疑问句，语气比例①例②更委婉，有商量的口气。例④是用反问，语气比较强烈。例⑤的反问表现了四铭的发怒，如果用直陈句，"我不是女人"则效果显然不如反问。例⑥的直陈句"就不要给人家添麻烦了"，语气比较和蔼，改为反问句则不符合人物性格。

直陈句还可以变换为先设问再回答的句子。设问句可以引起对方的注意和思考，使语言生动活泼。例如：

谁是我们最可爱的人呢？我们的部队，我们的战士，我觉得他们是最可爱的人。（魏巍《谁是最可爱的人》）

先设问，再回答，表达出作者在歌颂部队战士时的满腔热情。

第五章

篇章修辞术

第一节 篇章修辞的要求

篇章是书面语言的最大使用单位,即一篇首尾完整的文章,也就是把各章组成一个整体,全面表达一个完整意思。篇章也包括口语中成段的话。

篇章修辞是以篇章为单位,进行布局谋篇、表情达意、叙事说理,以提高整体表达效果的一种手段。篇章修辞的表达效果,最终决定于布局谋篇、表情达意、叙事说理的技巧,这种技巧也被称作章法。

刘勰在《文心雕龙·章句》中说:"夫人之立言,因字而生句,积句而成章,积章而成篇。"文章各结构单位都有一个内部如何组织,外部如何与相关单位联系的问题,都有一个受更上一层次结构单位以至全篇制约和适应它们需要的问题。组句成段,组段成篇,不是随意的、杂乱无章的,而是有一定的要求。

一、连贯性

在一篇文章中,段与段之间意思要连贯;在一段话里,句与句之间不要前后脱节或前言不搭后语。这种连贯性反映了作者思想的条理性、逻辑性,也反映了客观事物的内在联系。

要使段和篇的内容具有连贯性,必须注意段和篇内容安排的条理性。

一层意思与另一层意思之间，要有内在联系，结构安排既有错综变化，又能不乱阵脚，体现在结构中就是依次展开的各个环节间具有逻辑上的连贯性。其所表现的内容不论如何纷繁复杂、曲折变化，始终都要能一以贯之地体现出作者思路的清晰脉络，否则线索一断，各环节成了断线珠子，根本谈不上结构的完整。

二、统一性

所谓统一性，是指一篇文章的各个组成部分的步调、目标一致，乃至语言风格、行文笔调也一致，以此保证全文格调的和谐，使全文成为一个从内容到形式都完整一致的统一体。

各层意思必须紧紧围绕文章的主题来发挥，字、句、章、篇次第相从。写文章之前，要对材料作严格的选择，选取那些对表达主题不可缺少的材料，舍弃那些与主题无关的材料，使选用的材料统一在文章的主题之下。各部分间必须互相关联、有机配合，文本结构布局的必要环节要齐备，没有结构残缺的现象。各环节都具有内在统一性，都是从其所在的局部意义上，为实现共同表达文本思想的目的而发挥各自不同的作用。完整的结构还要求各环节间有衔接、照应，紧密连接，从形式上为文本结构整体感的形成提供保证。

三、艺术性

我们在文章里叙述一件事情，并不一定要从头说到尾，描写并不一定要从近到远都写到，说明道理也并不一定要步步推理，而应重视掌握能使行文错综其势的一些结构艺术手法，如何使文势发展曲折变化，内容表现虚实相生，行文节奏张弛有致。文章的表达效果的好坏与篇章结构艺术性的高低很有关系，篇章结构的艺术性高，不但能增强文章在表达上的准确性和可理解性，而且更能吸引读者，引起读者的阅读兴趣。

不仅文艺作品或记叙性文章如此，论说性或其他实用性的文章也要讲究篇章组织的艺术性。对同样材料的不同处理中可以表现出不同的写作技巧。好文章一定是丰富的材料通过高明的技巧表现出来的，不善运用技巧会妨碍内容的表现。

总之，文章结构应该条理清晰，错综变化，切不可语脉不明，呆板滞涩，千篇一律。

第二节　篇章修辞的内容

一、标题的选择

标题是篇章的重要组成部分，它冠于篇首，起着标举全篇、醒目增色的作用，一向为人们所重视。人们总是精心构思，选词炼句，为自己的作品寻求满意的题目，而这个选题的过程，也正是修辞的过程。贾祖璋的科学小品文《南州六月荔枝丹》，引用了明朝陈辉《荔枝》诗中的诗句为题，虽只有七字，却包括了丰富的内容，它交代了说明的对象、产地、成熟期和颜色等，简洁生动，极富吸引力。费孝通在《读书》杂志上发表过一文，题为《我看人看我》。题目简练严整、工巧夺目：两个"我"加两个"看"，表层对称，内蕴深意。此处正是运用了回环修辞格，但其笔之妙，又绝非一个修辞格可以道尽的。女作家柯岩的报告文学《船长》其中第一节的题目是《汉堡港的变奏》。作者把汉堡港的正常活动比喻成一支乐曲，这支乐曲是惊涛骇浪和台风都改变不了的，但以贝汉廷为船长的汉川号货轮却改变了这个古老港口的节奏。这个题目含蓄、新颖，发人深思，它体现了事件发展的高潮，突出了贝汉廷和中国海员的气魄和威力，具有揭示主题的象征意义。鲁迅先生曾写过 11 首《无题》诗和两篇《无题》散文，收入《集外集》的那首《无题》："万家墨面没蒿莱，敢有歌吟动地哀。心事浩茫连广宇，于无声处听惊雷。"写于 1934 年，中国黎明前最黑暗的日子，它揭露了日寇蒋匪的罪恶，期待革命风雷的滚滚到来。这《无题》本身就使人联想到当时的白色恐怖，感受到作者对人民的同情和对反动派的愤恨。以"无题"为题，使此题收到了"无题"胜有题的效果。所以，在特定的情境中，选"无题"这个共名为题，的确是一种微妙的修辞手法。

类似这样妙笔命佳题的例子不胜枚举，而这些佳题，正体现了作者在篇章修辞上所下的功夫。

二、层次结构的安排

写一篇文章，首先要确定主题，然后根据主题的要求来安排文章层次。考虑这篇文章应当分几层意思来写、怎样分段，哪些材料先写、哪些材料后写、哪些材料需要写得详细、哪些材料可以写得简略，怎样开头、结尾，中间怎样过渡，前后如何照应等，这就是文章的布局谋篇、结构层次的问题。必须把文章材料组织安排好，做到层次分明，条理清楚，详略得当，前后联系紧密，照应周到，才能使全篇成为一个完美的有机整体。

如：毛泽东在《放下包袱，开动机器》开头就提出中心论点"为了争取新的胜利，要在党的干部中间提倡放下包袱和开动机器"；接着分两方面分别论述"为什么要放下包袱，开动机器"，与前面论点构成上下层的从属关系，这两个方面之间则是平等的并列关系，先后次序关系；接着每个方面又分别从几个角度加以论述，与上边两方面构成从属关系，它们之间又是并列关系。这就是这篇文章的层次。

层次，又叫意义段，一个层次可以是一个自然段，也可以是几个密切相关的自然段。文章各部分内容表现的次序，是根据事物发展的阶段性、客观事物的各个侧面以及作者的思维过程等给文章划分的各个组成部分。

段落又叫自然段，是行文时形成的基本单位，有另起一行空两格的标志。

段落和层次既相对独立又相互联系，各有其表现内容上的不可替代性，又有推进和展现全文内容发展脉络的逻辑必然性，任意调换顺序必然会造成整体布局的混乱。

（一）段落的划分

1. 段落划分单一而完整。

所谓单一，就是段落内容相对集中，不能太复杂。如果不把复杂的事物分解，一篇文章一段到底，会让人抓不住要领。单一跟复杂是相对的，段的单一性不仅归于自身的特点，只表达一个完整的中心意思，还与复杂的文章整体相并存，单一性正是体现文章总体错综美的需要。

所谓完整，就是一个段落要表达一个完整的意思，有相对独立性，不要把一段能写完的意思拆得七零八落。一段文字集中表达一个中心意思，而且要把这个意思说透，表达圆满，不要把不相关的几个意思放到一个段落里表达。对集中表达的这一个意思，则要求通过句与句、句群与句群间的某种逻辑关系，完整地加以表现，不要这一意思未完，又拉扯上另一意思。

2. 段落长短要适度。

分段要适应内容和表达的需要，除少数特殊段落外，不宜过长或过短。如段落过长，则内容繁杂，让人眼花缭乱，不符合单一性的划分要求；过于零碎，杂乱无章，又不符合完整性的要求。

（二）层次的安排

根据文章反映的客观事物的不同，层次划分的方法也有所不同。如果按事物的内在联系或客观事物的发展过程划分层次，文章自然条理清楚。写记叙性文章，可以按照事物发展变化的过程行文。写议论性文章，总是先提出问题，然后透彻地分析问题，最后提出解决问题的办法，或者得出对这个问题的结论。

文章层次的安排和作者的思路有密切关系，由于观察、认识客观事物的过程、角度不同，就为文章材料的安排方法提供了多种可能性。为了避免结构的雷同和一般化，要吸引读者，提高表达效果，文章的层次在不影响正常的逻辑思维的前提下，有时候也可以不完全按照事物的客观联系来安排，适当加以变换。例如可以变换时间顺序，采用倒叙、逆叙、插叙、平叙、补叙等方法；可以变换空间顺序、事物的不同侧面的写作顺序，总说和分说交替进行等。

如果把各种类型的层次安排中所包含的逻辑关系加以归纳，可发现篇章的结构层次大致有如下这三种基本逻辑关系类型。

1. 纵式结构

保持文章思想的一贯性是一条重要原则,为使前面论述的问题或叙述的事件简洁有力地发展下去,并使文气连贯,按客观事物各发展阶段的先后顺序,或客观事理的各个侧面,层次深入地以递进关系来安排文章内容的结构形态就是纵式结构。记叙文依据事件发展过程、人物成长过程、作者观察感受的认识过程、人物心理活动的过程等来安排;议论文依据从现象到本质、从原因到结果、从历史到现实等来安排;说明文依据事物发展变化的时间过程、事物特征形成的历史源流等来安排,都属于纵式结构。

李四光《人类的出现》全文分四部分,分别写古猿、猿人、古人、新人,因为人类发展就分这四个阶段,由客观事物内部规律决定。叶圣陶《景泰蓝的制作》是按制胎、掐丝、涂色、烧制、打磨、镀金的生产过程安排层次的。

2. 横式结构

横式结构是从不同角度、侧面、范围选取若干材料或事件,分别进行叙说或论证的结构形态,各层次间的关系一般来说是并列的。议论文中把论证的中心论点分解成彼此并列的几个论点分别论证,以求得认识的全面性;说明文以事物空间组合关系为依据安排或采取列举说明事物特征的方式安排。并列式安排并非随便罗列,而是根据性质强弱、地位主次、时间早晚等来排列,有一定顺序。如碧野的《天山景物记》分雪峰、溪流、森林,迷人的夏季牧场,野马、蘑菇圈、旱獭、雪莲,天然湖与果子沟四部分进行描述。刘少奇《论共产党员的修养》开头先作概括说明,讲什么问题,有什么意义,后面分九个问题分别论述。

3. 纵横交错式

由于文章阐述的道理不单一,在论述了这一方面后还须论述另一方面才完满,这样就形成纵横交错式的结构形态。这是依据事物发展本身就具有的多样性和复杂性,以及客观事理所包含的多侧面、多层次的性质安排文章层次,其中又有两种常见的不同方式。一种以纵为主,以横为辅,即贯穿全文的大层次是依某种纵向关系安排的,而在这纵向发展的每一阶段性平台上,则又依某种横向关系展开。另一种以横为主,以纵为辅,即贯穿全文的大层次是以某种横向关系展开,而在这横向展开的每一个并列的结构单元中,则又依据某种纵向关系来安排。如《西岳群英谱》采取以时间顺序(纵向)为主线,穿插叙述同一时间不同地点发生的各种事件和情况(横向)。

三、衔接与照应

(一)衔接

衔接是指段与段的连接。如果段与段意思联系紧密,跳跃不大,可以用关联词语连接;如果段与段是两层不同的意思,跳跃较大,可以使用具有承上启下作用的段落或语句来连接。一个完整的篇章,应该段与段衔接巧妙,意思与意思过渡自然。衔接是连接篇章的构成单位,使之前后连贯,成为有机的统一整体的一个重要方法。如果文章里所叙述的事实,不是完完全全照着一件事情的时间次序写,而是有穿插,文章里一部分跟另一部分之间往往需要一些"纽带"。有衔接才能体现出思路顺畅,条理清楚,从而保证文章的一贯性。任何文章段与段之间都可能有一个顺承问题,也可能有一个转换问题。

1. 顺接

下一段对上一段提出的论点或抒发的感情或叙述的人物事件进行进一步阐述表达,使其扩展开来,继续下去,而不做相反的或另一方面的阐述和表达,这就是顺接。例如,下面秦牧《社稷坛抒情》中两段就属顺接。

北京有座美丽的中山公园,公园里有个用五色土砌成的社稷坛。

社稷坛是北京九坛之一,它和坐落在南城的天坛遥遥相对。古代的帝王们,在天坛祭天,在社稷坛祭地。祭天为了要求风调雨顺,祭地为了要求土地肥沃。

2. 转接

后面部分转到与前面部分相反或部分不同的意思上去,其重点放在后面部分,这就是转接。反映客观事物的两重性或人们看问题的不同着重点,有时需换另一个角度说明时也需转接。转接不仅仅是用几个转换连词的问题,人们往往有意识用转换来开拓境界,拓展文思,做到反正合宜,进退伸缩自如。孙世恺《雄伟的人民大会堂》前七段对大会堂的外观和内部进行了周密描述和说明后，写了以下一段：

大礼堂的体形如此完美，色调如此清新，我们不能不赞美建设者杰出的创造和智慧。但是，在这样大的空间里，音响问题是怎样处理的呢？能保证坐在任何角度的人都听清主席台上的发言吗？

这是一个带轻微转换性质、运用设问的过渡段，既肯定了大会堂建设者的智慧，又提出音响问题，以过渡到对音响效果科学处理的说明，然后推进到对内部结构的具体说明，给人突出的印象。

反接是转接的极端形式，下段对上段提出的论点或叙述的人物事件换一个相反的角度作阐述和表达，使所表达的思想更深刻更全面。老舍《散文重要》一文，前六段都是正面阐述散文的重要性，第七段指出"有人以为散文难写，不敢写"，对此他认为，应解除顾虑，不要害怕，要下功夫去写。在第八段又换了角度指出："与此相反，有的人胆量又太大，以为只要写出一本五十万字的小说，或两本大戏，就什么都解决了……这是不重视散文的想法。"这一段是对第七段从反面进行衔接，从而阐明学习散文应抱的正确态度。运用反接，会使论述充分，也使文章不平板，形成起伏，使人思考更深，了解更多。

（二）照应

照应是使篇章完整周密的重要方法。篇章要严密，前面写的后面应该有着落，后面写的前面应该有交代，彼此呼应。否则前面的会架空，成为多余；后面的则会令人觉得突兀，不好理解。文辞前后矛盾，前章语句妨碍了后章的意思，也是照应出了问题。照应就是对前面提过的问题情况进行回应，对文章的变化起着重要的组织作用。如果伏笔是在前面含而不露地埋伏下文章后面将要明显着笔的因素，那么照应则是在设伏之后的回眸顾盼，一伏一应，全文更见连接紧密。

彼此照应的结构单位在篇中的位置可以有所不同，大体有如下三种：文题照应，前后照应，首尾照应。

1. 文题照应

这是指篇章的内容和篇章的题目相照应，或在某个地方点明题意，或在篇中随时和题目照应。

文章的正文和标题互相呼应，以揭示标题的寓意，突出文章的内容。当标题比较直接和明显时，在文中某处或多处点题。当标题含义较深刻或含蓄时，读者一下子不能了解透彻，在文中适当处点拨，以便读者准确清晰地理解文章思想。

如毛泽东《别了，司徒雷登》，单从标题上看好像只是跟司徒雷登一个人告别，其实并非如此。司徒雷登是美国侵华政策最后的代表人物，文章目的是让我们从亲美、崇美、恐美的迷梦中清醒过来。文章开头介绍了司徒雷登的身份、来历，"平素装着爱美国也爱中国，颇能迷惑一部分中国人"，并指出："在马歇尔系统看来，他只有一个缺点，就是他代表马歇尔系统的政策在中国当大使的整个时期，恰恰就是这个政策彻底地被中国人民打败了的时期，这个责任可不小。"如此经几处照应，点明了题目的含义。

2. 前后照应

就是文章的前后文互相呼应。行文时适当预设伏笔，制造悬念，调动读者兴趣，在伏笔得到呼应时，读者自觉地将前后内容联系在一起，对文章便有了更深刻的理解，既引人入胜，又出人意料。

如《第二次考试》中陈伊玲复试与初试判若两人，非常失败，苏林教授很生气。文中写道："他生气地侧过头去望着窗外。这个城市刚刚受到一次严重的台风袭击，窗外断枝残叶狼藉满地。"后边再写到台风灾害的景象"那弄堂里有些墙垣已经倾塌，烧焦的梁柱呈现一片可怕的黑色，断瓦残垣中间时或露出焦黄的破布碎片，所有这些说明了这条弄堂不仅受到台风破坏，而且显然发生过火灾。"这里的描写和前边不是简单重复，而是点出陈伊玲复试的头晚，城市遭台风袭击，电线走火，她帮忙安置灾民，忙得整宿没睡，因而造成复试的失败。

3. 首尾照应

首尾完整是构成篇章的组织条件，并且首尾要有一个合乎逻辑的内在联系，触动开头就能牵动结尾，触动结尾就能联系到开头。首尾照应对增强结构的整体感很有作用。

鲁迅《为了忘却的记念》的开头和结尾形成了很好的呼应,开头写道:

我早已想写一点文字,来记念几个青年的作家。这并非为了别的,只因为两年以来,悲愤总时时来袭击我的心,至今没有停止,我很想借此算是竦身一摇,将悲哀摆脱,给自己轻松一下,照直说,就是我倒要将他们忘却了。

结尾又写道:

夜正长,路也正长,我不如忘却,不说的好罢。但我知道,即使不是我,将来总会有记起他们,再说他们的时候的。

四、开头和结尾

开头和结尾分别担任领和收的任务,开头要是离开中心或丢三落四,遗漏文章重点,就是头没开好。结尾要是收得含糊,与前面重点失去联系,就是尾没收好。

(一)开头

开头有时是文章的一个意义段,有时是意义段的一个组成部分,也可能是起始的一两句话。开头就像音乐里的定调,关系着作者思路如何开展,文章能否一下子抓住读者。开头有广开文路和引人入胜的作用,应该有利于文章的开展。思路开阔,能给下文留下广阔的余地,为下文作有力的铺垫。

开头的具体方法很多,但从表达效果来考察,可以概括为直接开头和间接开头。

1. 直接开头

就是一下子直接揭示文章的主题,接触文章的内容,或所写的主要事件、人物、场景等。其优点是读者一目了然,心中有数,但处理不好会令人觉得一览无余,失去往下读的兴趣。

如徐迟《地质之光》开头:"一九五零年五月六日,李四光从国外回到了北京。这年他六十岁。新的生活开始了。"交代时间、地点、人物,引出故事,总起全文。

2. 间接开头

开头不直接接触文章主题或主要内容，却从侧面或其他方面写起。吸引读者，新颖，不落俗套，先凭借其他手段作引子，然后逐步接触题目要说明的东西，其目的是创造氛围或引人注目。优点是有衬托，有铺垫，逐步引人入胜，但要避免拖沓，下笔千言，离题万里。

《一件小事》开头提了一些大事，又"都不留什么痕迹"，意在表明小事比大事更有意义。从反面发出议论，比直接开头容易引起波澜，但运用不好就成了离题发挥，分散读者注意力。间接开头的关键在于抓住其中共同点，以此为中心，才能从很远很大的范围巧妙引导到本题上来。

（二）结尾

结尾有两个特殊的任务：一个是收束全文，一个是加深印象。结尾对全篇起着定局、深化、回应的作用，好的结尾应该善于归结收束，使全文完整、严谨，给读者留下深刻难忘的印象，令人久久回味。文章要善始善终。如果虎头蛇尾，会削弱文章表达效果。一篇文章于结尾处见精神，就会使全篇增加光彩，结尾欠佳，也会使全篇黯然失色。结尾大致可分为：束前结尾、推后结尾、自然收束。

1. 束前结尾

把全文内容简单明了地归纳一下，使人有清晰明确的印象，或得出结论，或叙述终局，明显对文章前面各部分表示出结束作用。目的是使思维过程完整，组织严密。有时文章较长，内容复杂，又不便在行文中概括要点，为了使行文活泼自然，文中没概括要点，在最后对全文要点作简单明了的归纳，有助于读者掌握文章基本内容。

如，臧克家《闻一多先生的说和做》：

闻一多先生是卓越的学者，热情澎湃的优秀诗人，大勇的革命烈士。他，是口的巨人。他，是行的高标。

文章题目已标明"说与做"两个方面，文章内容也围绕这两方面写，结尾是前面叙述了闻一多一系列的"说和做"后的一个归结，对他的革命精神给予高度评价，这是较典型的束前结尾。

2. 推后结尾

结尾表面往往看不出与前面内容有多密切的联系，或有联系而又引申到更广更深以至其他方面，其作用是把读者的思路引发开去，或使人了解作者内在的意图。推后结尾，言有尽而意无穷。

如，叶圣陶《多收了三五斗》写丰收后的农民到集镇上粜米，在洋米倾销、奸商压价的情况下，农民辛苦一年获得丰收带来的希望"犹如肥皂泡似的迸裂了"。

接着写农民喝酒时议论要抗租、逃荒、抢粮等愤激之谈，最后大家开船回自己乡村，事情写完了，可小说还加了这样一段结尾：

第二天又有一批敞口船来到这里停泊。镇上便表演着同样的故事。这种故事也正在各处市镇上表演着，真是平常而又平常的。

把读者的眼光引向各地，告诉大家农民这样的遭遇是普遍的，而非个别，让人推究它的社会矛盾根源。

3. 自然收束

随所叙事实的自然情况的结束而结束。《任弼时同志二三事》从五个方面表现任弼时的优秀品质，在谈完最后一个方面时就结束了全文。[①]

第三节　篇章修辞的方式

篇章修辞既然有其实在的内容，与之相应，其修辞方式也是多种多样的，它实际上就是体现在全篇或段落层次间、层次中的修辞方式。择其常见常用者列举如下。

一、对比

在实际运用中，既有段与段之间的对比，也有全篇范围内的对比。如：毛泽东的《改造我们的学习》一文中的主要结构段——第三部分，就

[①]　参考豆丁网《篇章修辞》。

是将主观主义的态度与马列主义的态度进行对比,在行文层次上,按照两种态度的不同表现、结果、实质等一一对比,这种修辞方式的运用,使人进一步明确了两种态度的区别,看出应该怎样,不应该怎样,这就更利于分清是非,增强文章的说服力。郭沫若的《黄钟与瓦釜》则是在全篇范围内以黄钟(代表正义的、真理的声音)和瓦釜(代表历史小丑的叫喊)的对比来立论的。对比成为全篇的主要修辞方式。

二、设问

设问可以用于语段内句子中或篇中段与段之间,有时也由设问构成一个结构段。毛泽东《必须制裁反动派》中的第一段:

"今天是八月一日,我们在这里开追悼大会。为什么要开这样的追悼会呢?因为反动派杀死了革命的同志,杀死了抗日的战士。……什么人杀死的?军队杀死的。军队为什么杀死了抗日战士?军队是执行命令,有人指使军队去杀的。什么人指使军队去杀?反动派在那里指使。"

段中一连串的设问,犹如层层剥笋,将人们的义愤集中到了反动派身上。突出了文章的主旨。在约瑟夫·布朗的《是地球,还是水球》一文中:"这'另一个世界'在哪里?它不难寻找,它覆盖着大部分地球,它就是海洋。"这个设问构成一个过渡段,在文中起到承上启下的作用。

三、比喻

这种手法用于篇章之例也为数不少。如刘基的《卖柑者言》,便是通过卖柑者之口,将那些坐高堂、饮美酒、骑大马、食佳肴,神气十足而实质上又不惜用兵、不会治世的将军大臣们喻为"金玉其外、败絮其中"的柑果,尖锐地揭露了当时的社会现实,表现了作者的满腔愤世之情。在《炉中煤》里,郭沫若将"五四"后新生的祖国喻作"年青的女郎",又以燃烧的煤块自喻,充分表达了诗人思念祖国、热爱祖国,并以生命之火报效祖国的一往情深。而毛泽东的《愚公移山》,也是以事为喻,贯及全篇的。比喻手法的运用,使篇章中深奥的道理变得浅显,抽象的事理变得具体,生疏的事物变得熟悉,平淡无奇的东西变得生动有趣。

四、象征

如高尔基的《鹰之歌》，以鹰的形象（勇敢、刚毅、视死如归）象征充满英雄主义和理想精神的革命战士，以蛇的形象（无聊懒散、怯懦怕事）象征自私、保守、苟且偷安的小市民，全篇体现了号召人们为追求光明、争取自由解放而斗争的特殊意义。又如：屠格涅夫的散文诗《门槛——梦》，从标题到文中的每一个具体形象，都有其特殊的象征意义，反映了当时俄国人民为争取民主自由而英勇斗争的情景，热情歌颂了革命者的献身精神。

五、顶真

袁鹰《井冈翠竹》：

竹叶烧了，还有竹枝；竹枝断了，还有竹鞭；竹鞭砍了，还有深埋在地下的竹根。

这里使用了句子与句子之间的顶真修辞方式。而瞿琮的《我爱梅园梅》一诗，则属于段落顶真，它在段落的开头，一再重复前段末尾的"梅园的梅"。抒情绵密，怀念深沉。表达了对敬爱的周总理的赞美和怀念，同时也增加了诗歌的节奏感和旋律美。①

---

① 王庆生. 谈篇章修辞 [J]. 郑州煤炭管理干部学院学报，1999.

第六章

语体修辞术

第一节 口头语体与书面语体

修辞作品总是以特定的语体形式出现。修辞作品可以是口头语体，也可以是书面语体。书面语体分为政论语体、文艺语体、科学语体、事务语体。

有人把口语看作是说出来的言语，把书面语看成是用文字写出来的言语，这种看法是不全面的。口语与书面语是两种不同的语体。口头语体是在"面谈"交际情境下形成的，它又可以分为谈话语体和讲演语体。谈话语体是人们相互交谈的一种语体，讲演语体是个人独自讲话的一种语体。

口头语体的特点是：使用活在人们口头上的词语，包括方言词、俚俗词、歇后语、谚语等；词语丰富多彩，通俗易懂；在句法上，以短句、不完全句最为常见，较少使用关联词语；因而口头语体在修辞格上，多用比喻、夸张、反问、设问等修辞方法。充分利用语音、词汇、语法系统中的种种表达成分作为表达的辅助手段，具有广泛性、生动性、多变性、简略性的特点。但是，谈话语体与讲演语体也有差别。谈话语体由于是相互交谈，因此对语境的依赖性较强，多用省略；在语音上往往夹有非语言成分，音素允许有脱落现象。讲演语体由于是个人讲话，对语境的依赖不强；在语音上，要求清晰而标准。

书面语体的特点是：适应交际的需要，在口头语的基础上经过加工而形成；它较多使用书面化的词语，包括古语词、成语、外来词、术语等；在句法上，较多地使用长句、完整句和关联词语；在语音上，尽可能避免非语言成分。因此，书面语体具有体系化、严密性的特点。

口头语体和书面语体既有联系又有区别。

联系表现在：书面语体是在口头语体的基础上发展起来的，口头语体是书面语体得以产生的基础和源泉。同时，口头语体又是书面语体进一步发展的动力，口头语体不断为书面语体提供鲜活的材料，促使书面语体向前发展，不至于与口头语体差距太大，从而适应人们的交际需要。在某些语言材料的运用上两者往往有交叉现象。例如口头语体用短句，书面语体也并不都用长句；某些科学术语常见于科技语体，也常见于从事该专业的人的口头上。

区别是：书面语体对所有语言材料加工的程度比口头语体深，力求规范，排斥多余部分和不必要的重复部分。因此，书面语体具有保守的一面，其发展变化总是要落后于口头语体。

适用于不同的语体的词语具有不同的语体色彩，常用于书面语写作的词有书面语色彩，比如：嗜好、嶙峋、联袂等；常用于日常生活谈话中的词就带有口语色彩，比如：小气、礼数、邋遢等，它们通过语言、词汇、语法、修辞方式、篇章结构等语言因素及一些伴随语言的非语言因素具体表现出来。一般来讲，书面语体中的文艺语体使用带有口头语体色彩的词语要多一些，其他语体使用书面语体色彩的词语要多一些。例如：

①那只粗糙的手再也顾不得悠闲地捋下巴上的那撮白胡子了，转而一个劲地摸着赤脚片儿。（路遥《人生》）

②所谓形而上学的或庸俗进化论的宇宙观，都是用孤立的、静止的和片面的观点去看世界。这种宇宙观把世界一切事物、一切事物的形态和种类，都看成是永远彼此孤立和永远不变化的。（毛泽东《矛盾论》）

例①富有口语色彩，"赤脚片儿"是典型的口语词，通俗易懂，生动活泼，非常富有生活气息。例②是政论语体，用的是书面语体色彩的词语。这两类词语都适应了各自的表达需要，造成了一个和内容相适应的言语气氛，用得非常恰当。

能形成不同语体色彩的因素，叫语体因素，可简称"体素"。特定语体要素的集合，最终形成某个独立的语言表达体系，即语体系统。

某一交际领域内的语体系统形成以后，如果要在这一领域内有效地进行交际，就必须运用相应的语体来表达，否则就可能会因为不得体而影响交际效果。比如：

从前有个秀才到集市上去买柴，他对挑柴的客气地说："荷薪者过来。"挑夫只听懂了"过来"二字，就过去了。秀才又问："价钱几何？"挑夫只听懂"价钱"二字，就开了个价。秀才于是讨价还价了："外实而内虚，烟多而焰少，请损之。"这回挑夫怎么也听不懂，于是挑起柴走了。

这个笑话就是一个语言交际中语体使用不当的典型例子。

语体不同于文体，但又和文体有着一定的联系。语体和文体是两个既有联系但又不完全相同的两个概念。语体是从修辞学角度出发，指语言在交际运用中所形成的体式；文体则指文章的体裁，是文章的结构形式。但若要研究文艺语体，必然要涉及诗歌、散文、戏剧等文体；研究诗歌、散文、戏剧等文体，又自然要涉及文艺语体的语言特点。

第二节　书面语体的类型和特点

一般说来，书面语体可以分为公文语体、政论语体、文艺语体、科技语体等四种。

一、公文语体

公文语体又叫应用语体，它是为适应公私事务交往而创设的一种语体。它服务于机构与机构、机构与个人之间的信息交流，涉及的范围很广，大致包括三大内容。

（一）政府机关所用的各种公文。如命令、决议、指示、公告、通知、通报、报告、批复、函等。

（二）规章制度。如各种法律条文、条约、公约、守则、起诉书、抗诉书、判决书、裁定书等。

（三）日常应用文。如电报、书信、启事、广告、说明书、申请书、介绍信、倡议书、感谢信等。

公文语体的语言特点主要有以下三个方面。

（一）程序化

公文语体有一套相对完整、相对封闭的规格。从用词到行文格式，都是相对固定的，个人不能随意改动。公文语体有多种类型，每种类型又有自己的程序，但彼此大同小异。如公文语体要求把行文的主体，行文的原因、目的、内容、范围，文件的性质，都首先用标题简明地概括出来。

（二）准确性

公文语体所表达的内容是要付之于行动的，其政策性和实用性都很强，因此，在表达上要准确无误，而不能产生任何歧义。近年来报刊上经常报道因用词用字的失误，而给某些单位或个人带来了巨大的损失。这就是表达不准确，而使原意产生多义歧义的现象造成的。如某医院有条规定：十五岁以下的患者在儿科就诊，十五岁以上的患者在内科就诊。因此有人就发生了疑问，那刚好十五岁的患者在何处就诊呢？这就是表达上的不准确。同时，公文语体不能使用模棱两可的说法，一般也不使用双关等修辞手法，避免造成理解上的歧义。

（三）庄重性

公文语体要直叙其事而不故弄玄虚，严肃庄重而不矫情藻丽，要保持公文语体的庄重性，在用词上非常讲究。在公文语体中，一般不使用方言土语、俗语及口头词语。如《中华人民共和国和美利坚合众国关于建立外交关系的联合公报》中的一段："美利坚合众国承认中华人民共和国政府是中国的唯一合法政府。在此范围内，美国人民将同台湾人民保持文化、商务和其他非官方关系。"用"此""将""非"而不用"这个""继续""不是"，就使文章显得庄重严肃，具有权威性。另外，为保证公文语体的严肃性，在公文写作中，一般也不使用使文章产生幽默效果的修辞格。

二、政论语体

政论语体是阐述某个问题或观点，宣扬某种主张或介绍某种情况的语体。政论语体运用的范围很广,有政治评论、思想评论、文艺批评、国际时事评论、新闻报道、社会小品文等。

政论语体的语言特点有准确性、鼓动性、逻辑性。

(一)准确性

政论语体所表达的思想应该是十分严密的,因此,政论语体中所使用的概念要非常准确。但汉语有一个很大的特点是"词义的模糊性",要力求概念的准确无误,除了在同义词的选择上下功夫之外,还可以使用一些限制性的定语。

如毛泽东《把军队变为工作队》中的一句话:"军队干部应当全体学会接受城市和管理城市。"在"学会"前用的限定词是"全体",明确了军队干部的"所有",而不是"个别"或"部分"人员要"学会";接下来"接受"和"管理",就把"学"的内容,按工作步骤的前后次序交代清楚了。

(二)鼓动性

政论语体大都是宣传报道或演讲、事评、杂文等,因此,政论语体需鼓动性强,要感染读者的情绪,打动读者的心灵。像闻一多先生的《最后一次讲演》就是极好的范例。

政论语体是阐述某个问题或观点,宣扬某种主张或介绍某种情况的语体。那么,政论语体阐述问题或观点、宣扬主张、介绍情况则是为了影响他人,激发他人的情感,使他人认同自己的观点或主张,并愿意付诸实践。因此,政论语体必须要有情感上的鼓动性,要有鲜明的爱憎、充沛的激情和昂扬的气势,才能感染人。表现在语言形式上,政论语体常常使用祈使句和反问句;在修辞手法上,政论语体常常使用排比、反复等的修辞格来渲染感情,加强气势。

(三)逻辑性

政论语体在论述观点或事理时,为增强说服力,必须处处符合逻辑,不能有丝毫不合逻辑的现象。要有严密的逻辑性,除了在概念使用上要准确之外,还要注意各种关联词语及限制词语的准确性。另外,句与句之间、段与段之间都要有严密的逻辑性,立论要正确,论证要严密,推理要合理。若缺少这些，文章就会漏洞百出，自相矛盾，观点就会不攻自破。

三、文艺语体

文艺语体又称文学艺术语体或艺术语体。因此，语言的艺术化则是文艺语体的主要特征。它是书面语体中最灵活自由，最接近口语的一种语体。文艺语体包括一切体裁的文艺作品。从押韵不押韵的角度划分，可以分为韵文文体和散文文体两大类。这两大类文体对语言的要求也不尽相同，但无论是韵文文体，还是散文文体，都是要创造形象，塑造人物，描绘广阔的社会生活画卷的，因此，它们对语言的要求，也有许多共同的地方。

文艺语体的语言特点有三个。

（一）形象化

语言的形象化是文艺语体的主要特征，也是文艺语体区别于其他语体的重要特征。文艺语体往往不是只限于对客观事物作抽象的、概括的介绍和说明，而是要通过形象生动的描述给人以切实的感受和鲜明的印象。如同样描写一个人"瘦"的两个例子：

你那么瘦，身上没有一点儿肉，还发胖？

你精瘦精瘦的，身上没有一丁点儿肉，还发胖？

以上两个例子，显然第二个例子要比第一个例子生动得多，原因是第二个例子使用了"精瘦精瘦"和"一丁点儿"这样的形象化的语言。

使语言形象化的另一途径是运用各种修辞方式。比较一下两个例子：

①你精瘦精瘦的，身上没有一丁点儿肉，还发胖？

②就你身上那几两死疙瘩一样的肉，三板子也打不肿，还发胖？连狼见了你也流眼泪。（陈怀国《黄军装黄土地》）

显然，这两个例子中，第二个例子比第一个例子不知要好多少，原因就是第二个例子使用了比喻和夸张等的手法进行描写，把一个瘦骨嶙峋的形象活灵活现地奉献给了读者。

（二）通俗化

所谓通俗化就是指多使用平实、易懂、口语化、大众化的词语。其中适当地使用俗语，也是使语言通俗的途径之一。

如老舍的《茶馆》中所用的俗语"过了这个村可就没有那个店""您的小手指头都比我的腰还粗""咱们八仙过海，各显其能吧""好男不跟女斗""隔行如隔山""两个人穿一条裤子的交情""死马当活马医"等。这些俗语大多是在人民大众中口头流传下来的，符合人民大众的审美习惯，适合人民大众的理解水平，用在文艺语体中，增加了文艺语体的平民色彩，更易于为人民大众所接受。另外，要使语言通俗化还可适当地使用方言词语和惯用语。如："他俩在下楼梯的地方就遇上了一位'倒爷'，是专门倒腾兑换券的……"（刘心武《5.19 长镜头》）这里"倒爷"是新兴的惯用语，"倒腾"是方言词语，用在这段描写中，也增加了语言的通俗化成分。

（三）民族化

文艺语体的作品比较难翻译，没有一定的知识功底、语言功底和对所译语言的民族传统文化的深刻理解，是很难保持翻译的原汁原味的。因为对民族文化传统的依赖性是文艺语体的生命。例如汉语中的南浦、板桥、青鸟、红豆、杨柳、鸳鸯、梅、兰、竹、菊等词语，在文艺语体中，往往都有独特的内涵，是特定文化的产物。对此，中国人恐怕都不难理解，但是，在这种文化圈之外的民族，理解起来就有一定的难度了。而文艺语体中，这样的现象具有一定的普遍性。

四. 科技语体

科技语体是阐述自然和社会现象种种规律，传播科学技术成果的语言体式。科技语体主要用于自然科学和社会科学等方面的专著、论文、报告等，所涉及的专业领域十分广泛。由于科技语体的任务是阐述自然和社会现象中种种规律，传播科学技术的成果，因此，科技语体的语言就必须具备精确性的特点，同时作为专业性很强的语体，其内容的阐述就必须大量使用专业术语及符号，又由于科技语体是以逻辑思维为基础的，阐述时，又要大量地使用长句和完全句。随着科学技术的迅猛发展，科技作品越来越为广大作者所重视，也涌现出大量的受读者欢迎的科技小品。科技小品重在记叙的真实性，不追求语言的华丽和生动。

科技语体的语言特点表现在三个方面。

(一) 精确性

使用科技语体的目的是阐述自然和社会现象种种规律和传播科学技术成果，它的最大的要求就是所传递的信息必须是准确的，没有歧义的。因此，词义的精确性就是科技语体的主要特点。词义的精确性要求科技语体中出现的概念、判断、推理等必须，也只能是绝对单义性的，任何似是而非、模棱两可的表述都不允许出现，尤其是好像、大概、也许、可能等这些具有模糊意义的词语，在科技语体中是忌讳出现的。

科技作品讲究准确，因此，也不能有产生歧义的语言现象存在，一般也不能使用可能与事实产生差异的"双关""夸张"的修辞手法。

(二) 专业性

科技语体的专业性较强，体现在科技语体大量地使用专业性术语和符号上，有的还辅以公式、图表等。虽然专业较强的术语、公式、符号给非本专业的读者的阅读带来一定的不便，然而科技语体基本上是在本学术圈子内部流动的，是为同行们写作，与同行们交流的，它的主要服务对象不是圈子之外的读者，因此，科技语体没有必要为迁就圈外读者，而减轻自己的学术性。但有一种科技通俗读物，是属于普及范畴的，它的语言运用就应该尽量避免专业性太强的术语及符号。这些通俗读物的语言相对可以活泼生动些，也常常使用"比喻""比拟"等修辞手法。

(三) 句子的完整性

科技语体所用的句子，大多是长句和完全句。它不像文艺语体那样可承前或蒙后省去句子的某个部分，科技语体的省略，必须要在指向十分明确的前提下，才能省去句子的某个成分，而大多数的时候，句子必须完整，意向必须明确。科技语体的逻辑性很强，为了便于说清楚文章内部的逻辑关系，表述比较复杂的问题与规律，往往需要大量地使用长句来完成。

以上，粗略地分析了四种语体的特点，一般说来，话语的选择要与语体风格相一致。但是，有时为了修辞上的需要，选择与语体风格相悖的话语表达，效果反而更好。

第三节 新兴交叉语体

一、广告语体

广告语体是一种具有开放性特点的语体，只要是有利于提高表达效果的语体成分，广告语体均可吸收运用，兼收并蓄。其借用语体框架呈多样化的特点，可根据媒体的类型及其特点灵活地借用口语语体和各种书面语体，采用各种体裁形式，对各种语言风格兼容并包。

比如：一家钟表店以"一表人才，一见钟情"一语双关，既道出产品，又别有深意。牙刷广告词："一毛不拔"，打字广告词："不打不相识"等，都利用反语，巧妙地道出产品特色，给人更加深刻的印象。咖啡厅以"有空来坐坐"为广告词，以缠绵轻松的词语，向消费者直接倾诉，虽然只是淡淡的一句，却打动了许多人的心。古井贡酒的广告词"高朋满座喜相逢，酒逢知己古井贡"，如诗歌一般的韵律，易读好记。杀虫剂广告词"真正的谋杀者"，脚气药水广告"使双脚不再生'气'"，电风扇广告词"我的名声是吹出来的"，等等，诙谐、幽默，使人们开心地接受产品。

广告语体还是一种具有艺术性特点的语体。它要尽力调动和充分运用语言的各种表达手段，塑造生动的艺术形象，充分发挥艺术的感染力，运用各种修辞方式创造词语的音乐美、色彩美。

广告语体的独创性就是在语言的运用上活泼新颖，词语、句式、修辞方式力求出新，有时甚至超出规范，以引起注意。

如百事可乐的广告语是："新一代的选择"。在与可口可乐的竞争中，百事可乐终于找到突破口，从年轻人身上发现市场，把自己定位为新生代的可乐，邀请新生代喜欢的超级歌星作为自己的品牌代言人，终于使这一产品赢得青年人的青睐。一句广告语明确地传达了品牌的定位，创造了一个市场。

又如戴比尔斯钻石广告："钻石恒久远，一颗永流传。"该广告词音韵和谐,综合运用了对偶、双关等修辞。不仅道出了钻石的真正价值,而且也从另一个层面把爱的价值提升到足够的高度,使人们很容易把钻石与爱情联系起来。

再如丰田汽车广告:"车到山前必有路,有路必有丰田车。"20 世纪80 年代,中国的道路上除了国产汽车就只有日本的进口车了。这句精彩的广告语很符合当时的情况,它巧妙地利用了中国的俗语,体现出自信和一股霸气,且朗朗上口。如今,丰田汽车已经不敢再这样说大话了,但很多中国人还是记住了这句广告语。

还有中国联通广告:"情系中国结,联通四海心。"联通的标志是一个中国结的形象,本身就充满了亲和力。联通的诞生,对推动中国通信行业的发展作出了巨大贡献。它一次次向中国电信发起挑战,以优质的服务和低廉的价格在竞争中逐渐发展壮大,联通把自己的标志和品牌名称自然地融入广告语中,做到了从外表到精神的和谐统一。

二、网络语体

所谓网络语体就是在网络环境下,人们在交际中形成的一种言语的功能变体。网络语体的特征主要表现在以下两方面。

(一)网络语体的特征

网络语体的特征主要体现在使用语体的交际对象、交际环境及交际方式上。从交际对象来看,具有陌生化、平民化和非责任化的特点。据调查,我国网民平均年龄为 26.5 岁,而且绝大部分为在校大学生或大学毕业生,他们文化素质较高,接受新鲜事物较快,具有自主、开放、包容、多变和创新等特点。

从交际环境和交际方式来看,网络具有跨地域性、自由性、开放性和远程实时性。网络为人们提供了一个可以随时吐露心声、抒发情感、排遣郁闷、发泄不满的媒介,说话人的表达没有了其他交际方式及很多方面的禁锢。同时,网络交际是一种非现场的实时或准实时的交际,很便于人们的表达交流。由于网络交际上一般是计时付费的,这样就促使交际者在有限的时间内追求更大的信息量,所以交际者通过网络将自然语言、非自然语言的所有符号或交际形式在很短的时间内传输给另一方。

（二）网络语体的内部特征

1. 变异性

网络语体简洁方便，文字、图片、符号、意向等可以随意连接和镶嵌，可以自由粘贴和插入，对话也是极尽灵活、怪异、创新之能事。与现实中的自然语言相比，网络语体的一个标志性特征就是变异性。

（1）词汇变异。词汇是文化信息的浓缩，它以最快的速度反映社会的发展变化。与现实的自然语言不同，"网络语体"的词汇构成方式缤纷复杂，有汉字、数字、英文字母、符号、图片，等等。其词汇变异主要有以下几个类型。

①缩写型。这类网络词语是网民为了交流的方便，把网络聊天、论坛中常用的汉语词汇或英语短语的首字母组合起来形成的缩略语。在这一类型中又分为以下几种情况：一类是采用汉语拼音的缩略形式，如：GG（哥哥）、MM（妹妹）、PL（漂亮）、PF（佩服）、BC（白痴）、BT（变态）等；另一类是采用英语首字母缩略形式；如：BBS（Bulletin Board System 电子公告栏系统）、DIY（do it youself 自己动手）、GF（girl friend 女朋友）等。

②谐音型。这类词语是根据网络中一些常用词语的谐音演化并固定下来，根据其构成形式的不同，可以分为以下四种不同的类型：

第一，数字谐音。如：77543（猜猜我是谁?）、687（对不起）、847（别生气）等。

第二，英语字母谐音。如：CU = SEE YOU，表示"再见"，Y = WHY，表示"为什么"，IC = I SEE，表示"知道了"，等等。

第三，英汉互译谐音。如：瘟酒吧 = Windows 98，伊妹儿 = E - mail，猫 = MODEN，表示"调制解调器"，等等。

第四，汉语同音替代。"惜时如金"的网民们为了提高网上聊天的效率，常常借用谐音形成网络语言，如斑竹（版主）、油墨（幽默）、果酱（过奖），等等。

③符号型。与面对面的交流不同，网络聊天无法辅之以眼神、手势等

体态语言的帮助,因此,网民们充分利用键盘上的标点符号与英文字符,巧妙组合成不同的脸谱表情,或利用各色贴图来表达自己的感情,从而增强表达效果。不同符号组合表达不同的情态。据不完全统计,网上表情仅靠符号组合,可表达的意思近百种。如:仅一个"笑"字而言,可用以表达的方式就不下10种,充分利用贴图资源。贴图具有动画效果,内涵丰富,有动作,有表情,可以更好地帮助网民们表情达意,具有更强的表现力。

④自创型。据调查显示,网民中年轻人居多,这一年龄段的网民创新能力强,有强烈的自我表现欲,他们在互动过程中不断"创造"新的表达方式。久而久之,在网络交际中形成了许多别具一格的"网上流行语"。如"刷屏"表示连续大量发帖,"全屏"显示同一主帖或回帖,"大侠/大虾"表示计算机高手,"菜鸟"表示网络新手,"灌水"表示张贴无用信息的帖子,"潜水"表示与网友一对一的秘密交谈,"恐龙"表示不漂亮的女孩,"见光死"比喻网恋等一见面就结束,等等。

(2) 语法变异。除了以上谈到的词汇变异外,网络语体的语法也发生了变异。如"幸福ING"意为"幸福着呢",这里采用了英语语法-ING表进行时或一种持续的状态;"Q偶""短信粉"属于名词动词化的现象;"很书生""很女人"属于副词修饰名词的现象。

2. 兼容性

网络发展促进了各类文化的同质化,这在网络语体的兼容性方面得到了很好的体现。网络中常有汉语句子夹杂英语专业术语和其他单词的情况。这里面有交际的需要,也有追赶网络时尚的倾向。英语、数字、符号及汉语语码转换的情况在网络上司空见惯。如:"是啊,6级要是PASS,我肯定得脱层皮。"

3. 简略性

网络交际受到时间和费用的制约,网民在网上交际的时候,往往采用最简略的方式。浏览一下各个论坛、各个留言板,我们发现网民们在表达方面往往很简略。比如:"改革≠涨价……快管管吧!!""将315改为365,能做到吗?"尽管短小,但言简意赅。

4. 对网络环境的依赖性

网络提供的各种交际辅助条件，对网民们的交际发挥了极大的辅助作用，使网民们可以采用各种简略手段进行网上言语交际，许多网络流行语离开网络就会产生歧义。比如"见光死""恐龙""潜水""灌水"之类。现在，网络空间专业、兴趣的分野越来越细，把这一领域专用的词语放到另一类网页上有时就会闹笑话。

英语字母缩写和数字谐音词虽有简洁的优点，却又造成了识读时的许多困难，尤其是大量的同形词语叫人难以猜测，比如"PMP"，在网络环境下是"拍马屁"的拼音缩写，在清华大学网《国际项目管理研究院 PMP 考前辅导》的项目介绍中是"项目管理专业人员资格"，在电子技术类的网页里则是英语的 Personal Media Player 三个单词的首字母缩写。这些英语字母缩写和数字谐音对语境的依赖性非常强，离开了特定的网络环境就会产生歧义，或者让人无法理解。

5. 模糊性

在信息传递过程中，信息就是按照被接受的时间顺序实现的，在多人同时参与的聊天活动中，话题不集中，经常转换内容，意思跳跃，前后不很连贯，谈话记录是一份不断更新的、以时间为顺序的信息清单。相关的对话信息不一定紧接着排列，所以相邻语时常不相邻，多个同时进行的话题也往往互相穿插。就语言的产生和消费时间差而言，网络聊天的实时互动性模糊了口语和书面语的界限，使得网络聊天的实时互动性没有现实口语交际那样强烈，也无法出现现实书面语交际所具有的单向生产和消费的从容性。网络语体语境的多元化和间隔性使得网络语体具有模糊性。

第四节　语体的交叉渗透

一、语体的相对独立和相互渗透

一般地说，不同的语体手段构成不同的语体特点，不同类型的语体由不同的特点系列组成，各种类型的语体都有自己相对封闭的语体手段和相对稳定的特点系列。但是，各类语体既具有封闭性和排斥性，也存在着交叉和渗透的可能。由于交际内容的广博、复杂，语体间的交叉和"交流"不可避免，如公文语体的政论化、政论语体的科学化都是最好的说明。正如王德春先生指出的，语体间存在着"稳固性和变动性的统一""排斥性和渗透性的统一"。

随着现代社会政治、经济、文化和科学技术的全面发展，社会交际日益频繁和复杂，人们认识世界的眼界大大拓展，思维发展了，认识深入了，审美情趣、审美要求也相应提高。在商品经济利益原则的驱动和现代社会效率观念的促动下，人们越来越重视言语交际的效果，追求理想的表达方式和个性化的语言趋向。当人们在感到恪守语体常规还不足以表达自己的思想感情时，往往就会突破传统言语体式的束缚，越出语体风格规范的框架，有意识地吸收别种语体手段来满足自己的交际需要和审美追求，从而产生出一些新的表现形式，这种现象就是语体的交叉渗透。

语体的交叉渗透是语体体系在不断发展完善过程中出现的一种对立统一现象。通过语体的交叉渗透，人们创造了新的语言表现形式，丰富了语体的表达系统。

例如，院学生会在校园里贴出了一则举办"皓星歌友会"的通知，他们没有用惯常的公文格式，而是采用了"皓星歌友会，相约电教楼"这样整齐、醒目又韵味十足的语言形式。这就是将文学语体的语言表达手段运用到公文事务语体中，以增强感染力和号召力。

1997年5月，黑龙江小雨点集团公司举办了一场促销活动，在北京的五家报纸、北京电视台第一和第三套节目和四大电台上发布了以"紧急寻访小雨点"为题的寻人启事。全文如下：

紧急寻访小雨点

小雨点，身高：19公分，籍贯：黑龙江。小巧玲珑，甜美纯洁，穿红色衣服，戴一顶小红帽。小雨点出生在纯净美丽的牡丹江边。据说最近曾有人在北京发现小雨点的踪迹，小雨点的父母特从东北赶来，拜托北京的父老乡亲们，谁发现小雨点的下落，请立刻与小雨点的父母联系。小雨点的父母将以东北人特有的方式，拜谢每一位提供线索的朋友。小雨点的母亲在北京的电话：64055352。

该启事一发布就在北京引起轰动。热心人不断打电话到联系处，关切地询问，一时间此题被"炒"热，在京城收到了奇佳的广告效果，"小雨点"也获得了较高的知名度。这则广告的成功之处就在于创意新颖独特，而它的支点正是语体的交叉。创作者巧妙借用寻人启事的语言形式，使寻人启事的语言结构与产品广告所要表达的信息结构形成交叉面，以一种新奇、特异的语体重组，激发人们的好奇心，从而达到了高效的广告宣传目的。

二、语体交叉渗透的方式

（一）加合式渗透

加合式渗透是在保持甲语体特征的基础上引入乙语体的体素，以达到相应的修辞效果。这种渗透可以是个体形式的，也可以是板块形式的。个体形式即某个词语、某种句式或某类辞格等。板块形式指一个完整的具有某种语体色彩的自然语言或非自然语言片段，是语体体素的组合。例如：

①方凌轩：松年，把你那提神的液体拿出来。（苏叔阳《丹心谱》）

"液体"是科学语体的语体要素，这里是科学术语渗透到了文学语体中。在剧本的人物对话中，不用"酒"，而用"提神的液体"，在传递理性信息的同时，又生成了潜在的信息，风趣诙谐，从而凸显出人物的幽默性格。

②二十上下的年纪，青春的热血像暴涨的小河，成熟的细胞内，二十二对染色体排列得井然有序，健壮的躯体内，具有正常人应有的一切欲念、需求。（李存葆《山中，那十九座坟茔》）

在小说（文学语体）中，作者描写英雄的青年战士时，在不便说明的情况下借用了科学术语"二十二对染色体"来表达青年战士属于正常人的正常欲念，寓直于曲，隐含着丰富的潜在信息，从而使言语的表达显得文雅而又含蓄。这两例都是通过加合式的巧妙渗透，取得了言语表达幽默风趣的修辞效果。

(二) 融合式渗透

两种语体的体素整体性地相互渗透，形成一种体系性的相互融合，使两种语体浑然交融为一体。例如：

患者吴诚信的就诊报告

姓名：吴诚信

性别：男亦可，女亦可

年龄：生于20世纪60年代或70年代

就诊方法：中西结合

一、望诊

脸色：无甚大碍，就是不会脸红。即使是落井下石后，也是脸不变色。

眼睛：眼珠缺乏灵活性，只能侧视或者向钱看，目光敏点。

鼻子：鼻头上翘，鼻孔变大，嗅觉间歇性失灵，只能闻官气、贵气，而不能闻民气、贫气。

舌头：发生变质，发音不准确，舌间形状有变为弹簧的趋势，说谎发音清晰，说真话发音含糊，吐字不清。

二、透视 1. 肝肺呈现暗色，甚至变黑。2. 脊椎有弯曲迹象，表现为在领导面前直不起腰。

三、血样采集：患者血色呈暗红色。血色分子结构多种多样，有"才"、有"貌"、有"钱"、有"思"，其中前三者居多，唯独缺"信"，"诚"细胞和血小板，几乎没有。

四、基因鉴定：经过精密仪器测试，患者基因已经发生变异。……表现为见了五斗米就折腰，勾心斗角，尔虞我诈，挖人墙脚，落井下石。

五、治疗方法：

1. 换血：注入大量"人文"氧气，替换体内有害健康的"拜金主义"二氧化碳。

2. 每天早晚一次扪心自问，摸摸自己的良心在否。

3. 阅读大量杂文，唤醒其诚信意识。

六、医生建议：

此例倒不是首次发现，十分具有代表性，望患者注意，切莫相互传染。

医生（签章）

（《宁夏广播电视报》2006年6月17日第22版）

作者将杂文所要表达的思想内容巧妙地移植在科技语体（医疗诊断报告）的言语体式之中，形成了科学语体的语言结构与杂文（本身就是文学语体与政论语体的交融体）所要表达的信息结构的交叉，充分调动双方相应的各种表现手段，传递多种美学信息，造成形式上的奇特感和语义上的隐含感，具有极强的艺术感染力。

融合式渗透的结果可能创生一种新的体式。如文艺性科技语体、报告文学体、散文诗体。

融合式渗透在两种语体的基础上追求一种新的和谐统一，于和谐中体现修辞效果。

（三）框架借用式渗透

借用乙语体的框架格式来完成甲语体的交际任务，如利用韵文格式写作的公约，用公文格式写作的小说，等等，利用乙语体框架格式的鲜明语体色彩来映衬甲语体的内容，以求得特殊的修辞效果。

例如，刊登在2002年6月19日的《宁夏广播电视报》"时尚物语"栏目里的《世界杯之单田芳版》：

体裁：评书

说书人：单田芳

话说中国队正面先锋冷面无敌郝海东接到后卫一脚长传，把球轻轻卸下来……正要抬脚，忽然觉得脑后一股风生，斜刺里杀出一条黑影，……谁呀？江湖人称外星魔的急先锋罗纳尔多。郝海东一认出是他，肚子里这个憋气呀，心说：好你个小罗，你是前锋，我也是前锋，咱哥俩你走你的阳关道，我过我的独木桥，井水不用犯河水，你有本事和江津过招去，有俩前锋掐一块的吗？越想越可气，海东也不管什么射门不射门了，射人得了，心到脚到，海东抡开大脚对着这家伙的屁股狠狠地印了个鞋印……

在世界杯比赛期间，鉴于中国足球队的表现，作者借用"评书"（文学语体）的言语体式，表达了体育评论的观点，含蓄曲折地批评和指责了中国队。借助具体的语境，这一潜在信息是不难被读者领悟的。这一隐含的潜在信息，才是作者所要表达的真意所在。

第七章

辞格修辞术

第一节 辞格

一、辞格的含义

王希杰先生说:"修辞格,是修辞学中的一个范畴,但是又不仅是修辞学的事,它也与词汇学、语法学和语义学密切相关。修辞学也是人类认识世界的一种方法,是人类各种创造活动的一种手段。"

辞格一词是从英语 figure of speech 翻译过来的,有人译成"藻饰",有人译成"美词法"。有人说,辞格就是美化语言或使语言美化的方法,即美词法。《辞海》(1979 年版)说辞格是"积极修辞的各种格式"。林裕文在《词汇、语法、修辞》中说:"辞格是为了使说话生动有力而运用的一些修饰描摹的特殊方法。"由此看出:辞格属于积极修辞,着重于语言的美化。辞格是对语言着意加工而形成的修辞方法。它是为了增强表达效果而运用的一些修饰描摹的特殊方法。

辞格有一定的格式,在修辞学中具有重要的地位。首先它是修饰描摹的特殊格式和方法,这种方法是长期以来在言语实践中产生和发展起来的。辞格具有鲜明的民族性,是语言中准确、鲜明、生动的表现形式的积累和总结;具有广泛的社会性,是社会大众喜闻乐见的表现形式,有广泛的群众基础。辞格是语言最佳表达形式的概括和总结,对丰富和发展民族语言的表达方式，提高语言的交际功能，具有重要的地位和作用，也是语言艺术的精华，是语言创新发展的重要基础，是修辞学研究的重点。

二、辞格的研究

对辞格的研究，可以追溯到西汉的《毛诗·序》，它在总结前人研究《诗经》成果时明确指出"比兴"说；东汉王充的《论衡》多处讨论了同"夸张"有关的问题；西汉的董仲舒在《春秋繁露》中用大量的例证说明"取譬"的作用，还论及"重辞""婉辞""微辞""温辞"等与辞格有关的修辞现象。唐宋以来，涉及辞格的文论甚多，其中宋人魏庆之编《诗人玉屑》可谓集大成之作。南梁刘勰《文心雕龙》论述全面而系统，几乎涉及修辞各个方面的问题，提出了不少有关辞格的名目，大多是专篇专论，自成系统，并能讲清各体的要点。南宋陈骙的《文则》篇幅不大，但有独到见解，不少地方条分缕析，细致入微。例如把比喻分为十种，虽细却不混杂，至今仍有借鉴作用。

唐钺的《修辞格》是我国第一部完全以辞格为对象的修辞著作。它借鉴了欧美的辞格理论，又有现代语言学理论作指导，有较完整的学科体系。但这本书基本上是模仿纳斯菲《英文高级作文学》写成的，例句又都是文言文，故而影响不大。

陈望道的《修辞学发凡》对后世的影响最大。该书于1932年出版。它注意借鉴国外的修辞学理论，尤其重视继承我国的文化遗产，最大的功绩是建立了一个详备的辞格系统，提出了38种辞格，好些格下还分若干"式"，若把每式也算一格，则总共有六七十格，分别归属于"材料上的辞格""意境上的辞格""词语上的辞格""章句上的辞格"四大类，有纲有目，自成体系。

以后的修辞著作和教材都借鉴了《修辞学发凡》，只是格目有所增减，大的分类有所变异，名实也有更易。

三、辞格的功能

（一）表达功能

辞格最重要的功能就是表达功能，它本来就是因为表达需要而产生的。善于运用语言的人也就是善于运用辞格的人。《邓小平口才》一书中介绍了这样一件事：

1976年邓小平在广州市某肉菜市场被市民们认出来，有人提议请邓小平讲几句话。邓小平想了想说："继续批邓，一直批到真理出来。"说完就大踏步地走了。

这掷地有声的话运用了引用和拈连两种辞格："继续批邓"是引用了当时的标语口号，顺应了"潮流"；"一直批到真理出来"是顺势拈连，向广大群众传达出一种坚定的信心，即真理在手就没有什么可怕的。可见，恰当使用辞格能够增大语言信息量，提高话语的表达效果。

（二）理解功能

理解和表达是逆向而同构的，辞格同样具有理解功能。掌握了有关辞格的知识，就能够正确理解别人的话题。要理解毛泽东《沁园春·雪》"望长城内外，惟余莽莽"的诗意，就得知道借代辞格。"莽莽"有两意：一是形容草木茂盛，一是形容原野辽阔，无边无际。词中的"莽莽"是指辽阔的雪原，采用了特征代本体的借代辞格。

（三）审美功能

爱美，追求美，创造美是人类的本能，是人类进步的起因和标志。辞格充分挖掘了语言美的潜能，因此它又具有很高的审美价值。如：

①一幅幅写着"誓与大堤共存亡"的巨型标语布满大堤上下，一袋袋沙石筑起坚固堤防挡住奔腾的洪水，一面面不同历史时期英雄部队的军旗迎风招展，一队队身着橄榄色军服和橘红色救生衣的官兵整齐列队。

这里运用了排比格，再现了千军万马战洪魔的宏大场面，使读者产生壮美之感。

②有一首流传于湖南的民歌：

爱你爱你真爱你，恨你恨你真恨你，

请个画匠来画你。请个画匠来画你。
把你画在眼睛上，把你画在砧板上，
整天整眼都看你！刀刀剁你剁死你！

作者把自己的爱与恨都形象化了，同时又运用了反复、夸张、对比的修辞手法，把自己的感情极强烈而又极鲜明地表现出来，既有爱又有恨，内涵丰富，感情复杂，耐人寻味。

第二节 辞格的发掘

一、老辞格

这里所讲的老辞格专指陈望道《修辞学发凡》提出的38种辞格。

甲类，材料上的辞格：譬喻、借代、映衬、摹状、双关、引用、仿拟、拈连、移就。

乙类，意境上的辞格：比拟、讽喻、示现、呼告、夸张、倒反、婉转、避讳、设问、感叹。

丙类，词语上的辞格：析字、藏词、飞白、镶嵌、复叠、节缩、省略、警策、折绕、转品、回文。

丁类，章句上的辞格：反复、对偶、排比、层递、错综、顶真、倒装、跳脱。

二、新辞格

这里所讲的新辞格是指：谭永祥《修辞新格》（增订本）研究的30种辞格。《修辞新格》这本书"是继陈望道先生《修辞学发凡》问世半个多世纪以来唯一的一部研究修辞新格的专著。它提出了《发凡》和其他修辞论著尚未触及或不曾确切阐述的30种修辞现象"。[①]

[①] 谭永祥. 修辞新格（增订本）[M]. 福州：福建教育出版社，1983.

这些辞格包括：双饰、会意、断取、歧疑、拟姓、闪避、移意、序换、返射、新典、淡抹、移时、牵带、设彀、诡谐、留白、凝粹、巧缀、影响、谲辞、绝语、润色、异称、趣释、用歧、旁逸、舛互、同异、别解、列锦。

孙汝建、陈丛耘《言语技巧趣话》研究的37种辞格：歧解、伸缩、婉曲、讳饰、衬跌、衬托、对比、夸张、精细、换算，象征、讽喻，比喻、借代、比拟、仿拟，倒反、双关、拈连，顶针、回文、回环，对偶、排比、层递、反复、同异，易色、转品、飞白、释语、节缩、镶嵌，拆字、叠字、炼字、图示。《言语技巧趣话》把容易混淆的辞格分为11组进行比较，"对传统辞格有所突破，有被传统修辞学排斥在辞格大门之外的表现手法类，有传统辞格类，有修辞新格类。体例安排大体上是按先手法，后句式再语词的顺序排列，相似异混的划为一组，便于比照"。① 在《言语技巧趣话》中，作者提出的新辞格有：伸缩、衬托、衬跌、精细、换算、易色、炼字、图示。

吕福中提出了桑槐格。②

赵宏提出了变焦格。③

何超兰提出了重言格。④

王天敏提出了别称格。⑤

袁险峰提出了插言格、夸饰格。⑥

本书在《言语技巧趣话》37种辞格的基础上，增加7种辞格：移就、桑槐、列锦、舛互、示现、跳脱、通感，凡44种。即：歧解、伸缩，婉曲、讳饰，衬跌、衬托、对比、夸张、精细、换算，象征、讽喻，比喻、借代、比拟、仿拟，倒反、双关、拈连，顶针、回文、回环，对偶、排

---

① 孙汝建，陈丛耘. 言语技巧趣话：序言 [M]. 南京：东南大学出版社，1983.
② 吕福中. 打中柱 恨壁子——浅说修辞新格桑槐格 [EB/OL]. 百度网.
③ 赵宏. 修辞新格—变焦 [J]. 修辞学习，2001（3）.
④ 何超兰. 浅论"重言法"修辞格的表现形式及其语义功能 [J]. 长沙民政职业技术学院学报，2004.
⑤ 王天敏. 别称是一种修辞新格 [J]. 洛阳师专学报，1997.
⑥ 袁险峰. 浅析网络语言中的修辞现象 [J]. 武汉工程职业技术学院学报，2007.

比、层递、反复、同异、易色、转品、飞白、释语、节缩、镶嵌、拆字、叠字、炼字、图示、桑槐、列锦、舛互、示现、跳脱、通感。

在44种辞格中，有《修辞学发凡》所提辞格，如，譬喻（本书称比喻）、讽喻、借代、仿拟、比拟、拈连、婉转（本书称婉曲）、夸张、倒反、避讳（本书称讳饰）、双关、析字（本书称拆字）、飞白、镶嵌、复叠（本书称叠字）、节缩、转品、回文、反复、对偶、排比、层递、顶真、示现、跳脱、移就；也有谭永祥《修辞新格》中所提辞格，如，歧疑（本书称歧解）、舛互、同异、列锦、趣释（本书称释语）；另根据其他研究成果列有：对比、伸缩、衬托、衬跌、精细、换算、象征、回环、炼字、图示、易色、通感、桑槐等。

第三节　辞格44种

以上所提辞格无论是分类和名实，现今在各种修辞书和教材中都有所变化，本节根据语言因素的关联和表现手法的相近，选择了44个辞格逐一阐析并分组比较异同。

一、歧解

在俱乐部贴出的关于"怎样使婚姻幸福？"讨论会的海报上，有"你和你丈夫之间有什么共同之处？"这样一句话。而在这句话下面，有人加了一个批句："我们俩都是同一天结婚的。"

这则小幽默的问题在于对"共同之处"可有多种理解，但在其上、下文中却有特定的含义。而戏谑者故意用"同一天结婚"来反讥。这种修辞手法叫歧解。歧解，有有意的曲解和无意的误解之分。

传统修辞学中有一种辞格，惯称"曲解"，它是指"在写文章或说话时，对某些词语的意思有意地进行歪曲解释，以满足一定的交际需要"（湖南人民出版社出版的黄民裕《辞格汇编》第98页）。事实上，在言语表达中除了"曲解"外，仍有大量的"误解"现象存在，而传统修辞学著作未能将"误解"指出。所以我们用"歧解"来取代,并将它分为"曲解"和"误解"两种。

(一)曲解,是对某些语句的意思有意地加以歧解。

有一次朱熹去会他的朋友盛温如,盛温如正提着一只篮子准备上街。他们互相打招呼后,朱熹问道:"你上哪儿去?""去买东西。"朱熹又问:"难道不能买南北?"盛温如说:"东方属木,西方属金,凡属木类、金类,这个篮子就装得,南方属火,北方属水,火类、水类,这个篮子就装不得。所以只买东西,不能买南北。"

"东西"一词有两种解释:一为方位,一为物体。朱熹在这里故意歧解"东西"为方位,引出了"难道不能买南北?"的发问,而盛温如顺势而为,就"东西"的"方位义"加以阐发,自圆其说,妙趣横生。再比如:

①问:你喜欢我哪一点? 答:我喜欢你离我远一点。

②女人最爱两种花,一是有钱花,二是随便花。

例①是把"哪一点"这一定中结构短语曲解成"远一点"这一述补结构短语,收到意想不到的调侃效果。例②是根据"花"这个字的多义性构成的曲解,第一个"花"是名词,后两个"花"是动词。

(二)误解,是指无意之中形成的歧解。

有一个人跑到警察局报告他的家被盗了。警官问他:"您亲眼看见那个小偷了吗?"

"看见了,当时我正在屋里睡觉。"

"那个人有什么特征?"

他想了一会儿,回答说:"那个人左耳上叮着一只可怕的大绿头苍蝇。"

报案人不理解"特征"的含义,误解了"特征"一词,将非本质的东西当作本质的东西来叙述。又如:

督学到学校巡视,与学生交谈间随口问道:"你知道阿房宫是谁烧的吗?"学生一脸惶恐,连声说:"不是我烧的。"督学生气地责问校长说:"贵校的学生国文基础极差,连阿房宫谁烧的都不知道。"校长虽不解"阿房宫"是怎么回事,但很平静地说:"鄙校学生一向诚实,既然他说不是他烧的,就一定不是他烧的。"

盛怒之下,督学写了一封信给教育局局长,禀明原委,局长即刻复函说:"烧掉就算了,再拨经费重建阿房宫。"

"学生""校长"和"局长"都不理解"阿房宫"为何物,小品用误解法巧妙地讽刺和抨击了腐朽的封建教育制度。

曲解和误解都可以产生歧解的表达效果,但在具体的言语活动中,曲解和误解常常被套用。

有个轿夫不会说客套话,有一次他和另外几个轿夫把一位秀才抬上山后,问道:"相公,'令尊'是什么意思。"秀才作弄说:"这'令尊'二字是称呼人家儿子的。"说完偷偷地掩嘴而笑。

轿夫信以为真,就同秀才讲起客套话来:"相公家里有几个'令尊'呢?"秀才气得脸也发了白,但又不好发作,只好说:"我家里没有'令尊'。"

轿夫以为他真的没有儿子,很替他难过,便恳切地安慰道:"相公没有'令尊',千万不要伤心,我家有四个儿子,挑一个去做'令尊'吧。"秀才曲解"令尊"以戏轿夫,而轿夫误解了"令尊",产生了一连串的笑话。

歧解是利用了言语的歧义性。换言之,言语的歧义性是歧解的基础。

歧解的构成常常有这样几种方式。

1. 利用同音词构成歧解。

从前有一位先生,想考一考学生,问学生说:"郑成功这个人熟悉吗?"许多学生一时答不出来,只有一个学生说了:"先生,郑成功这个人我不熟悉,郑成功的母亲我熟悉,她是失败,失败是成功之母。"学生听了都张嘴大笑起来。

这两个"成功"是同音词,词义相异,小品的作者正是利用了这一特点,故意曲解"成功"一词,使小品幽默诙谐。

2. 利用多义词构成歧解。

妈妈叫儿子到食品商店买两斤鸡蛋,再三嘱咐:"要认真挑选,不要坏的。"

不一会儿，儿子把鸡蛋买回来了，妈妈一看，吃惊地问："怎么都打破了？"

儿子说："我怕有坏的，一个个都打开看了，没有坏的。"

"不坏"在这里可作两种理解。妈妈理解的"不坏"是指"不变质"和"不破损"；儿子理解的"不坏"仅仅是"不变质"，而忽略了"不破损"，结果将蛋一个个打破了。

3. 利用句法关系的不确定性构成歧解。

（1）修饰关系。如"几个营的干部都来到前沿"。在语义上，由于表达的不严密可产生两种理解：第一，"几个"修饰"营"，就可以理解成"几个营的干部（不一定是营级）来到前沿"；第二，"几个"和"营"一起修饰"干部"，则可以理解成"来到前沿的是几个营级干部"。

（2）动宾关系。如"处分了你的班长"。如果"处分"和"你"构成动宾关系，就可以理解成"处分你的是那个班长"；若"处分"和"你的班长"构成动宾关系，则可以理解成"受处分的是你的班长"。

（3）并列关系。如"小李和小张的朋友"。该句有两种理解：第一，小李和一位朋友，这位朋友是小张的朋友；第二，这位朋友既是小李的朋友，又是小张的朋友。

（4）介宾关系。如"关于鲁迅的著作"。"关于"所涉及的范围如果是"鲁迅"，则可理解为"关于鲁迅生平事迹思想等方面的著作"；如果"关于"涉及的范围是"鲁迅的著作"，则可理解为"关于鲁迅自己写的著作"或"关于鲁迅自己拥有的著作"。

（5）施受关系。如"反对的是他"。"他"作施事即表示"他反对"。"他"作受事，则表示"他被反对"。

4. 利用句读构成歧解。

有一位秀才应聘到财主家作私塾先生，秀才深知财主的吝啬，立契约时写道："无鸡鸭也可无鱼肉也可素菜一碟足矣。"东家听后大为高兴，即刻在契约上签了字，秀才几天后应聘，招待甚差，便持契约找财主论理："契约上明明写着'无鸡，鸭也可；无鱼，肉也可，素菜一碟足矣。'怎么不按契约行事呢?"

秀才在立契约时,故意使用白文,即不加标点,并口头断句,让财主在契约上签字后,再作另一种断句,戏弄财主。

5. 在特定的语境中构成歧解。

任何一种语言交际活动都是集体的,都离不开"何人何时对何人说什么语言",这种使用语言的环境就是语境。语境有小语境和大语境之分。小语境是指上下文或前后语,大语境是指语言表达时的具体环境,既可指具体场合,也可指社会环境。在特定的语言环境中可以构成歧解。如:

姐夫个性木讷寡言,与内向的姐姐正好是一对,婚前二人同事三年,彼此虽然有意,却没有勇气表白,后来在同事的安排下,他们开始约会了。姐姐羞怯怯地问道:"为什么每次我们四目相投的时候,我总觉得你的眼里有特别的东西。"

姐夫脸红红地回答:"哎呀!你怎知道我有沙眼的?不过请放心,医生说差不多已痊愈了。"

在特定的语境中,姐夫听到"你的眼里有特别的东西"的问话,心慌意乱地道出了自己曾患过沙眼病。

歧解法利用了言语的歧义性,这种歧义性可以表现在词、短语、句子、语境中。巧妙地运用歧解,能产生理想的交际效果,或造成幽默诙谐的言语特色,或活跃气氛,使谈话轻松愉快。

二、伸缩

四位考生想知道考试成绩如何,就前去算命,算命先生只说了一个字"一"。考试成绩公布后,有一位考生成绩不及格。有人问算命先生为什么算得那么准。"很简单",算命先生说,"如果一位及格,就是一个及格;如果两位及格,就是一半及格;如果三位及格,就是一个不及格;如果全及格,就是一个也没有不及格"。

算命先生用"一"字概括了有可能发生的四种情况。在言语表达时,故意不把话说得绝对,理解上可上可下、可宽可窄、可此可彼,留有余地,这种修辞方法叫作伸缩。伸缩有两种情况。

一是用语义不确定的语句构成伸缩。如：

李子不一定落在李子树周围，
苹果不一定落在苹果树附近。
少言寡语不一定大智若愚，
谈笑风生未必就是不严肃认真。
美人儿不一定心灵空虚，
傻大姐不一定能有好命。
恋人儿不一定一帆风顺，
单身汉不一定永远不幸。
真正的爱情不一定就只有一次，
两次三次的爱情也有可能。
真理不总在长者手里，
年轻人的话有时也不妨听听。
金钱不一定带来不幸，
两手空空就值得高兴？

这首题为《不一定》的短诗使用了"不一定""未必""有可能""有时也不妨"等意义不确定的词语，分层阐述了可能发生的两种情况。这首诗用意义不确定的词语构成伸缩，全诗蕴含着丰富的生活哲理。

二是对要谈及的对象避而不谈。如：

"你干什么？写信吗？""是的，这封信真难写！我姨妈前几天寄来一件礼物，祝贺我的生日，现在我想写一封信感谢她，但我记不起她寄来的是什么礼物。""这有何难的？你这样写：'亲爱的姨妈，谢谢你寄给我的极好的礼物。你给我的礼品正是我梦寐以求的，我真奇怪，你怎么知道我的心思？祝您健康！'"

写信人要给姨妈回信，感谢她寄来的礼物，但记不起是什么礼物了，只好在信中避而不谈，用"极好的礼物"来搪塞以构成伸缩。

伸缩法的基础是利用了言语的模糊性。事物的大小、多少、高低、长短、快慢、粗细、深浅、宽窄、厚薄、浓淡、远近等是相对的，像早晨、上午、下午、傍晚这些表示时间概念的词语就没有严格的界限。客观事物的相对性带来了人们主观认识的模糊性。如"黄昏"一词，《现代汉语词典》和《四角号码词典》对它的解释就不一致。《现代汉语词典》解释为：日落以后，星出之前的时候。《四角号码词典》解释为：日落天将晚的时候。

客观事物的相对性和由此产生的认识上的模糊性为伸缩法的运用提供了基础。言语交际中既需要精确的表述，也需要模糊的表述，模糊表述在言语交际中起着不可忽视的作用。我们可以艺术地运用伸缩法，把话说得留有余地，或故意不把话说死，以达到特定的表达效果。

歧解与伸缩的区别有两点。第一，歧解是有意或无意地歧解某些语句的意思，有意的歧解叫曲解，无意的歧解叫误解，两者的区分是以表达者的主客观意图为依据的。伸缩是故意不把话说得绝对，理解上可上可下、可宽可窄、可此可彼，它是一种留有余地的表达方法。第二，歧解的基础是利用了言语的歧义性，伸缩的基础是利用了言语的模糊性。

三、婉曲

婉曲也称折绕。有些要表达的意思，作者不想直接说出，或因各种原因不便明说，而是采取一种迂回的表现手法，使读者透过委婉、含蓄、隐约的语言领会作者的内在含义。这种方法称为婉曲法。婉曲可分为婉言和曲语两类。

（一）婉言就是不直接说出本意，故意换一种含蓄的说法。

（1）照部队规定，当战士的是不准谈"个人问题"的。（徐怀中《西线逸事》）

（2）我原来在农场的时候，有一个青年指导员给我写了信，表示了那个意思。（张抗抗《夏》）

（3）工人纠察队长林凡看到方军长时说："听说你早已光荣了！"方军长说："我光荣过两次了。马克思说：'革命还没有成功，你还是回去！'我就回来了。"（电影《战上海》）

"个人问题"代替婚姻恋爱问题；"那个意思"代替谈朋友、谈对象、建立恋爱关系的意思，这样更含蓄得体，有分寸；"光荣了"表示死亡，表现了革命者的乐观主义精神。

（二）曲语又分为暗示和折绕。

1. 暗示是用与本意相关的语句旁敲侧击，让对方猜得透本意。越剧《梁山伯与祝英台》中的《十八相送》里有这样一段唱词：

祝：（唱）出了城，过了关，但只见山上樵夫把柴担。

梁：（唱）起早落夜多辛苦，打柴度日也艰难。

祝：（唱）他为何人把柴打？你为哪个送下山？

梁：（唱）他为妻儿把柴打，我为你贤弟送下山。

祝：（唱）过了一山又一山。

梁：前面到了凤凰山。

祝：（唱）凤凰山上百花开。

梁：（唱）缺少芍药共牡丹。

祝：（唱）梁兄若是爱牡丹，与我一同把家归，我家有支好牡丹，梁兄要摘也不难。

梁：（唱）你家牡丹虽然好，可惜是路远迢迢怎来攀。

祝：（唱）青青荷叶满水塘，鸳鸯成对又成双，梁兄啊！英台若是女红妆，梁兄愿不愿配鸳鸯。

梁：（唱）配鸳鸯，配鸳鸯，可惜你，英台不是女红妆。

……

幕后合唱：过了河滩又一庄，庄内黄狗叫汪汪。

祝：（唱）不咬前面男子汉，倒咬后面女红妆。

梁：（唱）贤弟说话太荒唐，此地哪有女红妆，放大胆子莫惊慌，愚兄打犬你过庄。

祝：（唱）眼前还有一口井，不知井水有多深？

梁：（唱）井水深浅没关系，你我赶路最要紧。

祝：（唱）梁兄来，你看井底两个影，一男一女笑盈盈。

梁：（唱）愚兄明明是男子汉，你为何将我比女人？

幕后合唱：过一井来又一堂，前面到了观音堂。

祝：梁兄，可到堂前一拜呀？

梁：好哇！（唱）观音堂，观音堂，送子观音坐台上。

祝：（唱）观音大士媒来做，我与你梁兄来拜堂。

梁：（唱）贤弟越说越荒唐，两个男子怎拜堂？

祝英台女扮男装去杭州读书，"三载同窗情似海，山伯难舍祝英台，相依相伴送下山，又向钱塘道上来"。祝英台用暗示法向山伯吐露爱慕之情。一路上，英台不说本意，只涉及与之有关的事物情境，因境设问，缘事传情，旁敲侧击启迪山伯，"呆头鹅"梁哥哥竟启而不发，不明真情。

（二）折绕。

所谓折绕，就是在言语交际中，故意绕一个或几个弯子来托出本意。小幽默、小品文常常采用折绕法。如：

①人人都说我丑，其实我只是美得不明显而已。

②你的样子太可爱，可惜搞错年代，是否应该生活在侏罗纪时代。

例①中"美得不明显"是长相不好的委婉之词，用来安慰下自己。例②说他应该生活在侏罗纪时代，还说他的样子太可爱，其实意思是说他的样子很丑陋，因为侏罗纪是恐龙的鼎盛时期。这样故意绕一个弯子，既表达了原意，达到了交际目的，又避免了不和谐的气氛。

四、讳饰

刘庸是乾隆皇帝的宠臣。一天，刘庸问乾隆："万岁，今年贵庚？"乾隆回答："朕今年四十有五，属马。你呢？"刘庸垂手回答："臣也四十有五，属驴。"乾隆感到惊奇，又问："朕属马，爱卿怎么属驴？"刘庸讨好地说："万岁属马，臣怎敢同属，只好属驴了。"

刘庸自称"属驴"是因为讳饰的缘故。

讳饰又叫避讳，是指说话人碰到犯忌讳的事物，不直接称说，而用其他话语来修饰和替换。

我国封建社会对于帝王和尊长之名，在言语表达上要有所避讳。当朝的皇帝和被尊为"至圣"的孔子之名全国避之，谓之国讳或公讳。祖先和父亲的名字全家要避讳，称为私讳或家讳。避讳的方法是改用音同或音近的字，或原字缺笔书写，或在姓和名中间加上"讳"字。

秦始皇名"政",与"正"同音,"正月"读作"征月",写作"端月"。汉文帝名"恒","恒山"改为"常山"。西汉吕后名"雉","雉鸟"改名为"野鸡"。唐太宗名为李世民,唐人行文中"世"用"代"字代替,"民"字用"人"字代替,观世音略称观音,"民部"改为"户部"。

宋时有个州官叫田登,自讳其名,州境之内皆呼灯为火。上元放灯,吏人书榜揭于市曰:"本州依例放火三天。"时人讥曰:"只许州官放火,不许百姓点灯。"

古人称孔丘,写着孔丘,读为"孔某",也是为了避讳。

不仅仅是古代,现代人也有避讳的心理和习惯,特别是对不吉利的事物往往要避而讳之。如:

有一个不善于说话的人,一天,邻居生了一个孩子,大家都前去祝贺,他也去了。主人见他来了,怕他说漏了嘴,赶紧让他进屋喝酒。他也自知口才不好,就光顾吃东西不作声,直到喝完了酒,他才对大家说:"你们听见了吧!我今天可什么也没说,这小孩要是死了,可别怨我!"气得主人目瞪口呆。

邻居对"死"非常忌讳,为了避讳,才将那"口才不好"的人打发去喝酒,谁知他无意之中竟冒出一个"死"字来,一字犯讳,令人啼笑皆非。中国人对于"死"就有多种不同的讳称,能搜集到的有200多种。

(一)常见婉称:去世、过世、谢世、辞世、离世、长逝、永逝、仙逝、咽气、安眠、安息、永眠、长眠、永别、归西、归天、千古、羽化、作古、已故、亡故、故世、升天、光荣、照山、合眼、老了、走了、入地宫、归地府、见马克思、姥姥家去了、永远地睡了、永远地闭上了眼、卒、亡、故、殁、殂、殒、哈喇、弃世、身故、永生、殪、永诀、殒命、陨灭、归休、下世、超升、超生、长辞、气绝、物故、遁化、迁化、迁神、隐化、解驾、仙游、升天、捐舍馆、弃堂帐、没了、没气了、故去了、断气了、化了灰、命赴黄泉、命丧黄泉、一瞑不视、撒手人寰、遽离人世、与世长辞。(二)古帝王死:崩、驾崩、山陵崩、大薨、登遐、晏驾。(三)诸侯或大官死:薨、薨逝。(四)为国为民为正义死:捐躯、牺牲、殉国、殉难、就义、国殇、殉职、壮烈了、舍身。(五) 病死：病故、病卒、病逝、暴卒、病亡。(六) 意外死：遇难、非命、遇害、毙命、被难、山高水低、罹难、丧身。(七) 正常死：寿终正寝、善终、老逝、寿终。(八) 未成年死：夭折、夭亡、夭逝、夭殇、短命、短阳寿。(九) 和尚死：圆寂、坐化、示寂、示灭、涅槃。(十) 仇敌死：毙、毙命、完蛋、断气、丧命、见阎王、回老家、玩儿完、翘辫子、一命呜呼。(十一)：父或母死：大故、丧考妣、弃养、失怙。(十二) 妻死：悼亡、断弦。(十三) 因丈夫死而自杀：殉节。(十四) 因恋爱受阻而自杀：殉情。(十五) 自杀：蹈海、自裁、自焚、自尽、自戕、自刎、自缢、自轻、自绝、轻生、寻短见。(十六) 作战中死：阵亡、牺牲。(十七) 监狱中病死：瘐死。(十八) 死在他乡：客死。(十九)：被人杀害：凶死、凶杀、被害。(二十) 突然死亡：溘逝、溘然而逝、猝死。(二十一) 饿死：饿殍、殣。(二十二) 死了配偶：丧偶。(二十三) 老年人死：凋谢、油尽灯灭。(二十四) 伟人死：兰摧玉折、巨星陨落。(二十五) 高龄而死：登仙、仙去。(二十六) 用枪打死：击毙、倒毙、枪毙、吃花生米等。

避讳不仅仅是汉民族的心理习惯，外族人也有避讳的心理和习惯。日本人对装饰着狐和獾图案的礼品是拒而不收的，他们认为狐狸意味着贪婪，獾代表着狡诈。在拉丁美洲国家，黑色和紫色是忌讳的颜色，手帕和刀剑都从不送人的，因为手帕和眼泪连在一起，而刀剑暗示友情的完结。

可见，避讳作为一种民族心理，也同时反映在言语交际中。如：

"3月14日下午两点三刻，当代最伟大的思想家停止思想了。让他一个人留在房里还不到两分钟，等我们再进去的时候，便发现他在安乐椅上安静地睡着了——但已经是永远地睡着了。"(《在马克思墓前的讲话》)

句中的"停止思想""安静的睡着""永远地睡着"都是指"死"。对于马克思的死，恩格斯不忍心直接说出，因而用了讳饰手法。这样既把自己的心情委婉而含蓄地表达出来，又符合全世界劳动人民的心愿。

婉曲和讳饰有联系，它们都不直接说出本意，而是换一个角度来说本意。但二者的区别也很明显，婉曲是用相关或相类的事物来暗示，或绕个弯子间接地托出本意，而讳饰是用其他的称谓取代犯忌的事物。

五、衬跌

有一个"伤心的故事",你听后准会发笑。

有三个人来到纽约度假。他们走进一座高层旅馆,订了一套房间,房间是在大楼的四十五层上。

傍晚,三个人外出看戏。回旅馆时已是夜深人静了。"真对不起",旅馆服务员说,"今晚我们所有的电梯都出了毛病。若诸位不打算徒步回房间,我们会想点办法,给你们在大厅找个安顿的地方"。"不必,不必",其中一人说,"太谢谢您了,我们不想在大厅里过夜,自己走上去行了"。然后他转过身子对两位同伴说:"爬上四十五层楼,谈何容易。不过我知道怎样从难变易。一路上,我负责给你们讲笑话。然后安迪,你给咱们唱几支歌。还有你,彼得,给咱们讲几个有趣的故事。"

于是,三个人开始往上走。汤姆讲笑话,安迪唱歌,好不容易爬到三十四层。大家疲惫不堪,决定先休息一下。

"喂"汤姆说,"现在该轮到你了,彼得。一路上笑话听过了,该给咱们讲个长一点的故事,情节要有趣味,最后来个使人伤心的结尾"。

"那我就照你们的要求,讲一个使人伤心的故事",彼得说。

"故事不长,却使人伤心极了:我们把房间钥匙忘在下面大厅啦!"

这则故事之所以令人捧腹,是因为它运用了衬跌的表达方法。

所谓衬跌,是指不先说出正意,而是先用一句或几句话作陪衬,然后急速顿跌,说出正意,或者先将读者引入一个思路,然后突然一"跌",转入另一思路,产生"意料之外,情理之中"的言语效果。如上例,本来的思路是:汤姆要彼得讲个故事,要求有一个伤心的结尾,而彼得突然想起房门的钥匙忘在三十四层下的底楼,思路由故事跌入现实,真是使人伤心透了。

衬跌的运用,有这样三种情况:

1. 衬跌作为情节安排的一种方法,常常出现于带有情节性的言语交际中,使情节曲折起伏,跌宕有致。如,有一篇短文题为《没有预告的电视剧》:

"爸爸，快来看！电视剧。"

爸爸听见儿子大惊小怪的叫喊声，赶紧跑进房间。

电视屏幕上，有一男一女正漫步在万紫千红的花园里。又在波光潋滟的湖里划船，两双眼睛脉脉含情，两个头慢慢靠近——他们又在阳光明媚的沙滩上奔跑，还是慢镜头，那红色的游泳衣起伏的线条，那轻烟般迎风飘起的长长黑发……确实美！音乐也异常动听。

"这是什么电视剧？"爸爸问。

"不知道，没有预告。"儿子的眼睛一眨不眨。

幸好，电视上的主人公说话了。

女：（柔媚地）今天是我的生日，我太高兴太愉快了！……

（他们已依偎在一块树木成荫的草地上了。）

男：（眼望远方）是的，真好……可我觉得失落了点什么。

女：（猛转头，声音粗了）什么？你丢东西了？

男：（摇摇头）

女：我知道了。（噘起嘴，不高兴地）你总忘不了你的那个她，她已经抛弃你了，现在早把你忘得干干净净，丢到脑后边去了。你还这么痴情，念念不忘地想她……

男：请原谅……

女：（愠怒地）你说！我哪点不好？（流泪）是没有她漂亮？还是没有她温柔？你说嘛，说出来，我一定改……

"飞飞！快！叫你妈别洗碗了，快来看电视剧！还有爷爷、奶奶！"

顷刻，一家老小坐在电视机前，聚精会神地盯着屏幕。

女：你为什么这么忧郁？说真的，你是不是还想她？

男：亲爱的，请原谅……我也说不清。也许，一个人永远也忘不了初恋时的情人。

（女的赌气地转过身，向着他）

男：（叹了口气）当初，和她在一起的时候，她总是很关心我的关节炎。她经常给我买天竹牌关节止痛膏，亲自给我敷贴。天竹牌关节止痛膏的疗效又快又好，它的生产历史悠久，工艺先进合理，质量稳定可靠，产品畅销国内外。电话 23452，电报挂号 8041……

这则短文很幽默地讽刺了一些电视广告为了吸引观众，乱加荒唐离奇的情节，读后逗人发笑又令人深思。其所以能产生如此强烈的艺术效果，是因为运用了衬跌法。银幕上开始出现的画面和对白把观众引入了一个充满爱情纠葛的电视剧情节里，突然一跌，变成了电视广告，一跌成趣。

2. 衬跌出现在非情节言语作品中，形成思路的顿跌。如：

①台风：12 级，大风：8 级，和风：4 级，轻风：2 级，耳边风：0 级。

②人们为一个军骡树立的墓碑上写着下列字样：军骡马吉葬在这里。在她的一生中，她踢过一个上将、两个上校、四个少校、十个上尉、二十四个中尉、四十个士官、二百二十二个士兵和一个炸弹。

③想你是件快乐的事，见你是件开心的事，爱你是我永远要做的事，把你放在心上是我一直在做的事。不过，骗你，是刚刚发生的事！

例①从自然界的风跌及"耳边风"。例②由军骡马吉的乱踢人跌及踢炸弹，含蓄地道出了马吉的死因。例③从"想你""见你""爱你""惦记你"等的温情表白和关怀，突然跌到表白者竟然是骗子，作为手机短信，让人读来不禁哑然失笑。

3. 衬跌还可以借助言语表达的形式来体现。有这样一份《情书》：

最亲爱的吉米：

自从咱们解除了婚约以后，我心中巨大的痛苦是无法用言语表达的。恳求你，我们和好吧。你在我心中的位置是没有人可以代替的。请饶恕我吧。我爱你！我爱你！！！

永远属于你的玛丽

又：祝贺你中了彩票。

"情书"运用衬跌巧妙地讽刺了只重金钱不重爱情的人。信的正文表达了玛丽对吉米的爱恋之情，但信文的附言却揭示了爱恋的真实缘由。

六、衬托

衬托，是为了突出主要的人、事、物，而用其他的人、事、物作陪衬。运用衬托法，能突出和渲染主体，使形象更加鲜明，给人以深刻的印象和感受。衬托分为正衬和反衬。

（一）正衬。

正衬是利用主要事物（本体）与陪衬事物（衬体）的类似，用衬体从正面衬托本体。如：

这一天很暖和。法国侦探小说家乔治·西姆农和他的合作者马塞尔·帕尼奥尔沿着圣日尔曼大道散步。西姆农忽然吹起口哨，叹道："上帝，她一定非常可爱！"

"谁？"帕尼奥尔问道，"我只看到几个小伙子，而您能够看到她？"

"不，我看不到她"，西姆农微笑着回答说，"但我可以看到走过来的那些男人眼里的神色"。

西姆农没有直接看到本体即"她"的丰姿，而是衬体即"那些男人眼里的神色"来推断"她一定非常可爱"。这是采用的正衬法。如李白在《赠汪伦》一诗中写道："桃花潭水深千尺，不及汪伦送我情。"用桃花潭的水来比喻汪伦送他的情意。

（二）反衬。

反衬是指本体衬体的特点相异，而用衬体从反面来衬托本体。

罗斯福夫人写了一篇短文，题为《丑小鸭》，抄录于下：

我童年时一直渴望别人注意我，因为有许多事使我觉得：我不能吸引人，不会有人对我倾心。别人说我是丑小鸭，像那些拜倒在我妹妹裙下的翩翩少年，我根本休想。我身上穿的是姑姑旧衣服改制的衣服；我跳舞或溜冰姿势都不如别的女孩那样美妙；我和别的女孩子不一样；我参加舞会，没人请我跳舞，但是有一次圣诞舞会上，一个男孩子过来请我跳舞。我心里对他感激，一直到现在都还记得。

那个男孩的名字叫富兰克林·罗斯福。

罗斯福夫人没有正面写她与罗斯福的爱情，而是从反面写自己如何丑陋。为了突出自己的丑貌，她用自己的妹妹和其他女孩子的美，来衬托自己的丑。这是采用的反衬法。又如：

海鸥在大海上飞窜，轰隆隆的雷声把海鸭吓坏了，企鹅胆怯地把肥胖

的身躯躲藏在悬崖底下……只有那高傲的海燕,勇敢地、自由自在地在泛起白沫的大海上飞翔。(高尔基《海燕》)

这里以海鸭及企鹅的懦弱衬托出海燕的勇敢也是采用了反衬。在言语表达中,有时正衬和反衬是同时使用的,如:

1837年,林肯在斯普林菲尔德从事律师工作的时候,有一位在美国革命战争中阵亡的士兵的妻子——一个年迈的寡妇蹒跚来到了林肯的律师事务所,哭诉一位抚恤分发吏在她领400元抚恤金时,竟索要200元的手续费。林肯听罢大怒,并立刻提起诉讼。在开庭前,林肯作了这样的准备:读一本华盛顿传记,一本革命战争史。这样大大加深了他对革命战争和烈士们的强烈思念,点燃了热诚的感情。在开庭的那天,林肯先追述了当初美国人民所遭受的压迫,描述了当年革命战争所经历的痛苦、饥饿、流血、牺牲……然后林肯怒斥那个刁吏竟敢剥夺、克扣当年为国捐躯的兵士遗孀的一半抚恤金。林肯继而又说道:"时间已向前迈进,1776年的英雄已成为过去,那位士兵已经安逝长眠,现在他的遗孀年老体弱来到你我面前,请求为她申冤。她以前也曾是美丽的少女,她的步履轻捷,声音曼妙,但是现在她是贫穷无依,来向享受着革命先烈用生命换来的自由的我们,请求同情的帮助与人道的保护。我所要问的是我们应否援助她呢?"

当林肯讲完这一番话后,有的陪审员竟满眼含泪,他们一致认为那老妇人所应得的抚恤金分文不能少给。起诉胜利了。

林肯的起诉之所以获得成功,是因为他采用了衬托的手法,征服了陪审员。他追述当年革命战争所经历的难以尽述的困难,是为了衬托为国捐躯的兵士的伟大和崇高,这是正衬。他细致地描绘兵士遗孀的生活之苦,这是反衬。衬托法的运用,使人们一致认为那老妇人所应得的养老金分文不能少给,起诉终获胜利。

衬托可以以景衬景、以人衬人、以景衬人、以人衬景、以明衬暗、以景衬情、以动衬静、以喜衬悲等。衬托也常常在文艺作品中作为一种表现手法被运用。比如,佐拉的小说《陪衬人》,描写了杜朗多先生利用美、丑衬托大发横财的故事。

杜朗多先生有一天贴出广告,声称专为小姐淑女开设一个"陪衬人代办所"。这些"陪衬人"实际上都是廉价招募来的相貌丑陋的女模特儿，根据各人的特点分类出租。她们的服务内容主要是陪衬主顾，衬托其美貌。"代办所"门庭若市，生意兴隆。杜朗多先生用"衬托"手法赚了大钱，因此成为百万富翁。

七、对比

1860年，林肯作为共和党的候选人，参加了总统竞选。林肯的对手，民主党人道格拉斯是个大富翁。他租用了漂亮的竞选列车，在车后安上一尊大炮，每到一站鸣炮三十二响，加上乐队奏乐，声势之大超过了美国历史上任何一次竞选。道格拉斯洋洋得意地说："我要让林肯这个乡下佬闻闻我的贵族气味。"

林肯没有专车，他买票乘车。每到一站，朋友们为他准备一辆耕田用的马拉车。他发表竞选演说："有人写信问我有多少财产。我有一位妻子和三个儿子，都是无价之宝。此外，还租有一个办公室，室内有桌子一张，椅子三把，墙角还有大书架一个，架上的书值得每人一读。我本人既穷又瘦，脸蛋很长，不会发福。我实在没有什么可依靠的，唯一可依靠的就是你们。"

林肯竞选总统时的言行与道格拉斯形成鲜明的对比。对比手法的运用，是林肯获得民心民意的一个重要因素。

对比，又叫对照，是指故意把两种相反、相对的事物，或者是同一事物相反、相对的两个方面放在一起加以对比。对比法的运用，能将好与坏、真与假、美与丑、善与恶鲜明地揭示出来，通过对比给人以教育或启迪。

对比有两种类型。

1. 一体两面对比，即：将同一事物的两个相反或相对的方面加以对比。如：

往年梅花开，哥哥玩纸牌。

今年梅花开，哥哥开山打石崖。

这是四川民歌中的四行诗，同是"哥哥"，在"往年"和"今年"形成了"玩纸牌"和"开山打石崖"的鲜明对比。

2. 两体对比：将两种相反或相对的事物进行对比。

有一篇题为《偏见》的短文，说的是外国妇女就业时，即使与男子做同样的工作，也往往受到人们不公正的对待。

他的办公室凌乱不堪：	她的办公室凌乱不堪：
显然他工作很勤奋。	是个缺乏条理的人。
他在桌上放了张家照：	她在桌上放了张家照：
噢，一个有责任感，热爱家庭的人。	哼，她工作时就想家。
他不在办公室：	她不在办公室：
他一定和顾客周旋了。	她肯定到女洗室去了。
他在与同事闲谈：	她在与同事闲谈：
他马上就会不谈了。	女人闲扯起来没完没了。
老板正在训他：	老板正在训她：
他会努力改进的。	她不会再好了。
他与老板共进午餐：	她与老板共进午餐：
他将被提升。	他们一定色色搭搭。
他结婚了：	她结婚了：
他更安心了。	怀孕后就会辞职的。
他将得到一个较差的待遇：	她将得到一个较差的待遇：
他会发火吗？	她会哭吗？
他因公出差：	她因公出差：
这对他的事有好处。	她丈夫会怎么说？
他在别处找了个更好的工作：	她在别处找了个更好的工作：
他真好运气。	人不可预言。

这里采用两体对比的手法，说明在同一件事情上，在人们心目中对"他"和"她"所产生的不同看法，反映了某些人对妇女的偏见和歧视。再如：

①锲而舍之，朽木不折；锲而不舍，金石可镂。（荀子《劝学》）

②过去的一切运动是少数人的或者为少数人谋利益的运动。无产阶级

的运动是极大多数人的，为极大多数人谋利益的独立的运动。（马克思、恩格斯《共产党宣言》）

③有缺点的战士终竟是战士，完美的苍蝇也终竟不过是苍蝇。（鲁迅《战士和苍蝇》）

④有的人骑在人民头上："呵，我多伟大！"有的人俯下身子给人民当牛马。（臧克家《有的人·纪念鲁迅有感》）

例①用"刻一会儿就停下来，连腐朽的木头也刻不断"和"一直不放手地刻下去，就是坚硬的石头也能雕刻"这样两种相反的态度作对比，来说明做事要有恒心，有毅力。

例②用两种意义相反的运动来作对比，把好同坏的对立揭示出来，否定前者，肯定后者。

例③用"战士"和"苍蝇"这两样本性相对的东西作对比，把美同丑的对立揭示出来，肯定前者，否定后者。

例④用两种相对的人作对比，把恶同善的对立揭示出来，反对前者，赞扬后者。通过这样一正一反的对比，给人以深刻的印象和启示。

对比有多种含义。（1）它可以作为一种方法论，如"有比较就有鉴别"，这里的"比较"实质上是对比的同义语。（2）指文学作品中常用的一种艺术手法。如《范进中举》，通过对胡屠夫在范进中举前后的言行的对比，辛辣地嘲讽了他前倨后恭、卑鄙、势利的市侩嘴脸，绝妙地讽刺了科举制度。（3）由词语或句子表现的对比。如："吴天宝人小，器量可大。"（杨朔《三千里江山》）

我们觉得，作为方法论的对比，它在认识论上具有普遍的指导意义，应属哲学的范畴。作为谋篇布局手段的对比手法，在文艺作品中，或渲染气氛，或表讽刺，或产生幽默感，对整篇作品的言语风格产生积极的影响，这种对比手法，应视为修辞的一部分。至于词语或句子表现的对比，理所当然是修辞的重要组成部分。所以，作为修辞所谈及的对比，是指文学作品中的艺术表现手法和用词语或句子表现的对比手法。

衬跌、衬托、对比的相同之处是：它们都既可以在文艺作品中作为艺术表现手法出现，又可在词语或句子中出现。

三者的区别如下。

衬跌不同于衬托。两者虽然都有"衬"的成分，但衬跌是不先说正意，而先作陪衬，将读者引入一个思路，然后突然一"跌"，"跌"出本意。而衬托是为了突出主要事物，用类似的事物或反面的事物作陪衬，它的作用是突出或渲染主要事物，给人以深刻的印象。

衬托也不同于对比。衬托有主次之分，衬体是用来衬托主体的。而对比是将同一事物两个方面或两种相反或相对的事物进行对照，对比的双方无主次之分，而是相互依存的。衬托的重心在于"衬"，而对比的重心在于"比"。

八、夸张

香港《大公报》曾刊载了一则故事，题为《称我江山有几多》，讲的是：

朱元璋当皇帝后，多次微服出巡。有一次，他出巡归来，到金陵郊外一个渡口等船渡江，正遇上一群来金陵参加进士考试的举子也在候船。

这里的风景十分壮丽，万里长江滚滚东流，苍茫的钟山似龙盘虎踞，偌大的采石矶屹立于岸。一个年轻的举子凝视着眼前的景色，脱口吟道："采石矶兮一秤砣"，举子们听了都一致称赞。

朱元璋听后却冷笑一声道："这个句子的气魄是很大的，但恐后文难续吧！"

大家听了以后一想，不错，偌大一座采石矶仅仅是一个秤砣，那么秤杆、秤钩又是什么呢？纵使有了这么大的秤，又去称什么呢？……大家面面相觑，不知如何是好。

朱元璋见状大笑，说道："待我试续一下，好吗？"说完，高声朗诵起来：

采石矶兮一秤砣，长虹作杆又如何？

天边弯月是挂钩，称我江山有几多。

果然厉害，竟把江山称为己物，举子们个个目瞪口呆。

朱元璋的四句诗采用了夸张手法，把采石矶比作秤砣，把长虹比作秤杆，把弯月比作秤钩，去称江山的分量，在比喻中夸大事物，气魄非凡。

所谓夸张，是为了表达强烈的思想感情，突出某种事物的本质特征，运用丰富的想象力，对事物的某些方面着意夸大或缩小。

夸张可分为夸大、缩小和超前三类。

1. 夸大：是对事物的形象、特征、作用、程度等加以夸大。如《爱的徒劳》中有一段文字：

爱情，它会随着全身的血液，像思想一般迅速通过五官四肢，使每一个器官发挥双倍的效能，它使眼睛增加一重明亮，恋人眼中的光芒可以使猛鹰眩目；恋人的耳朵听得出最微细的声音，任何鬼祟的奸谋都逃不过他的知觉；恋人的感觉比带壳蜗牛的触角还要微妙灵敏；恋人的舌头使善于辨味的巴邱斯（希腊酒神）显示得迟钝。

这段文字对爱情的作用加以夸大，显示了爱情的神奇力量。像这样夸大的例句在文学作品中更是屡见不鲜。如：

(1) 白发三千丈，缘愁似个长。(李白《秋浦歌》)

(2) 鸿渐气得心头火直冒，仿佛会把嘴里香烟衔着的一头都烧红了。(钱钟书《围城》)

(3) 柏油路晒化了，甚至铺户门前的铜牌好像也要晒化。(老舍《骆驼祥子》)

(4) 笔落惊风雨，诗成泣鬼神。(杜甫《寄李十二白二十韵》)

2. 缩小：就是对事物的形象、特征、作用、程度等加以缩小。

奥地利著名演员约翰·内斯特罗依常常用喜剧的形式针砭时弊，批评社会上的弊端陋习。

当时，维也纳烤制的小圆面包越做越小，居民大为不满。一天，内斯特罗依身着大礼服登上了大舞台。当人们发现他的衣服上缀着一粒粒用小圆面包做的纽扣时，不禁发出一阵哄笑，为此，内斯特罗依被判处48小时拘禁。

三天后，内斯特罗依在舞台上大谈在拘留所里吃面包的滋味。观众困惑不解：拘留所里从什么时候也吃上了小圆面包？内斯特罗依解释道："看守的女儿是个可爱的小姑娘，她常常来到我的囚室前，从钥匙孔里送来好些小圆面包。"

这里,内斯特罗依把面包往小里夸张,他用缩小夸张的方法绝妙地讽刺了当时现实的弊端。文学作品中也多有这样的夸张。如:

"一个浑身黑色的人,站在老栓面前,眼光正像两把刀,刺得老栓缩小了一半。"(鲁迅《药》)

"五岭逶迤腾细浪,乌蒙磅礴走泥丸。"(毛泽东《七律·长征》)

3. 超前夸张:是从时间上进行夸张,把本来后出现的事物说成在先出现的事物之前,或两者同时出现。如:

1865年,马克·吐温写的《跳蛙》在全国许多报纸连载后,就以记者的身份前往夏威夷采访,途中认识了莉薇,并深深地爱上了她,后经过屡次挫折,1870年2月2日,三十岁的马克·吐温和她结为伉俪,从此,开始了三十四年的幸福生活。

马克·吐温在婚后不久写信给友人,幽默地说:"如果一个人结婚后的全部生活都和我们一样幸福的话,那么我算是白白浪费了三十年的时光。假如一切能从头开始,那么我将会在牙牙学语的婴儿时期就结婚,而不会把时光荒废在磨牙和打碎瓶瓶罐罐上。"

马克·吐温的这段话采用了超前夸张的手法,把结婚故意推向三十年前的婴儿时期,来表达与莉薇的相见恨晚之情,利用时间上的超前,艺术地夸大了他爱情、婚姻、家庭生活的幸福美满。像"李医生给人看病,药方没开,病就好了三分。""农民们都说:'看见这样鲜绿的麦苗,就嗅出了白面馍馍的香味儿了。'"都是运用了超前夸张的手法。

夸张有一定的界限,夸张要有真实感,做到夸而可信。20世纪50年代"大跃进"民歌中有"一朵棉花打个包,压得卡车头儿翘,头儿翘,三尺高,活像一门高射炮"的歌谣。它虽然也用了夸张的手法,但令人质疑,缺乏真实感。又如一首民谣:"队里花生大丰收,一颗能榨一缸油,豆壳拿来当军舰,十万军队装个够。"这种夸张不合事理,"夸而过节,名实两乖"(刘勰《文心雕龙·夸饰》)。

怎样鉴别夸张是否真实呢?先看一段文字:

伦敦有位老太太笨极了,她在伞上挖了个洞以便知道什么时候雨停。

新泽西州有个男孩发高烧，手里抓把老玉米能变成爆米花。

佛蒙特有个人高极了，刮胡子要爬上梯子才够得着。

伦敦的雾浓极了，人们用来填枕头；如果浇上墨再劈开来，可以当煤烧。

加利福尼亚的树高极了，松鼠采集果实时得带上氧气面具。

好莱坞有个妇女眼睛大极了，她眨一下眼睛，眼皮眨动的风能吹灭火柴。

孤立地看这段文字，有些夸张似乎是失实的，但联系特定的言语环境来考虑，它们出现在趣味性很强的《学英语日历》中，给英语学习者留下了深刻的印象，因此，应该承认这段文字夸张的合理性。

所以，夸张是否得体，要结合具体言语环境来考虑。如1985年春节文艺晚会中的一个相声节目是比吹牛，相声失实的夸张贯穿整个节目，引起了观众的阵阵笑声，让观众在笑声中得到启示。这些夸张在具体的言语环境中就是合理的，这是对失实夸张的有意运用，它能起到某种特定的讽刺效果。而我们讲的夸张失实是运用夸张时出现的语病，两者不能混为一谈。

夸张，作为艺术表现手法，古人早已运用，并有一系列的论述。王充《论衡·艺增》、刘勰《文心雕龙·夸饰》、范温《诗眼》对夸张都作过较详尽的论述，他们一致认为，夸张便是夸大，往大里说。

夸张，作为辞格，首见于唐钺的《修辞格》，后来陈望道《修辞学发凡》、张弓《现代汉语修辞学》及近年来一些有影响的修辞学专著对夸张都有专述。这些专述除了继续保持着"夸张是夸大，往大里说"这样的观点外，在以下三个方面取得了新进展：①夸张不仅可以从多、重、大、高、长、深、强这些方面去夸饰，即往大里夸，而且也可以从少、轻、小、矮、短、浅、弱这些方面去夸张，即往小里夸；②夸张往往是利用词语或句子，对事物作扩大或缩小的描述；③夸张在音乐、舞蹈、电影、美术等艺术领域中都有出现，但不是辞格，只是一种艺术表现手法。

九、精细

病人："我的记忆全部消失了！"

医生："什么时候才开始消失的呢？"

病人："去年8月12日上午8点。"

这则题为《记忆》的小幽默，故意让病人使用十分精确的时间，产生前言后语之间的矛盾。

在言语活动中，有时表达者打破常规，出人意料地使用十分精确的数据，给人以真实感或幽默感，这种言语表达方法叫作精细。

某中学的老师对吵闹不休的女生说："两个女人等于两百只呱呱直叫的鸭子。"

不久，老师的妻子来校，一位女生忙向老师报告："老师，外面有一百只鸭子找你。"

老师用精确的数据讥讽女生，女学生同样使用精确的数据戏谑那位老师，产生了幽默的言语效果。再如讽刺诗《一座新宿舍楼》：

话说有这么一座新宿舍楼，

面积不多不少整整三千平方米，

三年前就盖好最后一层，

两年前已装修全部完毕。

谁料到这楼房刚刚竣工，

立即生出一大堆棘手的难题：

无数只要房的手伸将过来，

而且都有"理直气壮"的道理——

施工部门说：是我盖的房子！

设计单位说：是我画的图纸！

某某公司讲：是我拨的水泥！

某某机关嚷：是我批的地皮！

还有七个局长的公子正等着办喜事：

需要一套房，最好是向阳；

还有八个处长年迈即将退休：

都得照顾呀，而且，务必三居室……

为此先后开了八八六十四次会议，

拢共扯了九百八十一回皮；

分房方案眼下硬是八字尚无一撇。

听说已经有人告到了法院里！

唉，多少无房户眼巴巴望着这座新楼，

无不为之愤慨、为之唏嘘：

至今全楼一百几十户"人家"，

户主嘛，统统姓"官"，名"气"！

作者采用了精细法，将概数具体化，使所叙之事更为真实可信，增强了讽刺的艺术效果。

在文学作品中这样的例子也很多。如：

①那夜他很生气，说是连第九个妃子的头发，也没有昨天那样的黑得好看了。幸而她撒娇坐在他的御膝上，特别扭了七十多回，这才使龙眉之间的皱纹渐渐地舒展。（鲁迅《铸剑》）

②十六号，四月十六号。一九六零年四月十六号下午三点之前的一分钟你和我在一起，因为你我会记住这一分钟。（电影《阿飞正传》）

这些故意具体的数字会给作品的内容增加丰富的内涵。

十、换算

第一次世界大战期间，卓别林等几位电影明星应邀去华盛顿作美国第三次自由公债募购的动员演说。演说安排在华盛顿的一个足球场上，场内用一些粗制木板搭了个讲台，卓别林学着别人的姿势跳上讲台，面对成千上万的听众，不停地反复说着："德国人已经到了你们的大门口！我必须拦住他们！只要你们买自由公债，我们就有力量阻挡他们！记住了，每买一份公债，你们就救活了一个士兵——一位母亲的儿子！我们就可以早日打胜仗！"演说很有鼓动性，可由于他说得又快又兴奋，一不留心，从台上滑下来，他一把抓住站在旁边的一位女影星，结果两人一起栽在一位身材高大年轻英俊的海军军官的头上。这位军官恰恰就是后来当选为美国第三十二任总统的富兰克林·罗斯福。

"每买一份公债，你就救活了一个士兵——一位母亲的儿子。"这是采用的换算法。换算法的运用,是卓别林的演说产生极大鼓动性的因素之一。

所谓换算是为了表达的需要,故意把需要强调的数量或难记的数据、数字,从人们的可接受性出发,加以形象的兑算。

换算在通俗性的科技文章中是常见的,在"你知道吗?""信不信由你"之类的科技通俗文中,我们常常碰到换算法的运用。如:

①激光的聚焦可以精确到能够从1600公里以外来加热一壶咖啡。

②一个人一天平均走2万步,一年要走700万步。人活70岁,加起来要走5亿步,即38.4万千米。这个数字,正好是从地球到月球的距离。

③全世界海洋和湖泊中所含的盐分,如果全部提炼出来,足够给地球盖上一层30米厚的"白被单"。

④一根小学生用的普通铅笔,可以画出5600公里的线条。

⑤如果把大脑的新陈代谢转换成能量,它能点亮一只20瓦的灯泡。

⑥假如全世界50亿人同时说话,所产生的能量等于一个小型发电厂所产生的能量。

⑦你哪里知道,这条天河淹没了一千万万颗以上的星星啊!一千万万,你一口气数下去,得数一千多年!(郑定光《宇宙里有些什么》)

⑧老话说,不算不知道,一算吓一跳。今天算了算宁六公路的造价,每公里达一百零八万元,高得惊人!如果用十块钱票子排列起来,每排二十张,可以从南京一直铺到六合。(凤章《路的呼喊》)

换算法和数学演算不同,先请看下例:

人们每天脱落约45根头发,多的可达60根,一个人一生将脱落150万根头发。

人的眼睛在黑暗处呆1分钟后,对光的敏感度将增长10倍;20分钟以后,增长6000倍;40分钟以后,增长25000倍,这时,人眼对光的敏感度达到极点。

这两例都没有运用换算法,而是数学演算。如何区分换算和演算?

演算是按原来事物的思路进行精确的推算,演算后的数字虽然精确,但仍枯燥难记,而换算是把甲事物和乙事物进行兑换,使数字形象化,给读者强烈的印象。换算后的数据有时形象生动，如例①例②；有时化大数据为小数字，便于记忆，如例③；有时带有夸张意味，如例④；有时化抽象为具体，如例⑤；有时化精确为模糊，如例⑥。

当然，换算要以演算为前提，然后再与其他事物比较，在其他事物上体现出原来事物的质和量，如"把大脑的新陈代谢转换成能量，它能点亮一只20瓦的灯泡"。换算的过程是：

a. 演算出大脑新陈代谢转换成的能量数。b. 演算出点亮一只20瓦灯泡所需的能量数。c. 把 a 和 b 权衡——即换算，用语言生动形象地表达出来。

可见换算本身隐含了演算，不通过演算的换算是不存在的。至此，我们可以归纳出换算的特征：①以演算为前提，②变换角度加以表述，③表达上讲究可接受性。

夸张分往大里夸张、往小里夸张、超前夸张三种类型，其中往小里夸张和精细容易混淆。两者的区别是：

其一，缩小是将事物往小里夸张，以引起读者的注意，而精细是出人意料地使用十分精确的数据，起到幽默诙谐的效果；

其二，缩小的基础是艺术的真实，必须给人以真实感，而精细是打破原有的言语风格，由一般的表述出人意料地转向精细表述。

精细也不同于换算：精细是为了达到幽默诙谐的效果而故意使用精确的数据，而换算是为了强调某抽象事物而故意用人们可以接受的事物来兑算，使人们能形象地接受。两者虽然都用了精确的数据，但目的不一，效果各异。

十一、象征

从前有一个流浪的爱尔兰老乞丐，他到一个农民家里要吃的，农民把他让进屋里，并让他坐下来吃饭。同桌还坐着一个德国人和一个法国人。农民说道："你是最后一个到的，应当由你来分这只鸡。"爱尔兰乞丐表示同意，于是大家便把一只整鸡拿给他。他切下鸡头，送给那个农民，说道："您是这儿的头，您应当吃这只鸡头。"他切下鸡脖子，送给农民的妻子，说："您的地位仅次于头儿，所以你应当吃鸡脖子。"他切下鸡翅膀，分别送给农民的两个女儿，说道："你们不久就要从家里飞走了，所以你们每人都应有个翅膀。"他又对法国人和德国人说："你们这两个穷家伙还要赶很远的路才能到家。"说完，他便分给他俩每人一只鸡爪，然后又继续说道："我是一个可怜的爱尔兰流浪汉，就吃剩下的吧。"

爱尔兰老汉巧妙地借用鸡的有关部位表示不同的象征意义，在一个一个地排除之后，终于使自己达到了吃"鸡身"的目的。

象征是以物征事，即用某种具体的事物表现某种特殊意义，"物"和"事"之间要有某些联系或相近相类似，能引起人们的联想。故事中的爱尔兰老汉，他将"鸡头"和农民联系，将"鸡脖子"和农民的妻子联系，将"鸡翅膀"和农民的两个女儿联系，将"鸡爪"和德国人、法国人联系，利用"物"的特点，巧言附会，象征事理。

象征，作为一种修辞艺术常常出现在文学作品中。如茅盾的《白杨礼赞》，通过对白杨树特点、品格的描述，热情讴歌了北方农民在民族解放斗争中表现出来的质朴、坚强、力求上进的精神，通篇以物（白杨）征事（讴歌北方农民的品质）。又如高尔基的《海燕》，全文以海燕、海鸥、企鹅象征着革命暴风雨来临前夕的几种人，赞颂了革命战士对革命暴风雨的渴求。

象征手法的特点是：它不重在对语言因素的利用，象征义贯穿通篇，通常涉及全篇的艺术构思。但对全篇的言语风格有影响，应作为修辞艺术看待。

象征也可以通过语句来表现。通过语句来表现象征，一般有两种情况。

（1）明征，即本体和征体都出现，并运用象征词。如：

纪念碑是一万七千块坚硬的花岗石和洁白的汉白玉砌成的，它象征着"先烈的丰功伟绩"，标志着全国人民对先烈的怀念。（《人民英雄纪念碑》）

"它"（即纪念碑）是本体，"象征着""标志着"是象征词。"先烈的丰功伟绩""全国人民对先烈的怀念"是征体。

（2）暗征，即只出现征体，不出现本体和象征词。如：

大雪压青松，青松挺且直，

要知松高洁，待到雪化时。

陈毅的这首《冬夜杂咏·青松》，"大雪""青松""高洁""雪化时"都分别具有象征意义，它们都分别是征体。本体和象征词都未出现。

要注意的是，象征体和本体之间没有固定的联系，因为象征体的属性是多侧面的，在不同的场合，同一事物也可以有不同的象征意义，例如高尔基的散文《海燕》中雷电象征反动势力，而在郭沫若的剧本《屈原》中，雷电则成了歌颂对象。

十二、讽喻

英国著名戏剧作家萧伯纳访问苏联，一天早晨，他照例外出散步，一位极可爱的小姑娘迎面而来。萧伯纳叟颜童心，竟同她玩了许久，临别时，他把头一扬，对小姑娘说："别忘了回去告诉你的妈妈，就说今天同你玩的可是世界上有名的萧伯纳！"萧伯纳暗想：当小姑娘知道自己偶然间竟会遇到一位世界大文豪时，一定会惊喜万分。

"您就是萧伯纳伯伯？""怎么，难道我不像吗？""可是，您怎么会说自己有多么了不起呢？请您回去后也告诉您的妈妈，就说今天同您玩的是一位苏联小姑娘！"

萧伯纳惊呆了，他意识到刚才太自以为是，态度也有些傲慢，不禁一时语塞，脸上顿时泛起了一片红晕。回国后，萧伯纳逢人便深有感触地说："一个人无论取得了多大成就，都不应当自负、自夸，对任何人，不管男女老幼，都应该平等对待，要永远谦虚。这就是那位小姑娘给我的终身教育。她也是我的老师，我一辈子也忘不了她！"

这个故事通过萧伯纳和小姑娘的交谈，得出了"一个人不论取得多大成就，都不应当自负、自夸，对任何人，不管男女老幼，都应该平等对待，要永远谦虚"的结论，这里采用的是讽喻法。

在言语表达中，为了把话讲得明白、动听，或者有的话不可直说或明说，就用说故事的方法来说明道理，起初故事本身要求有讽刺意义，这也是讽喻定名的由来。现在要求不太严格，故事也可以不带有讽刺性。这种以事喻理的方法叫讽喻。钱钟书先生在他的小说《围城》中有一段文字：

天下只有两种人。譬如一串葡萄到手，一种人挑最好的先吃，另一种人把最好的留在最后吃。照例第一种人应该乐观，因为他每吃一颗都是吃剩的葡萄里最好的，不过事实上适得其反，缘故是第二种人还有希望，第一种人只有回忆。

钱钟书先生用吃葡萄的故事形象地说明两种人怎样对待希望和回忆。难怪人们说，钱钟书先生的作品素以善用妙喻而著称。

运用讽喻时，把故事夹在讲话和文章里，叫引述。编写完整的故事，独立成篇，来说明道理，叫编写。

讽喻往往包含着丰富的哲理，它不是抽象的说教，而是通过故事来说明道理，寓教于乐，寓理于趣。如：

有一个小孩儿，不知道回声是什么东西，有一次，他独自站在旷野，大声叫道："喂！喂！"，附近的小山立即反射他的回声："喂！喂！"他又叫"你是谁？"回声答道："你是谁？"他又尖声大叫："你是蠢材！"立刻又从山上传来"蠢材"的回答声。孩子十分愤怒，向小山骂起来，然而，小山仍旧毫不客气地回敬他。

孩子回家后对母亲诉说了这一切，母亲对他说："孩子呀，那是你做得不对。如果你恭恭敬敬地对它说话，听听它的回声。"

他的母亲说，"在生活里，不论男女老幼，你对人好，人便对你好；正如智者所说：'温柔的答话会消除愤怒。'如果我们自己粗鲁，是绝不会得到人家友善相待的"。

这则小故事，通过"回声"说明了生活中的做人道理："不论男女老幼，你对人好，人便对你好。"深刻的哲理寓于通俗的故事之中。

象征和讽喻有相似之处，它们都是由具体的事物或故事抽象出某些道理，或赋予某种意义，但是，象征是以物征事，而讽喻是以事喻理。

十三、比喻

对艺术女性应当投之以艺术的眼光，古往今来，人们用各种各样的比喻来描绘艺术女性的美。人们常说，第一次把女人比作花的是天才，第二次把女人比作花的是庸才，第三次把女人比作花的是蠢材。在比喻的竞技场上，出现了许多上乘之作，朱自清的散文《女人》写得精彩极了：

> 我以为艺术的女人第一是有它的温柔的空气，使人如听着箫管的悠扬，如嗅着玫瑰花的芬芳，如躺在天鹅绒的厚毯上。她是如水的蜜，如烟的轻，笼罩着我们；我们怎能不欢喜赞叹呢？这是由她的动作而来的，她的一举步，一伸腰，一掠鬓，一转眼，一低头，乃至衣袂的微扬，裙幅的轻舞，都如蜜的流，风的微漾……我最不能忘记的，是她那双鸽子般的眼睛，伶俐到像要立刻和人说话，在惺忪的微倦的时候，尤其可喜，因为正像一对睡了的褐色小鸽子，和那润泽而微红的双颊，苹果般照耀着的，恰如曙色之与夕阳，巧妙的相映衬着。再加上那覆额的、稠密而蓬松的发，像天空的乱云一般，点缀得更有情趣了。而她那甜蜜的微笑也是可爱的东西，微笑是半开的花朵，里面流溢着诗与画与无声的音乐。

从节录的这段文字来看，这275字的片断，有11个句子，共用了10个比喻。这些比喻忽而把女人的温柔化成听觉感受——"箫管的悠扬"，嗅觉感受——"玫瑰花的芬芳"，触觉感受——"如躺在厚厚的天鹅绒上"，通过比喻把温柔具体化，把抽象有形化，忽而把女人比作水、烟、蜜、风、鸽子、苹果、曙色与夕阳、乱云、花朵。从不同的角度设喻，突出了艺术女性的轻柔、伶俐、润泽、剔透……

所谓比喻，是指在描述事物或说明道理时，用与它有相似点的别的事物或道理来打比方。比喻从结构上分为本体、喻体、喻词。被比的事物或情境叫本体，作比的事物或情境叫喻体，标明比喻关系的词叫喻词。比喻的基础是相似点。比喻要有新意。

比喻有其悠久的历史。宋代陈骙在《文则》中将比喻分为十类：一曰直喻，二曰隐喻，三曰类喻，四曰诘喻，五曰对喻，六曰博喻，七曰简喻，八曰详喻，九曰引喻，十曰虚喻。随着语言本身的发展变化，人们对比喻进行了进一步的研究和归类，按照本体、喻体、喻词三部分阶段的隐现、异同和结合情况，比喻可分为明喻、暗喻、借喻、反喻、缩喻、扩喻、较喻、回喻、互喻、倒喻。

(一) 明喻

有一篇短文,题为《顽皮的河》,讲的是:

希腊有一条奇特的河,名叫阿瓦尔,河水每昼夜四易流向,6小时流向大海,后6小时又从大海里倒流,下6小时又流向大海,如此来来往往,天天如此,年复一年。科学家们认为,这条河之所以像一个顽皮的孩子,是因为受爱琴海潮汐的影响。

把阿瓦尔河比作"一个顽皮的孩子"是明喻。所谓明喻,是指本体和喻体同时出现,而喻词表示本体和喻体的相似关系。如把阿瓦尔河比作顽皮的孩子,是着眼于河的四易流向与孩子的顽皮有相似之处。明喻中的喻词,常用像、好像、如、比如、宛如、犹如、仿佛、好比、像……一样。

(二) 暗喻

美国人组织了一支部队开赴西班牙,援助西班牙的反法西斯战争,但经费不足,一群年轻的战士向爱因斯坦求援。谈话是简短的:"我们有人,但是没有钱,而钱就意味着飞机、炸弹、汽车、汽油和战士的衣装,而这一切又意味着:西班牙的自由。"

爱因斯坦以什么样的方式给战士以援助,他是怎么援助的,我们可暂且不管,我们关心的是故事里的这样一段文字:"而钱就意味着飞机、炸弹、汽车、汽油和战士的衣装,而这一切又意味着:西班牙的自由。"这段文字是比喻中的暗喻。

暗喻的特征是:本体和喻体都出现,喻词常用是、就是、简直是、成了、成为、变成、意味着等。上例的暗喻里"钱"是本体,"意味着"是喻词,"飞机、炸弹、汽车、汽油和战士的衣装"是喻体,"这一切"是本体,"意味着"是喻词,"西班牙的自由"是喻体。

(三) 借喻

法国国王路易·菲力普是漫画家所攻击的对象。他们发现了国王的脸型竟然与某种水果形状非常相似,于是便把他画成一个梨形。当时路易·菲力普比那些在漫画里讽刺他的人还要幽默几分。法国著名作家维克多·雨果在他的巨著《悲惨世界》中写道:"当路易·菲力普漫步走进城堡时,他突然发现一个小男孩正在墙上画梨。他走近那孩子,从口袋里掏出几枚金币（当时的金币上印有国王的肖像），递给那孩子，说道："瞧，那上面就有几只梨呢！"

"瞧，那上面就有几只梨呢！"这正是一个借喻。

借喻是以喻体代替本体，本体和喻词不出现，直接把本体说成喻体。"国王"是本体，"梨"是喻体。这里只出现了喻体"梨"，而省去了本体和喻词。

（四）反喻

有一首佚名诗，题为《诗的自由》

我不是火，

不能给你光和热；

同时，我也不是黑暗，

不能把你的光辉衬托。

我不是水，

不能润湿你干裂的唇；

我不是花，

不能点缀你寂寞的生活。

我是什么？我是什么？

像梦没有形，像空气没有颜色，

我只是想象中的银幕，

任你用生命的光影投射。

但倘若你自己心里的火，已经熄灭。

不要责怪银幕的荒漠。

这首诗的一、三、五、七行诗句运用的是反喻。所谓反喻，它是从所要说的事物的相反或相对的方面设喻，指出事物不具备某种属性，这种用否定形式构成的比喻就是反喻。如："我不是火"，"我"是本体，"火"是喻体，"不是"是否定性的喻词，我不具有火的属性，因而不能给你光和热。

反喻有两种形式：一是否定性喻词出现在本体和喻体之间，如上例；二是在完整的比喻即"本体——喻词——喻体"的格局前出现否定性词语。如：

没有一条船能像一本书，

使我们远离家园，

也没有任何骏马，

抵得上欢腾的诗篇。

这是美国作家狄更生作的短诗《没有一条船能像一本书》中的四行诗。它运用了反喻法，否定词"没有"放在比喻句的开头。

（五）缩喻

"花园之国"瑞士，几乎是遍地的鲜花，对一些糟蹋花木的游客，当局在车站道旁用多国文字婉言相"警"。德文写着"严禁摘花"，英文劝告"请勿摘花"，法文提醒"爱山爱花"。

"花园之国"是缩喻，它省去喻词，把本体"国"和喻体"花园"直接组合成偏正关系的短语。

所谓缩喻，是比喻的紧缩，即将本体和喻体紧缩成偏正短语，让喻体修饰本体。又如：

生命是一张画布，展开在性格的画框上，由时间的画架支撑着。精神是你的调色板。在它上面，你调和颜料——那是你的思想。你的一言一行是你用来画画的画笔。

"性格的画框"是"性格像画框一样"的紧缩，"时间的画架"是"时间像画架"的紧缩。两者都是缩喻。

（六）扩喻

作家刘绍棠有一次在作报告时，有人递上一张纸条，上面写道："共产党不是伟大、光荣、正确和战无不胜吗？为什么连'现代派'和'存在主义'都要抵制，怕得不得了呢？"绍棠看后，"忽"地一下站起来问道："你们说我身体好不好？"绍棠红光满面，体魄健壮，大家异口同声说他身体"棒"！这时，他问道："那么你们说，我为什么不能吞进苍蝇呢？"

他用这个绝妙的比喻，说出了抵制资产阶级自由化倾向的意义，博得全场一片掌声。

这个比喻本身是一个扩喻，如果整理一下就是：伟大、光荣、正确的中国共产党要抵制现代派和存在主义这些资产阶级自由化倾向的影响，就像体魄健壮的人不能吞进苍蝇一样。

扩喻就是本体和喻体都是短句，他们常常组成平行句式，有类比的味道。扩喻有时用喻词，有时不用喻词。上例未用喻词，下面再看一个使用喻词的扩喻。

有一则小幽默，题为《比喻》：

爸爸发脾气，打了儿子一巴掌。儿子哭着说："妈妈刚才骂了您一顿，您就拿我出气。这真像那句话。"

"什么话？"

"大鱼吃小鱼，小鱼吃虾米。"

如果把儿子的话讲完整，那就是："妈妈刚才骂了您一顿，您就拿我出气，这真像大鱼吃小鱼，小鱼吃虾米。"这正是一个典型的扩喻。本体是"妈妈刚才骂了您一顿，您就拿我出气"，喻体是"大鱼吃小鱼，小鱼吃虾米"，喻词是"像"。作者借助本体和喻体之间存在的两件事的相似点，让充满稚气的儿子说出，起到了幽默诙谐的效果。

（七）博喻

有一篇人物传记，题为《贺子珍》，在刊头上对贺子珍作了这样的评价：

她是叱咤风云的巾帼。她是敦厚善良的贤妻良母。她是璀璨夺目的星星。她是湮没太久而不为人知的明珠。

这句话连用四个比喻。对同一个本体，用连续打比方的方法铺陈叙述，这种方法叫博喻。严格地说，博喻是以若干个喻体从不同角度反复设喻去说明一个本体的方法，故又叫连比，它可以加强语言的气势。又如：

你有你的铜枝铁干，

像刀，像剑，

也像戟；

我有我的红硕花朵，

像沉重的叹息，

又像英勇的火炬。（舒婷《致橡树》）

显然，这里有两个博喻，一个是"铜枝铁干像刀，像剑，也像戟"。另一个是"红硕花朵像沉重的叹息，又像英勇的火炬"。

（八）较喻、回喻、互喻、倒喻

较喻就是比喻兼比较。如："那些又臭又长的文章恐怕连粪土还不如。""她的心比针尖还小。"在某一点上，本体和喻体相似，但本体又超过了（或不及）喻体。

回喻是先指出本体，接着对本体加以否定，最后引出喻体，如："那两库水，它不是水，它是黄澄澄的粮食啊。"这里先提出本体"水"，接着加以否定，最后引出喻体"黄澄澄的粮食啊"。

互喻是互相设喻，即两个比喻句，第一个比喻句先用喻体比喻本体，第二个比喻句再用本体比喻喻体。如："远远的街灯明了，好像闪着无数的明星。天上的明星现了，好像点着无数的街灯。"（郭沫若《天上的街市》）这里先用"明星"（喻体）比喻"街灯"（本体），再用"街灯"（本体）比喻"明星"（喻体）。

倒喻是颠倒了的比喻，即本体和喻体前后位置颠倒，喻体在前，本体在后。如"上海人叫小瘪三的那批角色，也很像我们的党八股，干瘪得很，样子十分难看"。（毛泽东《反对党八股》）

倒喻和正常的比喻，其区别主要是本体和喻体的位置不同。其实这是相对的，一般来说要看上下文中阐述的对象是什么，如果它是本体，那就是正常的比喻；如果阐述的对象是喻体，那就是倒喻。如《四重奏》：

法国作家司汤达曾把他的朋友、著名作曲家海顿早期的弦乐四重奏生动地比喻为四个人的谈话："第一小提琴像是一位中年健谈的人，他总找话题来维持着谈话。第二小提琴是第一小提琴的朋友，他竭力设法强调第一小提琴的话中的机智，很少表白自己，参加谈话时，只支持别人的意见而不提出自己的意见。大提琴是一位庄重的人，有学问而好讲道理，他虽然简单，然而中肯的论断始终支持第一小提琴的意见。至于中提琴，则是一位善良而有些饶舌的妇人，她丝毫讲不出重要的意见，但是却经常插嘴。"

这段文字议论的中心是四重奏，本体分别是第一小提琴、第二小提琴、大提琴、中提琴，所以它是正常的比喻，如果以四重奏喻人，来议论人的各种品格，就成了倒喻。

运用比喻时，应注意以下几点。

1. 认清比喻的基础

比喻的基础是相似点，而不是相类相同，不能单从结构形式上去考虑。如："这把刀像那把刀一样锋利。"从形式上看好像是个比喻，其实"这把刀"和"那把刀"没有相似之处，只是相类相同而已，只能说是比较。又如："他低头不语，好像在想什么心事。"这里的"好像"是非动作性动词，在句中猜测判断，起说明作用，不是喻词。

既然比喻的基础是"相似"，那么在言语表达中由于各人的出发点不一样，对同一事物可以从不同的角度设喻，打出各自不同的比方，如有一则题为《初步印象》的小幽默：

介绍人抽了一口烟，然后问道："姑娘，你对那个男的初步印象如何？"

姑娘："他说话时和你抽烟一样。"

介绍人："自然，潇洒？"

姑娘："不，吞吞吐吐。"

姑娘一开始是用了比喻中的明喻"他说话时和你抽烟一样"，模糊地叙说对"他"的初步印象，这个比喻，可以使人联想到两种相似点：①自然潇洒，②吞吞吐吐。既可以理解为"他说话时和你抽烟一样自然潇洒"，也可理解为"他说话时和你抽烟一样吞吞吐吐"。

2. 注意设喻的艺术

我们仍以艺术女性的设喻艺术为例来作具体分析。

对女性美的描述，可选择不同的本体，如女性的头发、眉毛、眼睛、牙齿、嘴唇、臂膀、脸蛋、风姿、服饰等都可以作为比喻的本体，然后根据相似点有原则地选择恰当的喻体和喻词，构成比喻，请看：

女性美在头发：她的头发乌黑、发亮，轻如丝，香如兰，美如波。

女性美在眉毛：她的眉毛又长又弯，如弓似柳。

女性美在眼睛：她那鸽子般的眼睛伶俐到像要立刻和人说话。

女性美在嘴唇：樱唇未启笑先闻。

女性美在牙齿：像从血红的葡萄树中望见的白夹竹桃花。

女性美在臂膀：她裸露的臂膀像冷澈的大理石。

女性美在脸蛋：她的脸蛋泛着青春的红色——有时光洁透亮，仿佛有闪电流过她的脉管。

女性美在风姿：她媚态娇羞，如芙蓉出水亭亭玉立。

女性美在服饰：火光照得她的脸发红，那件深红色的棉袄，便像蔓延着的火焰一样。

又如：她的一举步，一投足，一扭腰，一掠鬓，一转目，一低头；她衣袂的微扬，裙幅的轻舞；她肩的微颤，胸的微耸，颈的轻摇，身的轻蠕；她的双目颦蹙，笑颊粲然，侧身重睫，张目嗔视，点额扶鬓，都体现了女性的动态美；肤色的红润、细腻、弹性、光泽，发式中的长辫、高髻、散披、短齐、卷曲都能给人以静态美。这些都会引起我们美妙的联想。我们可以联想起与之相似的事物或情境，如形容眉美就会联想起柳叶、新月、卧蚕；形容目美，则联想到宝珠、丹凤、秋水、秋波；形容貌美，就联想到皎月、银盘、桃花、苹果、鹅蛋；形容臂美，外国人以"露"为美，则有"她裸露的肩膀和手臂像冷澈的大理石一般"的比喻，中国人传统上以"藏"为美，则有"她那纤细的臂膀像南岳风景区的藏经殿和方广寺那样深秀"的妙喻。

3. 注意影响喻体选择的因素

（1）联想因素

联想是由一事物而想起与之有关事物的思想活动，是暂时神经联系的复活，是事物之间联系和关系的反映。客观事物或现象之间的各种关系和联系反映在人脑中就会产生各种联想，有反映事物外部联系的简单、低级的联想，也有反映事物内部联系的复杂、高级的联想。一般来说，在空间上和时间上同时出现或相继出现了在外部特征和意义上相似或相反的事物，反映在人脑中并建立联系以后，只要其中一个事物出现，就会在头脑中引起与之相联系的另一事物的出现。

喻体选择的基础是联想，联想能把语言世界与物理世界串联起来。比喻的本体与喻体很可能是风马牛不相及的两类事物，靠联想找出它们的相似点来联结它们。

(2) 民族因素

俄罗斯有句谚语"在一个人的尿布上就留下了这个民族的痕迹"。意思是说，一个人从呱呱落地起便依附于该民族的物质和精神的生存空间，并在其成长过程中逐渐习得该民族的价值观念、风俗习惯、伦理道德、思维方式，从内在的思维到外在的行为都烙有该民族的印记。

一切物理世界的相似点都无一例外地要经过民族文化的过滤，人们在自己民族文化和心理认可的前提下，对物理世界的相似点进行对接。

语言世界是对物理世界的表达，世界上有很多民族语言，没有不会打比方的民族，也没有不用比喻的语言。人们在自己民族文化和心理认可的前提下，把语言世界与物理世界的相似点进行对接。在对接过程中，民族因素对语体的选择产生制约作用。"不同民族比喻内容的相异之处，突出地表现在同一喻体具有不同的象征义、比喻义这一方面。"① 如，有一位著名的哈萨克作家在他的作品里描写一名英雄才俊竟然用"眼睛里放射着狼一样的光芒"来形容，这在汉民族来看，是无论如何也不能产生这样的联想，因为汉民族从心底里认定"狼"是个极坏的东西。"喜鹊"在汉民族的心里是吉祥和快乐的使者，因此由喜鹊引发的联想一定是美好的，而在俄罗斯人的眼里，хопока 是令人讨厌的形象，英语也把 magpie 视为叽叽喳喳让人讨厌的东西。"龙"在汉民族的心理上具有至高无上的地位，虽然"龙"在物理世界中并不是一个客观存在物，但它是古代华夏民族崇拜的图腾，汉民族以"龙"最为尊贵，并且以"龙的传人""龙的子孙"为荣，而"дпакон"在俄语的传说中是个凶猛的动物，通常用来比喻凶恶的、令人厌恶的人。在英语中"dragon"是个怪物，是魔鬼和罪恶的象征，"the old dragon"已经成为"恶魔"的代名词。这些充分说明物理世界的相似点的联想建立，要受制于文化世界和心理世界。

---

① 热尼亚. 汉俄比喻异同例谈 [A]. 王希杰. 汉语修辞与汉文化论集 [C]. 6.

(3) 地域因素

不同地域的民族对于物理世界的客观事物的想象也大相径庭，这也充分反映在喻体的选择上。如："问君能有几多愁，恰似一江春水向东流。"（李煜《虞美人》）"自是人生长恨水常东。"（李煜《相见欢》）"青山遮不住，毕竟东流去。"（辛弃疾《菩萨蛮·郁孤台下清江水》）水往东流，正好反映出中国的疆土东面高、西面低的地理形势。这与欧洲的塞纳河、莱茵河向西流恰巧相反。又如，英国地处西半球，冬天非常寒冷，而夏天却阳光温和，并不炎热。气候的差异，使得人们对喻体就会产生不同的选择，汉语中有"对待同志像春天般的温暖"。如果根据英国夏天的气候特征，说成"对待同志像夏天般的温暖"就不符合汉语环境所处的气候特征了。再如，英国人描述一个人捉摸不定，一般用四月来打比方，因为英国四月的天气变化莫测。"她的脸就像四月的春光那样变幻不定。"（哈代《远离尘嚣》）而在中国六月的天气说变就变。中国有个比喻"六月的天就像孩子的脸"，意思是六月的天气像小孩的脸，哭笑没有定数。日本海洋性天气变化异常，让天气预报屡屡报错，日本人形容人变化异常，也常常用"天气预报"来打比方。

(4) 时代因素

在不同时代，人们选用喻体也透露出不同时代的气息。如：

①你的嘴笨得像个棉裤腰似的。（赵丽蓉早期小品，中央台三套 2005.4.11 日晚）

②抱着一大堆书到结账处，一边从口袋里掏出几张大钞付账，一边吩咐人将书用牛皮纸捆扎起来，那种感觉跟二奶押着大款席卷燕莎赛特没什么两样。（张立宪《一个豪华的精神年代》）

③所以车主大多是没有"主权"的，还往往紧张得就像被北大光华管理学院的名教授检验 MBA 学员的入学资格一样。（徐刚《看美国人、欧洲人和中国人怎么买车》）

④真正的上品毛尖，泡一会，根根都立起来，水上芭蕾似的。（池莉《白云苍狗谣》）

⑤我常常只能当一架计算机。按输入的程序工作。而不能自己编制程

序。(余未人《成功女性》)

⑥原来的门神尉迟恭,秦叔宝早已下岗,换成了左右同一副微笑的脸孔,头戴官帽,手张"恭喜发财"的财神。(马明博《落井之驴》)

"你的嘴笨得像个棉裤腰似的。"这是一种又肥又大的棉裤腰,只有在20世纪60年代以前,或现在的极贫困地区才会存在,现代都市的年轻人,是无论如何也想象不出来的。"二奶""大款""燕莎赛特""MBA学员""水上芭蕾""计算机""编制程序""下岗"等,都是改革开放以后出现的新生事物,用作喻体,不仅贴切,而且充满时代气息。

总之,只有发掘本体的千姿百态,才能联想起纷繁多姿的喻体,使比喻富有新意。

十四、借代

在口粮紧张的情况下,他不相信用粮食奖励养猪是积极的办法,因为大部分社员想方设法养猪的目的是为了取得奖励粮来弥补口粮,小耳朵盼大耳朵的粮食吃,养猪事业是不会有多大的发展。(高晓声《"漏斗户"主》)

这里以"大耳朵"代猪,因为猪的嘴巴长,耳朵大,这是众所周知的特征,和猪比起来,人的耳朵可就小得多了,因此以"小耳朵"代人。本体是人和猪,借体是"小耳朵"和"大耳朵",形象鲜明。这种表述方法,称作借代,借代又叫"换名"。

所谓借代,是在言语表达中不直说人或事物,而借用与它密切相关的人或事物来代替。被代的叫"本体",替代的叫"借体"或"代体","本体"往往不出现。

借代有以下几种常见类型:①特征代本体;②普通与特定互代;③具体代抽象;④部分代整体。分别举例如下:

①秃头站在白背心的略略正对面,弯了腰,去研究背心上的文字。(鲁迅《示众》)

②中国人民中间,实在有成千成万的"诸葛亮",每个乡村,每个市镇,都有那里的"诸葛亮"。(报)

③地上潮湿寒冷,她蹲累了只好坐下来,一夜哪里合得上眼。(杨沫《青春之歌》)

④凡是愿意留下的再不许拿人家一草一木。(姚雪垠《李自成》)

例①中的"秃头"是借生理特征代人,"白背心"是借穿着代替人。这是以特征代本体。"诸葛亮"是三国时代的历史人物,在例②中以之代替有智谋的人,这是用特定代普通。例③"合得上眼"是"睡觉"的具体说法,是具体代抽象。例④用"一草一木"代替一切东西,是用部分代整体。

运用借代要注意以下几点。

1. 借体必须具有代表性,而且要形象具体、新鲜活泼,避免所借代的事物形象模糊。如:

明明是艳艳的小弟弟,被妈妈宠坏了,老是没大没小的。这天,他突然见姐姐的脸上长了一粒痘儿,便大声叫道:"麻子,帮我拿书包过来。"搞得家里人莫名其妙。爸爸问他在叫谁,他说:"我叫姐姐,她脸上有一个痘痘。"结果他被爸爸狠狠教训了一顿。

弟弟看到姐姐脸上长一粒痘儿便叫姐姐麻子,虽说用的是借代手法。但是,满脸"痘痘"或"坑坑"的人才能称为麻子。弟弟用的借代缺乏表述事物的明确性和代表性,他一叫,全家人都不知道是叫谁。这样的借代形象模糊,所以是不妥当的。

2. 在上下文中对本体应有一个明确的交代,避免唐突,让人不知所云。如:

星期天,小玲在家里看书,突然从窗外传来"百灵鸟"动听的歌声。

这里因为没有上下文,"百灵鸟"指代谁?是指鸟呢,还是指人?因为没有明确,就显得唐突。

3. 借体和本体之间要有某种密切的关系。如:

"三角眼"弯下身子,将我扶起来,摸摸我的头说:"跌倒了再爬起来,好孩子是不会哭的。"

"三角眼"常用于描写那种阴险毒辣的人,是贬义词。而在这里我们可以看出,这是一个做好事的人,他将跌倒的"我"扶起来,还教导我

"跌倒了再爬起来，好孩子是不会哭的"。这样的好人，怎么能用"三角眼"来替代呢？这里的"三角眼"和所指的人之间应该没有内在的联系，用在句子里就影响了文章的思想性和艺术性。

十五、比拟

有则小幽默，题为《铜臭惊人》：

甲、乙、丙三人打赌：看谁能在臊臭的狐狸洞里待得最久。

甲进去不到一分钟，他便认输了——捂着鼻子跑出洞来。

乙也强不了多少，他只比甲多待了一分钟。

丙进洞老半天了，还不见他出来。

突然间，一只狐狸窜出来大叫道："这人真贪财，他的铜臭比我的狐臭更臭，竟把我熏出来了！"

这段文字把狐狸当作人来写，赋予狐狸以人的言语表达，这种方法叫比拟。

比拟，是根据表达的需要，故意把物当作人，或把人当作物，或把甲物当作乙物，或把抽象概念当作具体事物来描述。它分为两类。

1. 拟人，是把人以外的事物当作人来描写，赋予它人的动作或思想感情。

拟人又分为三种情况。

（1）把无生物拟人化。

皱纹走到一个人的跟前，对他说："如果你笑，我就留在你的两眼边，如果你哭，我就躺在你的嘴角边。"

这人灵机一动，决计智胜皱纹："我既不笑，也不哭，看你怎么办。"

"然而，他不能不思考。"皱纹想。结果他在思考的时候，皱纹便爬上了他的额头，接着出现在他的两眼旁和嘴角边。因为在思考的时候，他既有哭，也有笑。

"皱纹"本是无生物，这里把无生物拟人化，赋予皱纹以人的情感动作，它像人一样能说会道，能思考。

（2）把有生物拟人化。

猎狗追赶着羚羊。

"你永远也追不上我的"羚羊说。"为什么?"猎狗问。羚羊回答："我奔跑是为了生存；你奔跑呢，只是为了讨好主人罢了。"

猎狗和羚羊都是有生物，这里把有生物拟人化，让它们像人一样对话。

（3）把抽象概念拟人化。

从前有个人，生活很快活，有一次，他忽然想要弯腰看看自己的欢乐在不在。可是，他一弯下腰，欢乐却不见了，于是他走遍山川河谷、森林和田野，去找自己的欢乐。别人的各种各样的欢乐他都见得不少，但就是看不到自己的欢乐。他弯腰曲背，找遍了每一个角落，失去的欢乐还是没有找到，这时他直起腰对自己说："不找了，丢就丢了，有什么办法呢，难道要弯腰走一辈子吗?"但说也奇怪，当他一直起身子，只听得一声："我回来了!"欢乐到了他的身上。

"欢乐"是个抽象概念，作者把它拟人化，使它像人一样地说出："我回来了。"

拟人的手法在文学作品中有很多运用。如：

①这一圈小山在冬天特别可笑，好像是把济南放在一个小摇篮里，它们安静不动地低声说："你们放心吧，这儿准保暖和。"（老舍《济南的冬天》）

②阳光想渗透所有的语言，风儿把天下的故事传说……（《同一首歌》）

2. 拟物，是把人当作物来写，或把此物当作彼物来写。它也有三种情况。

（1）把人当作物来写。

心弦、密吻、A姊、B妹、我的爱、死般的、火热的、温温地……颠而倒之，倒而颠之，写了一篇又一篇，写了一本又一本。

再写一些，好了，悲哀，苦闷，无聊……又是一大本。

然而终于自己也觉得有些单调了，于是骂人。

A是要不得的，B从前还好，现在堕落得不可救药了：再看吧，我说到他就讨厌，他是什么东西！……这样那样，一凑，一凑又是一大本。（刘半农《老实说了吧》）

"A""B"原都是指那些爱情作品中塑造的人物，这里说"B"，"他是什么东西"是把人当作物来写，即将人拟物化。

（2）把此物当作彼物写。

①不管怎样，且把这矛盾重重的诗篇埋在地下，它也许不合你秋天的季节，但到明春准会生根发芽……（郭小川《团泊洼的秋天》）

②老支书直截了当地下达了任务："让你带一队人马把黑龙潭的水牵到山下的坝子里来。"（刘白羽《红玛瑙》）

例①把"诗篇"比拟成能够生根发芽的植物，例②把"黑龙潭的水"当牲畜来"牵"，是把甲物比拟作乙物来写。

（3）把抽象概念当作具体事物写：

我最珍惜时间。我愿意站在街角，手中拿着帽子，乞求过往行人把它们不用的时间扔在里面。（《乞讨时间的人》）

"时间"是抽象概念，这儿把它当作具体可感的东西来写，看得见，摸得着，并能放进帽子里。又如有一句名言："一两的身教等值于一吨的说教"，"身教"和"说教"都是抽象事物，这里把它当作具体事物来写，可以用重量单位"两""吨"来称量。

比拟的分类是为了阐述的方便，在言语活动中，拟人、拟物常常是融为一体的。如，有一首短诗：

微风发出轻轻的呼唤，

吻它淘气地搅碎的涟漪；

西天的云霞紫光灿烂，

被落日吻得羞红了脸；

火焰哔剥地窜过树干，

为了痛吻另一朵火焰。

而杨柳，柔枝低低弯垂，

去回吻那多情的河水。

第一至四句是拟人，把无生物拟人化。"火焰哗剥地窜过树干"是拟物，把此物当彼物写。第六句和第八句是拟人，把无生物拟人化。

十六、仿拟

"先生，您知道世界上最尖锐最锋利的是什么吗？"

"不知道。"

"就是您的胡子呀。"

"为什么？"

"因为我发现您的脸皮已经够厚的了，它们居然能破皮而出。"

"破皮而出"是模仿"破土而出"而产生的一个新词语。在言语活动中，故意模仿现成的词语句篇而仿造新的词语句篇，这种手法叫仿拟。仿拟能使事物形成矛盾对立，使言语犀利明快。仿拟有三种。

1. 仿词：仿现成的语词而临时产生新词。它在现成的语词的对举下，更换语词的某个词或语素，临时仿造新词。如：

怪，我一个拉板车的，要知道那些干嘛，未必知道什么李白李黑，莎士比亚"泥"士比亚的，我的车就轻了？见鬼！（方方《大篷车上》）

"莎——沙——泥"，多么奇妙的一波三折啊！"'泥'士比亚"，它不仅显示出说话人的粗俗无知，更使整个表达诙谐轻松，充满情趣。

仿词在文学作品里很多，如：

他醉眼迷离，翻了三五本历史教科书，凑满一千多字的讲稿，穿插了两个笑话。这种预备并不费心血，身血倒赔了些，因为蚊子多。（钱钟书《围城》）

他口里的阎罗天子仿佛也不大高明，竟会误解他的人格，——不，鬼格。（鲁迅《无常》）

"身血"仿"心血"，"鬼格"仿"人格"，拈得自然，仿得有趣。

仿词大多具有偶发性。（有人因此将仿词看成拈连的一种——反连），比如：

阴谋——阳谋　　　大众化——小众化

新闻——旧闻　　　老头子——小头子

先进——后进	文化人——武化人
女士——男士	一哄而散——一哄而集
公理——婆理	人道主义——兽道主义
流寇——流官	一筹莫展——半筹莫展

这些词语是言语活动中出现的偶发词语，它们的产生和存在，与具体而特定的修辞目的密切相关，与表达者个人的言语技巧也有着密切的联系，它们最突出的特点就是"偶发性"。有些偶发词语，对具体的言语环境依附性极强，脱离了具体的语境或上下文，往往不为人们所理解，不为社会所接受。如"大老细"是靠"大老粗"的对举而存在的，没有"大老粗"作对举，"大老细"就不为人们所理解和接受。

偶发词语在言语交际中有一种使用频率日益增大的趋向，并且有些偶发词语也无须对举即可单独使用。如：

大中城市年轻人，超前消费成"负翁"。

这里的"负翁"即仿照"富翁"而来。

2. 仿句：故意模拟，仿造既成的句法格式叫仿句。如《厨师的情书》：

年轻厨师给女友写情书："亲爱的，无论在煮汤或炒菜的时候我都想念你！你简直像味精那样缺少不得。看见蘑菇，我就想起你的圆眼睛；看见猪肺，想起你红润柔软的脸颊；看见鹅掌，想起你的纤长手指；看见绿豆芽，想起你的腰肢。你就如我的围裙，不能没有你。答应嫁给我吧，我会像侍候熊掌般侍候你。"

女友给他写了回信："我也想起过你那像鹅掌的眉目，像绿豆芽的眼睛，像蘑菇的鼻子，像味精的嘴巴，还想起过你那像雌鲤鱼的身材。我像鲜露笋那样嫩，未够火候，出嫁还早哩！顺便告诉你，我不打算要个像熊掌的丈夫。其实我和你就像蒸泥鳅鱼放姜那样。相信你明白我的意思。"

厨师给女友的情书以烹调用语作比，表示了对女友的爱恋，读来引人发笑。女友模仿厨师的语调，同样以烹调用语作比，明确答复了厨师。模仿句法，颇具情趣。

3. 仿篇：故意模仿现成作品的结构和语言。如鲁迅先生的《我的失恋》：

我的所爱在山腰；
想去寻她山太高，
低头无法泪沾袍。
爱人赠我百蝶巾；
回她什么：猫头鹰。
从此翻脸不理我，
不知何故兮使我心惊。

我的所爱在闹市；
想去寻她人拥挤，
仰头无法泪沾耳，
爱人赠送我双燕图；
回她什么：冰糖葫芦。
从此翻脸不理我，
不知何故兮使我糊涂。

我的所爱在河滨；
想去寻她河水深，
歪头无法泪沾襟。
爱人赠我金表索；
回她什么：发汗药。
从此翻脸不理我，
不知何故兮使我神经衰弱。

我的所爱在豪家；
想去寻她兮没有汽车，
摇头无法泪如麻。
爱人赠我玫瑰花；
回她什么：赤练蛇。
从此翻脸不理我，
不知何故兮——由她去罢。

鲁迅先生的这首诗仿张衡《四愁诗》而作，在创作上采用了仿篇的手法。《四愁诗》原文是：

我所思兮在太山；
欲往从之梁父艰，
侧身东望涕沾翰。
美人赠我金锉刀，
何以报之，英琼瑶。
路远莫致倚逍遥，
何为怀忧，心烦劳！
我所思兮在桂林，
欲往从之湘水深，
侧身南望涕沾襟。
美人赠我金琅玕，
何以报之，双玉盘。
路远莫致倚惆怅，
何为怀忧，心烦伤！

我所思兮在汉阳，
欲往从之陇阪长，
侧身西望涕沾裳。
美人赠我貂皮衣，
何以报之，明月珠。
路远莫致倚踟蹰，
何为怀忧，心烦纡。

我所思兮在雁门，
欲往从之雪纷纷。
侧身北望涕沾巾，
美人赠我锦绣缎，

何以报之,青玉案。

路远莫致倚增叹,

何为怀忧,心烦惋。

鲁迅先生还曾仿拟过崔颢的《黄鹤楼》作了这样一首诗:

阔人已骑文化去,此地空余文化城。

文化一去不复返,白云千载冷清清。

这首诗在创作上同样采用了仿篇的方法,原诗是:

昔人已乘黄鹤去,此地空余黄鹤楼。

黄鹤一去不复返,古城千载空悠悠。

借代与借喻有相近的地方,都是用一事物代另一事物,但它们的性质却完全不同。

传统的区分方法有两种。①借喻是喻中有代,借代是代而不喻;借喻可以改为明喻,借代则不能。②借喻重在"喻",即比喻;借代重在"代",即换名。借喻侧重相似性,借代侧重相关性;借代的本体与借体之间有实在的关系,一般地说,这种关系还是相当密切的;借喻的本体与喻体是本质不同的事物,人们不过根据它们之间具有的相似点,通过联想把它们联系起来。如:"五十与一"是用年龄来代人,"五十"代五十岁的鲁迅,"一"代一岁的海婴,它不能换成明喻,不可以说成"鲁迅像五十,海婴像一"。而"那上面(指印有国王肖像的金币)就有几只梨"就是比喻的说法,可换成明喻"国王的肖像就像梨"。再如,有一则笑话,题为《被子和裤子》,讲的是:

从前有个姓钱的人,整天在外赌钱,越输越赌,越赌越输,输得家里只剩下两块门板了。晚上睡觉时,上面盖一块,下面垫一块。实在吃不消,就扛起门板往弟弟家求援。到弟弟家时,看到弟弟没穿裤子,手拉着没底的缸站在地下。原来弟弟也是一个赌鬼,连裤子都输掉了。这时,他又羞又愧,猛地大吼一声:我恨不得搬起我的"被子"砸掉"你的裤子"。

最后一句,采用的是借喻法,本体和喻体之间的联系不是实在的,只存着比喻关系。

借喻和借代是有联系的,形式上,分别出现"喻体"和"代体"。意义上，都有"借"的性质，因而难以区分。有人曾提出，取消借代，将借喻和借代合并称为喻代。

比拟和比喻都以"比"为基础，关系非常密切，但是，比拟和比喻的区别也是比较明显的。①比拟重在"拟"，即将甲事物当作乙事物来写。而比喻的重点在"喻"，即以乙事物"喻"甲事物，形象地说明一件事，一个道理。甲、乙两事物一主一从。②比喻反映的是事物之间的相似关系，不论哪种类型的比喻，都一定要出现喻体。而比拟反映的是事物之间的交融关系，比拟中始终不出现"拟体"，只出现"本体"，如"礁石变成这个样子，是叫浪花咬的"，在这个比拟中，本体是"浪花"，"咬"是将无生物当作有生物来写，拟体是指人或其他动物，它们在比拟中无须出现。

比拟和仿拟都有"拟"的成分，而比拟是将物当作人来写或将人当作物来写，将甲物当作乙物来写，或将抽象概念当作具体事物来写，而仿拟重在模仿现成的词、语、句、篇，以仿造新的词、语、句、篇。

比喻也不同于讽喻，虽然两者都有"喻"的成分，比喻是打比方，目的是使表述具有生动性和形象性。讽喻是用故事、典故来说明一个道理，目的是使表达具有说服力。

十七、倒反

大哥和大嫂是对令人羡慕的夫妻，彼此感情很好，但就是喜欢抬杠。某日大哥带大嫂去买衣服，大嫂从六点出门，一直逛到九点多，总看不上一件，每次征求大哥的意见，大哥总是说好看。最后大嫂很不耐烦地说："你这个人就是这样随随便便！"

大哥答道："当初我就是这样随随便便地挑上了你。"

大哥对大嫂开了个玩笑，并以"随随便便"作为戏言。大哥选用这个词不是取它的本义，而是正话反说。这种言语表达方法叫倒反，又叫"反语"。倒反有两种情况。

1. 运用跟本义相反的词语来表达本义，只有戏谑的意味，没有嘲讽的意味。有人将它看成是"倒辞"。正确地运用它，能使表述生动活泼。如王汶石在《新结识的伙伴》中有一段文字：

最后，张腊月无可奈何地笑骂道："我现在才认识你，你是个顶坏顶坏的女人啊！"她们俩人，虽说只相处一天，可她们的友谊是那样诚挚深厚。

这里的"顶坏顶坏"实际上是"顶好顶好"的意思，张腊月这样正话反说更能体现出她的性格。再如：

几个女人有点失望，也有点伤心，各人在心里骂着自己的狠心贼。（孙犁《荷花淀》）

这里的"骂"其实是爱。

2. 运用与本意相反的词语来表达本意，含有嘲讽意味。有一则小幽默，题为《男人的好处》：

男人婚前的好处很多：看电影为你买票，坐车为你开门，上馆子为你夹菜，写情书为你解闷，表演"此情不渝"的连续剧让你观赏。

男人婚后的好处也很多。他看你总心不在焉，使你省下许多化妆费。

他使你成为烹饪名家。"那天在馆子里吃的那道菜好吃极了，哪天你也烧来尝尝。"你不得不看三百多个食谱，才找到这道名菜。

他锻炼你的能力。"怎么连插头也不会修？怎么连保险丝也不会接？怎么连路也不会认？怎么连……"最后你什么都会了。

他培养你各种美德：给微少的家用教你"节俭"；用"结了婚的女人还打扮什么"教你"朴实"，用"死盯着别的女人不放"来教你"容忍"。

简直可以说女人的完美是男人造就的。

这里讲了男人婚后的四条好处，实际上这四条并非好处，而是正话反说，讥讽了一些男人的大男子主义。再如：

①有几个"慈祥"的老板到菜场去收集一些菜叶，用盐一浸，这就是他们难得的佳肴。（夏衍《包身工》）

"慈祥"实质上是"心狠手辣"。

②不知道发明"知识分子翘尾巴"这句俏皮话的光荣应该属于谁，反正长期以来流行得很广，已成为一句"名言"了。（章明《翘尾巴小议》）。

"光荣"是假,"可耻"是真。

十八、双关

爱喝酒的职员K君两天不上班,经理留下"7954"四个数字在他办公室桌上,职员回来,不明究竟,就去请教秘书小姐。她说:"经理说的是国语,说你吃酒误事。"

K君于是在数字后面画了一只"蝉"送还经理,经理笑笑:"孺子可教也。"

过了些时,职员故态复萌。经理在"蝉"的尾部加了一道"白烟"仍交给他。职员又去请教秘书小姐。她说:"前次经理责怪你'吃酒误事',你说'知了',现在你醉酒如故,经理骂你知了个屁。"

这是题为《哑谜》的幽默故事,7954表面看是数字,经理利用同音近音的关系责怪K君"吃酒误事",这种表述法称为双关。

所谓双关,是在一定语言环境中,利用语句的多义和同音的条件,使语句具有双重意义,言在此而意在彼,双关分为语意双关和谐音双关。

1. 语意双关,是借用可有两种或多种理解的语句来表达双关的意思。如:

"雅"要地位,也要钱,古今并不两样的。但古代的买雅,自然比现在便宜,办法也并不两样。书要摆在书架上,或者抛几本在地板上,酒杯要摆在桌子上。但算盘要放在抽屉里,或者最好放在肚子里。(鲁迅《病后杂谈》)

这里鲁迅先生利用"算盘"的本义和转义巧妙地构成双关,表面是说具体的算盘,实际是指"心机",讽刺意味较浓。

将那三春看破,桃红柳绿待如何?把这韶华打灭,觅那清淡天和。(曹雪芹《红楼梦》)

这里的"三春"表面指暮春,内含元春、迎春、探春三人的境遇。

可是匪徒们走上这十几里的大山背,他没想到包马蹄的破麻袋片全被踏烂掉在路上,露出了他们的马脚。(曲波《林海雪原》)

"露出了他们的马脚"实指露出了匪徒们的破绽。

2. 谐音双关，是利用同音或近音的条件构成的双关。如：

李鸿章有个远房亲戚，不学无术，却去参加考试。试卷到手，他一个字也答不出来，焦急中，他连忙在试卷上写上"我是当朝中堂大人李鸿章的亲戚"，无奈又不会写那个"戚"字，竟写成了"我是李中堂大人的亲妻！"主考官阅卷后，批道："所以我不敢娶（取）！"

"娶"和"取"构成同音双关。

杨柳青青江水平，闻郎江上踏歌声。东边日出西边雨，道是无晴却有晴。（刘禹锡《竹枝词》）

"道是无晴却有晴"中的"晴"表面上是晴天的晴，内含感情的"情"。

十九、拈连

美国影片《戴斯蒙医生的十三个牺牲品》在奥地利放映后，某评论家在奥地利《快报》上发表了一则影评。总共一句话："我是第十四个。"这一句话的影评被众人称妙。影评家利用拈连手法，顺着片名，说作为观众的他是第十四个牺牲品，既含蓄、风趣，又有力地讽刺了那部糟糕的影片。

在言语表达中，甲乙两个事物连在一起叙述时，把本来适用于甲事物的语词拈来用于乙事物，或根据上文出现的词，仿造一个反义词语用于下文，这种手法叫拈连。拈连习惯上分为全式拈连和略式拈连两类。

1. 全式拈连：甲乙两事物都出现，拈连词语不可少。它像锁链一样，使前后拈连在一起。例如：

①割麦的人醒得早/天色还未醒/地里黄透了的麦子还未醒/他们就蹲在窗下/很响地磨镰刀/把清晨的夜色磨得/锃亮锃亮/……（张鸿雷《割麦的人》）

"磨"指向的应该是镰刀，作者巧妙地将适用于镰刀的"磨"这个动词拈着在"清晨的夜色"上，这种超常的搭配，放置于特殊的语境中，显得浑然一体，天衣无缝。

②他们可以承担一个浩大的战争，可以承担重建家园的种种艰辛，可

是却承担不了如此沉重的离情。(魏巍《依依惜别的深情》)

用前两分句中适用于"战争"和"重建家园"的"承担",与第三分句的"离情"拈连,既形象,又深沉含蓄。

③铁窗和镣铐,坚壁和重门,

　　锁得住自己的身,

　　锁不住革命的精神!

　　……

　　黄饭和臭菜,蚊蝇和虱蚤,

　　瘦得了我的肉,

　　瘦不了我的骨。(杨沫《坚强的战士》)

这里把适用于"身"的"锁"巧妙地用到了"精神"上,把适用于"肉"的"瘦"巧妙地用到了"骨"上,突出强调了革命战士宁死不屈的无畏精神。

④你参摸了几十年的鸭屁股,还摸不出张书记那点道理,还发什么牢骚?(陈残云《鸭寮纪事》)

"摸鸭屁股"巧妙地用到琢磨道理上来,显得诙谐有趣。

拈连中的两件事物,甲事物一般比较具体,多数在前;乙事物一般都是抽象的,多数在后。这种修辞方式,能赋予抽象事物以具体形象,可以增强语言的生动性和艺术美。

2. 略式拈连:甲事物省略,或甲事物中的拈连词语省略,乙事物必须出现,借助上下文,省略的内容还是清楚的。这种格式显得极其简洁而有表现力。如:

①咚——;咚——;咚咚咚。声音单调吗?一点也不觉得。因为每一声咚咚都敲出对旧事物的诅咒,敲出对新生的人民共和国美好的祝愿。(萧乾《鼓声》)

本句省略了甲事物"鼓"及拈连词"敲"。

②这架飞机该有多大的重量啊!它载着解放区人民的心,载着全国人民的希望,载着我们国家的命运!(方纪《挥手之间》)

本句省略了甲事物(飞机)的拈连词语"载着"。

③我只是伫立凝望,觉得这一条紫藤萝瀑布不只在我眼前,也在我心上缓缓流过。流着流着,它带走了这些时一直压在我心上的关于生死的疑惑、关于疾病的痛楚。(宗璞《紫藤萝瀑布》)

本句省略了甲事物(紫藤萝瀑布)中的拈连词语"流过"。

④我知道九曲十八弯的黄河水,/千百年岁月泻如流;/这渡口上的一支篙,/撑过多少忧和愁!(李瑛《过黄河渡口》)

本诗句省略了甲事物(黄河水)及拈连词"撑过"。

运用拈连手法,要注意甲乙两事物在语义上必须有内在联系。甲事物是乙事物的根据或条件,乙事物只有联系甲事物才能得到确切深刻的理解。拈连词大多都是动词,用于甲时,是用它的本义;用于乙时则用的是一种比喻义或引申义。当用它的比喻义或引申义时,句子就产生了特殊的含义,显得极为生动形象。

倒反和双关的区别比较明显。

倒反是正语反说,或戏谑,或讽刺。而双关是在一定的言语环境中,利用语句的多义和同音的条件,或借用可作两种或多种理解的语句,使语句具有双重意义,言在此而意在彼。

双关不同于拈连。

1. 拈连是利用上下文的联系,把用于甲事物的词语巧妙地用于乙事物,它的特点在于"词语的巧妙移用"。如"长长的线儿来回飞舞……缝啊缝啊,春风绕着长线荡漾,暖流跟着针眼流淌。这破洞曾收进了多少风寒,此刻,又缝进了多少温暖!"(王宗仁《缝》)"温暖"是不能缝的,这里从上文拈来连在下文中,让"缝"同"温暖"巧妙地连在一起,表现了军民的深厚情谊。与双关不同,双关的特点在于含蓄地"影射"出另一件事物,言在此而意在彼。

2. 从形式上看,拈连的甲乙两事物,甲事物往往是具体的,在前,如"线儿",乙事物是抽象的,在后,如"温暖"。而双关指一语二义,有一箭双雕之妙。

二十、移就

移就也称"转借""移状""移用",就是当甲乙两事物连在一起时,把原来属于甲事物的性状词语移用到乙事物上的一种修辞格。例如：

恼人的春风，才吹绿了山腰，/凄凉的秋雨，又淋病了檐前的弱柳；/人世间不知又起了，多少纷纭，/尼庵总是静静地没有新鲜，没有陈旧。（冯至《帷幔》）

"恼人的""凄凉的"本是形容人的，现在用来修饰"春风""秋雨"，将抽象的"春风"和"秋雨"表现得生动、具体、形象，这里就是用了移就修辞格，使人看了不但不会觉得讨厌，反而觉得语句优美，用词新鲜。

移就修辞格的基本要素是移用词，这个移用词即是原来属于甲印象的性状移用到乙印象中。上例中"恼人的""凄凉的"就是移用词。

移就一般可分为移人于物、移物于人、移物于物三类。

（一）移人于物。把描写人的词语移用来描写物，从侧面衬托人的思想感情，增强语言的表达效果。如：

①她们被幽闭在宫闱里，戴个花冠，穿着美丽的服装，可是陪伴着她们的只是七弦琴和寂寞的梧桐树。（周而复《上海的早晨》）

②等我把一盘用精盐、麻油、味精、白糖精心调配好的荠菜放到餐桌上去的时候（小的时候，我可是做梦也没有想到我那可爱的荠菜会享受到今天这样的"荣华富贵"），他们也还是带着那种迁就的微笑，漫不经心地用筷子挑上几根荠菜……看着他们那双懒洋洋的筷子，我的心里就像翻倒了五味瓶，什么滋味都有。（张洁《挖荠菜》）

③一百棵木瓜一百棵梨；家家户户欢乐歌声起；我们种的是幸福树，我们种的是社会主义。（李季《人人来种幸福树》）

④天色愈阴暗了，下午竟下起雪来，雪花大的有梅花那么大，满天飞舞，夹着烟霭和忙碌的气色，将鲁镇乱成一团糟。（鲁迅《彷徨·祝福》）

例①"寂寞"本是人的一种感受，现在用来描写物"梧桐树"，以正面衬托"被幽闭在宫闱里"人的孤寂。例②中的"懒洋洋"原是描写人没精打采的样子，这里移来修饰"筷子"，简洁地表明了"他们"因为饭菜不合胃口，吃饭情绪不高，举起的筷子也就显得懒洋洋的。例③"幸福树"不是树的一种科名，它不同于梨树、桃树、桉树、针叶树等。"幸福"原是适用于人的一个词，指人的生活、心情万事如意。这里将它移用过来修饰"树",就把种树和人民的幸福,甚至和社会主义都巧妙地联系起来了。例④这段文字写天气的恶劣,主要是为祥林嫂的悲剧制造环境气氛。"忙碌的气色"本是指人的性状的,"雪花"是物,是不会有"忙碌的气色"的。这里移来是形容雪花乱舞,雪下得很大。

(二)移物于人。把描写事物的词语有意识地移用来描写人。如:

①吴荪甫突然冷笑着高声大喊,一种铁青色的苦闷和失望,在他酱紫色的脸皮上泛出来。(茅盾《子夜》)

②将最初的叹息/最后的悲伤/一齐投入生命的熔炉/铸炼成金色的希望(陈敬容《铸炼》)

例①"铁青色"本是用来写物的,这里用来写人的心情"苦闷和失望",将肖像描写和心理描写融为一体,使语句显得简洁生动、深刻有力。例②"金色"本是用来修饰物的词语,现在用来修饰人的"希望",形容希望的无限美好。

(三)移物于物。把修饰甲事物的词语有意识地移用来修饰乙事物。如:

①我不相信/一九七六年的日历/会埋着这个苍白的日子(李瑛《一月的哀思》)

②辽阔的呼伦贝尔,甜蜜的湖光山色。(杨志美《草原牧歌》)

例①"苍白"本来是用来修饰缺乏生命力的事物的色彩,现在移用来修饰另一种事物"日子"。这是移用修饰甲事物的词语来修饰乙事物,使没有感情色彩的事物具有感情色彩。例②"甜蜜"本来是形容物品的味道,这里移用来修饰另一种事物"湖光山色",写出了"湖光山色"的赏心悦目。

从上述各例可以看出移就有以下特点:

第一,移用的词语是表示性状的;

第二,移就所关涉的两项一般构成限定关系(修饰与被修饰关系)。例如:

①啊,那是怎样的宁静而幸福的夜啊!

②然而悲惨的皱纹,却也从他的眉头和嘴角出现了。

③他苦读十年，寂寞的书桌从来没有人陪伴。

例①把适用于人的感受的"幸福"移属于"夜"。例②把适用于命运的"悲惨"移属于"皱纹"。例③把适用于人的心情的"寂寞"移属于"书桌"。

恰当地运用移就可获得以下几个方面的效果。

第一，表现人们对事物的感情，如例①表现了对"夜"的喜爱，例②表现了对生活的不幸的怨恨，例③表现了对苦读的叹息。

第二，造成一种特殊的情调。上例中的"幸福""悲惨""寂寞"本来适用于人，却分别与"夜""皱纹""书桌"发生联系，这就显得生动、活泼、风趣。

总之，移就看着好像用词不当，但正是这种不当，却创造出了一种美丽，创造出了一种意境，创造出了一种特殊的情调，产生了无穷的艺术魅力，收到了良好的修辞效果。

移就与比拟的区别：

移就修辞格和比拟修辞格有类似之处，两者都是把一般用于甲事物的词语移用于乙事物。但两者有明显的区别。

（1）移就修辞格是通过移用性状词语来刻画事物，是把属于甲印象的性状移于乙印象，并没有把甲事物当作乙事物或者把物当人来写，它着重在"移"；拟人则是把物当作人来描写，即把物人格化，它侧重在"拟"。如：

①送客黄浦，我们都攀着缆/——风吹着我们的衣裳——/站在没遮栏的船楼边上。/四围底人籁都寂寥，/只有她缠绵的孤月/尽照着那碧澄澄的风波/ 碰着船毗里绷坉地响。（康白情《送客黄浦·三》）

诗中第六句是一个移就句。"缠绵"是人的一种情感流露，"月"是宇宙中的一种星体，是非生物，它没有感情，诗人将"缠绵"移来修饰"月"，虽使它具有人的感情，但并没有把它当作人来写，重在"移"。而且诗人还在下一句紧接着写了"尽照着那碧澄澄的风波"，这是月亮的特性，所以这是移就修辞格，不是拟人修辞格。

②吴山青，越山青。两岸青山相送迎。谁知离别情？（宋·林逋《长

相思》)

这里运用的是拟人格。"两岸青山相送迎。谁知离别情?"意思是:"两岸夹江的青山不知看过多少迎来送往、悲欢离合的场面,但有哪一座青山能够理解、懂得情人离别时的痛苦呢?""青山"是屹立不动的非生命物,在这里描写它不但会送迎人,而且还问它是否理解离别的情意。这是作者将它人格化了,将青山拟作了人,使它具有人的行为动作和思想感情,它侧重的是"拟",所以是拟人修辞格而不是移就修辞格。

(2)移就修辞格中的词语一般是表示性状的词语,通常作修饰成分;比拟一般则是用表示人的动作行为的词语来表现事物,通常是作谓语或谓语中的成分。如:

①盆中的蒲花开了:/颤颤的紫穗,/正在风中摇动。/碧润的细叶的影,/映在疏疏的帘上,/却变成长的淡痕。/放学童子归来,/扇着满脸的汗珠,/用惊爱与不踌躇的决定的面色,/勇敢地摘去一朵。/五月的阳光照着,/可爱的蒲草,也并没一些嫌恶。/帘痕动处:/跳跃的童子去了,/断了灵魂的蒲花,却委弃在地。/弱的,被遗弃的,并没有一句怨语。/蒲叶仍然的碧绿,/日光仍然的暖丽,/一个小的花苞,/又从嫩绿的根上抽出。(王统照《盆中的蒲花》)

"可爱的蒲草,也并没一些嫌恶。""嫌恶"是人的一种思想感情,蒲草哪里会有这感情呢?作者移用过来,主要是为了修饰蒲草,作修饰语用的。而且作者也没有把它当人来描写,蒲草就是蒲草——"蒲叶仍然的碧绿","一个小的花苞,又从嫩绿的根上抽出"。所以这是移就手法而不是拟人手法。

②清溪咽,霜风洗出山头月。山头月,迎得云归,还送云别。(宋·李之仪《忆秦娥》)

月亮是一种星体,不像人有思想感情,也没有人的行为动作。而这里的"山头月,迎得云归,还送云别"是把云当作人来写,赋予了它人的行为,比如"迎""送"两个字,在句中作谓语,所以是拟人格。

移就与拈连的区别。

都是把适用于甲的词语用到乙身上去,但它们作为不同的辞格各有不同的特点。

第一，移就，把属于甲的词语移去就于乙，所移的词语是表性状的形容词。拈连，把适用于甲的词语拈来与乙相连，所拈的词语是表动作的动词。

第二，移就所移的词语用来作修饰语，拈连所拈的词语用来作谓语中心语。例如：

好哇，大风，你就使劲地刮吧。你现在刮得越大，秋后的雨水就越充足。刮吧，使劲地刮吧，刮来个丰收的好年景，刮来个富强的好日子。

这里的"刮"，本来是用于甲事物"大风"的，这里顺势"拈"来"连"在乙事物"丰收的好年景"和"富强的好日子"上，使不搭配的动宾结构，在超语言常规的用法下，巧妙自然地拈连起来，生动别致地表现了美好的愿望。

使用移就要注意以下几点：

一忌滥用，移就修辞格偶一为之，会使人觉得新鲜有趣，然而用多了不但不会使人感到新奇，反而会使人生厌，所以要避免在一篇文章中大量运用移就手法。如：

走在冷风四起的田野里，寂寞的天空，凄楚的森林，哀怨的野花，伤感的小虫，悲哀的小草，疲倦的小鸟，令我的心愈来愈沉到无底的黑暗中去了。

这个句子用了一连串的移就修辞格，移用词"寂寞""凄楚""哀怨""伤感""悲哀""疲倦"一共六个，一口气连接下去，让人有点喘不过气来。也许在别处这是很有表现力的词语，但用在此处却太过繁多了，给人一种矫揉造作的感觉。这么多的形容词，不但不会让人觉得语句优美，反而会让人生厌。所以我们在使用移就格时，不能一味追求词语的华丽而堆砌辞藻，以避免引起读者的厌烦情绪。

二忌孤立使用。移就格是一种临时的修辞法，不是固定的，它往往离不开具体的语言环境，所以要避免脱离环境，孤立地使用移就手法。如：

放学回家，我碰到了一株小恶树。

在这个句子中，不知道为何"我"认为小树是"恶"的。由于这样孤立地使用移就修辞法，缺乏一定的语境，就让人觉得不知所云。

三忌用词不准确。移就词以形容词为主，不过不乏例外，也有以其他的词或词组作为移就词的。但在用词时必须妥当确切，切忌用词不准确。如：

他皱着双眉对我说："这本书是写砍杀人的时间的，一点也不好看。"

"砍杀人"是动宾结构的短语，在句子中作定语。由于缺乏前后的交代，没有形成一定的语境，所以让人觉得"砍杀人"很生硬，时间怎么能够砍杀人呢？这是因为用词不准确的缘故。这样运用移就格显然是不行的。

二十一、顶针

小妹讲话一向拐弯抹角，常常令人生厌，爸妈一直想改掉她这个坏习惯，却没办法。

有一天，爸爸妈妈终于想出了一个办法：妈妈要小妹和她下棋，若输了，小妹就要立誓讲话不再绕来绕去。若击败妈妈，则加发一个礼拜的零用钱。正如意料，小妹立刻要求爸爸做她的军师。

下到半局时，小妹节节失利，急忙求助军师，但爸爸只说一个字："千！"小妹不解，再度求援，爸爸还是老话："千！"最后小妹被妈将死，小妹大叫道："不公平，我的军师背叛。"爸爸道："背叛？我说'千'，'千'就是窃，窃者比于我老彭，彭即彭祖，彭祖活了八百年，八百年只不过是铁拐李打个盹，打盹就是睡，睡就是眠，眠就是死，死于帝王为崩，于诸侯为薨，于平民为卒，怎么说我背叛呢？"小妹哑口无言，乖乖地痛改前非。

"军师"的话首尾蝉联，在言语表达上采用了顶针的方法。顶针又叫顶真或联珠，它用前句的末尾作后句的开头，首尾相连，使邻接的语句或言语片断首尾蝉联。顶针的运用能使句子结构整齐，语气贯通，环环相扣。再看几例：

(1) 楚山泰山皆白云，白云处处长随君。

长随君；君入楚山里，云亦随君渡湘水。

湘水上，女罗衣，白云堪卧君早归。

（2）断肠人寄断肠词，词写心间事。

事到头来不自由，自寻思，思量往日真诚志。

志诚是有，有情难似，似俺那人儿！

例（1）是唐代大诗人李白的《送刘十六归白云歌》，这首诗运用顶针法给人以一气呵成之感，收到流畅如行云的艺术效果。例（2）是元人小令中无名氏的《小桃红情》，这支小令以自述口气，描写一个年轻妇女对爱情的忠贞不渝，小令运用了顶针，句与句之间连绵而下，很好地表现了主人缠绵不断的满腔柔情。

顶针有宽式和严式之分。

（一）严式顶真

严式顶真是上一句句尾的词语，必须就是下一句句首的词语。如：

①他比先前并没有什么大改变，单是老了些，但也还未留胡子，一见面是寒暄，寒暄之后说我'胖了'，说我'胖了'之后即大骂其新党。（鲁迅《祝福》）

②严志和一见了土地，土地上的河流，河流两岸阴湿的涯田，涯田上青枝绿叶的芦苇，心上就漾起喜气。（梁斌《红旗谱》）

③为了绞死苍蝇，连苍蝇下的黑发，黑发复盖着的脸，脸上的笑，笑的酒窝，也给绞死了。（杨献瑶《迷途的时代》）

（二）宽式顶真

宽式顶真是上一句句尾的词语和下一句句首的词语基本相同，略可松动。

①希望是附丽于存在，有存在，便有希望，有希望，便有光明。（鲁迅《在北京女师大的讲演》）

②冷飕飕的月光从窗户外泻进来，没有睡着也进入了梦境。而梦境一旦变为现实，现实却又仿佛成为非现实的梦境了。（张贤亮《男人的一半是女人》）

③我的姐姐同志！从前你对我是：恨铁不成钢，恨钢不成材，恨材不成器，恨器不得力。（曲波《山呼海啸》）

总之，无论是宽式还是严式，它们共同的特点是：前句和后句首尾相同。区别在于：严式顶针中，相同的部分一定在前句句尾和后句句首。而宽式顶针，相同的部分，位置可以略有变更，只要是在前句的结尾部分和后句的开头部分即可。

二十二、回文

相传清朝年间，有一位姓韩的书生，舍妻别子，离乡背井，远离家乡谋生。一日，写了一首思念亲人的诗寄回。诗中写道：

"书雁望遥山隔水，往来曾见几心知？

壶空怕酌浑杯酒，笔下难成和韵诗。

途路阻人离别久，信言无雁寄来迟。

孤灯独守长寥寂，夫忆妻时父忆儿。"

其妻读后，心有灵犀，因而将诗倒着抄了一遍，寄给丈夫，以表达自己对丈夫，儿子对父亲的无限思念之情。倒抄便成了这样的回文诗：

"儿忆父时妻忆夫，寂寥长守独灯孤。

迟来寄雁无音信，久别离人阻路途。

诗韵和成难下笔，酒杯浑酌怕空壶。

知心几见曾来往？水隔山遥望雁书。"

这种以字为单位，顺念回念都可成文的手法叫回文。回文具有"来复美"。

据刘勰《文心雕龙》所载，回文诗最早由道原所创，但今已失传。现在人们能够见到最早的回文诗中，最有影响的要算东晋前秦作家苏惠的《回文璇玑图》，诗共841字，题于一块八尺见方的锦缎上，纵横往复，皆可成句。此后，回文诗就流传下来。如清代张奕光有一首《岳武穆王墓》回文诗：

今古垂芳遗庙立，拜瞻空恨一秦奸。

森森柏树枝南向，凛凛忠魂夜北看。

心赤负冤沉狱死，草青埋骨痛碑残。

钦徽是日无家返，深怨谏书封蜡丸。

此诗采用了回文法，全诗不论正读倒读均可成诗，那种沉郁悲愤、痛恨奸臣、敬仰忠烈之情溢于字里行间。回文法在词中也有运用，如苏轼《菩萨蛮》词：

雪花飞暖融香颊，颊香融暖飞花雪。

欺雪任单衣，衣单任雪欺。

别时梅子结，结子梅时别。

归不恨开迟，迟开恨不归。

除了诗词采用回文手法外，幽默故事、文字游戏也运用回文法。如有一则科学幽默小品，题为《末日》：

末日

(美) 弗雷德里克·布朗

琼斯教授多年一直在研究时间。

"我终于发明了一台机器。"他对女儿说，"它可以把我们带回到过去。"

他按了一下机器的电钮，并说："机器能让时间往回走。"

"走回往间时让能器机"：说并，钮电的上器机下一了按他。"去过到回带们我把以可它。"说儿女对他，"器机台一了明发于终我。"

间时究研在直一来年多授教斯琼

朗布·克里德雷弗 [美]

日末

这则科学小品，采用了回文法，但它不仅仅是依字倒读，而是用回文的格局来产生幽默感。

二十三、回环

有一则名人轶事，题为《差别》：

有人问亚里士多德：

"你与多数人的差别是什么呢？"

"他们活着是为了吃饭，而我吃饭是为了活着。"他回答说。

这句名言"他们活着是为了吃饭，而我吃饭是为了活着"采用了回环法。所谓回环，就是利用词语回环往复，即用上句末尾作下句的开头，下句的末尾正好又是上句的开头。"吃饭"系上句的末尾，又用于下句的开头，下句的末尾"活着"又用于上句的开头。如：

①月光恋爱着海洋，海洋恋爱着月光。（刘半农《叫我如何不想她》）

②摔碎了泥人再重和，再捏一个你来，再捏一个我；哥哥身上有妹妹，妹妹身上有哥哥。（李季《王贵与香香》）

③科学需要社会主义，社会主义更需要科学。（郭沫若《科学的春天》）

④闻名不如见面，见面胜似闻名。（陈望道《龙山梦痕·序》）

这四例正好说明了回环的四种类型：例①是依词回环。前后两句的词语排列次序依次相反。例②是错综回环，词语错综开来。例③是增词回环，为了强调，回文在回变时，增加了一个"更"字。例④是换词回环，将"不如"换为"胜似"。

"回环"体现了汉民族以圆为美的审美情趣。"回：转也。从口，中象回转形。"（《说文》）"外为大口，内为小口，皆回转之形也。"（《段注》）"古文回，盖象水旋转之形，故颜回字渊。"（徐灏《段注笺》）①"环：璧也。肉好若一谓之环。"（《说文》）②"以圆形为美，以圆满为吉祥是中华民族独有的审美观念。这种观念认为，与时空一体的天地万物的运动，具有往复循环的特征。"③ 在汉民族的生活时空内，处处都渗透着"以圆为美"的审美情趣，圆形成了汉民族追求的好形体。"圆头圆脑"的小孩子是讨人喜欢的；形容声音饱满而润泽用"圆润"；没有缺陷，令人满意是"圆满"；技艺熟练精湛是"圆熟"；灵活变通，不固执己见叫"圆通"；为打开僵局而从中周旋叫"圆场"；僧尼死亡是"圆寂"；童养媳终于和未

---

① 汤可敬. 说文解字今释 [M]. 长沙：岳麓书社，1998：843.
② 汤可敬. 说文解字今释 [M]. 长沙：岳麓书社，1998：35.
③ 高小立，李索. 回环的构建及现代运用特征 [J]. 河北师范大学学报（社会科学版），2002，9（85-87）：14.

婚夫过夫妻生活了叫"圆房";成全要变成"圆成"才显得更有诚意;连做人也讲究"外圆内方"。人们使用的物件,也钟情于"圆",甚至月圆就美满,月缺就伤感,扬名海内外的太极图也是由阴阳鱼构成了圆形。北京的四合院,上海的石窟门体现的也是"圆"。看来,汉民族从骨髓里认定"圆"是最美的图形,而"回环"正是"以圆为美"的审美情趣在语言修辞上的积淀和写照。

回环和回文是有区别的。

回文是利用读音来复的特点,即以字为单位(或以外语的字母为单位)顺念回念都可成文;而回环是利用词语来复,即上句与下句的词语次序正好相反。

回文在回念时,只能依字回念,次序是固定的,而回环的次序是交错的,只有"依词回环"可以依词回念,而"错综回环""增词回环"和"换词回环"均不能回念成文。

回环和顶针不同,先看一例:

天刮大风,一个抽烟的人在路上走着走着,烟瘾上来了,他掏出一盒火柴,迎风划火,一边划一边给自己立下规定。

"抽烟不过三,过三不抽烟!"

三根火柴划过了,烟没有点着,于是他大声说:"抽烟不过七,过七我不吸!"

又划了四根火柴,烟还是没有点着。他轻轻地安慰起自己来,"管他三七二十一,啥时点着啥时吸!"

"抽烟不过三,过三不抽烟"是回环,上句的尾和下句的头相同,均是"过三"。下句的尾和上句的头相同,均是"抽烟"。而"抽烟不过七,过七我不吸"是宽式顶针,上句的尾和下句的头相同。

回环和顶针的区别是:①回环要求上句的尾和下句的头相同,同时下句的尾和上句的头相同,而顶针只要求上句的尾和下句的头相同;②回环的结构是"甲——乙,乙——甲",顶针的结构为"甲——乙,乙——丙……"

二十四、对偶

新婚之夜，苏小妹欲试新郎秦少游胸中之才，将秦拒之门外并出对曰：闭门推出窗前月，月明星稀，今夜断然不雨。

秦少游左思右想不得其对，徘徊长廊。苏东坡见状，虽替妹夫焦急，却又不便代劳。悄悄拿石子向荷花池中一投，秦少游一看灵感来了，答出了下联：投石击破水中天，天高气爽，明朝一定成霜。

苏小妹闻声大喜，急忙迎进新郎。

"霜"字谐"双"，有"一定成双"之意，被世人传成佳话，千年不衰。

对偶又叫对联，或称联，在诗词中又称对仗，它是汉语所独有的传统言语表达形式。一对句子，需字数相同，音韵各异平仄协调，对偶工整。所谓对偶，是指用一对结构相同或相似，字数相等或基本相等的语句来表达一个内容相对称的意思。有时对偶的两句上加横幅。

根据不同的标准可以将对偶分出不同的种类。

1. 对偶从形式上可分为严式对偶和宽式对偶。

（1）严式对偶，要求上下两句字数相等，结构相同，词性相对，平仄相对，不能重复用字。严式对偶又叫工对或工整对。

相传爱国英雄于谦少年时，才思敏捷。一次，有人出难题要他属对，上联为"半夜二更半"。这一句五字，首尾要用同样的字，这是第一难；第二字是名词，第一字和第二字要构成偏正式的复合词，这是第二难；第三字必须是数字，与第四字又要构成偏正式的复合词，这是第三难；对句和出句必须平仄相对，如"半夜"为仄仄，对句要平平，这是第四难。于谦略加思考，就工整地对出了"中秋八月中"，真是奇思巧想！

于谦年幼时，母亲把他的头发梳成双。一天一个叫兰古春的僧人看到他这副模样，戏道："牛头喜得生龙角。"于谦应道："狗嘴何曾出象牙。"于谦回到家对母亲说："今后不可梳双了。"

过了数日，兰古春恰好路过学堂，见于谦头发梳成三岔，又戏道："三角如鼓架。"于谦对道："一秃拟擂槌。"

（2）宽式对偶。和严式对偶相比，宽式对偶要求不太严格，它一般只要求结构大致相同，声韵基本协调。

一个外号叫"酒葫芦"的失业轿夫，每天必进杏花村酒店。一天，有两位诗人在喝酒，看到"酒葫芦"坐到他们桌边，就对他讲："你这位不速之客竟敢前来喝酒，咱们先来吟诗作对，你若赢了就让你喝三杯。""酒葫芦"不甘示弱："不妨试试。"于是诗人甲先高声吟道："天上飞凤凰，地下走绵羊，桌上放《春秋》，两旁站梅香。"

诗人乙对道："天上飞斑鸠，地下走黄牛，桌上放《礼记》，两旁站丫头。"

"酒葫芦"对道："天上飞鹞子，地上走豹子，桌上放亮子，两旁站小子。"并解释道："鹞子展翅赛凤凰、斑鸠，豹子开口食绵羊、黄牛，亮子放火烧《礼记》《春秋》，小子发狂戏梅香、丫头。"

"酒葫芦"三杯酒下了肚。

这里的两副对联，诗人甲和诗人乙对了一副，诗人甲与"酒葫芦"也对了一副。这两副对联都是宽式对偶，只求字数相等，结构大致相同，允许在出句和对句中有相同的字词（如"天下""地下""桌上""两旁"）出现。

2. 对偶还可以根据出句与对句之间的意义关系，分为正对、反对、串对。

（1）正对：是指出句和对句在意义上相似、相补、相衬。

李鸿章、翁同都是光绪皇帝的宠臣，一个做文华殿大学士，相当于宰相，合肥人；一个曾做过户部尚书，是司农，常熟人。这两人官高势大，人们写了副对联讽刺他俩"宰相合肥天下瘦，司农常熟世间荒"。

这副对联利用二人的籍贯巧作对联，两句意义上相似、相补、相衬，揭露了他们残酷剥削百姓的罪恶行径。

有一年春节前夕，纪晓岚应一乡亲邀请，替乡亲写对联，他了解到，这户人家有三人，都是光棍，老大是个卖爆竹的。于是出了上联"惊天动地门户"。老二是个集市经纪，是专管买卖粮食过斗的，于是出下联"数一数二人家"。老三是个卖烧鸡的，根据他先杀鸡又卖烧鸡的特点，于是出了横幅"先斩后奏"。

这副对联上联和下联意义相补、相衬、是正对。又如：

①两个黄鹂鸣翠柳，一行白鹭上青天。(杜甫《绝句四首》)

②人有悲欢离合，月有阴晴圆缺，此事古难全。（苏轼《水调歌头·明月几时有》)

（2）反对：是指出句和对句在意义上相反或相对。

有位尚书大人闻知解缙出语不凡，想试探一下他的本领，便命人邀他到府上相见。但却中门紧闭，让他从偏门入。解缙坚不从命，言："正门未开，非迎客之礼！"尚书闻报，便出门对曰："小犬无知嫌路窄。"解缙应声答道："大鹏展翅恨天低。"

尚书见解缙身着绿衣，便挖苦道："出水蛤蟆穿绿袄。"解缙见尚书老态龙钟、身穿红袍，立即反唇相讥："落汤螃蟹着红袍。"

尚书见解缙对答如流，便大开正门以上宾待之。

解缙共对成两副对联，出句和对句意义相反、相对。又如：

①富与贵是人之所欲也，不以其道得之，不处也。

贫与贱是人之所恶也，不以其道得之，不去也。(《论语·里仁》)

②横眉冷对千夫指，俯首甘为孺子牛。(鲁迅《自嘲》)

（3）串对：是指出句和对句在意义上相关联，表示承接、连贯、递进、因果、假设、条件等关系的对子。

一年，周渔璜任浙江主考。他初到杭州，一些考生听说他是蛮子，便认为他没有什么真才实学，就将他围住，借欢迎为名，故意难为他。其中一位考生高声问道："洞庭八百里，波滔滔，浪滚滚，宗师由何而来？"周渔璜凛然答道，"巫山十二峰。云重重，雾霭霭，本院从天而降！"这群考生听了，顿时目瞪口呆。

串对的特点是：上下两句的意思互相依存，不能割裂开来，只有结合在一起，才能形成完整的语义表达。如柳亚子《浣溪沙》词："不是一人能领导，那容百族共骈阗？"上句表示原因，语意未尽，是偏句，只有将偏句和正句结合起来，才成为一个完整的因果复句。用串对构成的对偶句，其文势并非双峰并峙，而是一水奔流。上下句不但在语义上，有时在句法上也彼此相对，因此也有人称串对为流水对。又如：

①野火烧不尽，春风吹又生。（白居易《赋得古原草留别》）

②山重水复疑无路，柳暗花明又一村。（陆游《游山西村》）

3. 根据字数的多少，可将对偶分为四字对、五字对、六字对、七字对、八字对、九字对、十字对、多字对。分别举例如下：

①山明水秀，政通人和。

②春来红日丽，雨过紫琅新。

③七尺甘为红烛，一生愿作春蚕。

④冷灰尚想尽微热，烬烛不忘献寸光。

⑤紫琅山边莺歌燕舞，通杨河畔人寿年丰。

⑥牛去虎来虎虎气盖世，物换星移星星火燎原。

⑦声声爆竹纷传四化喜讯，朵朵梅花争报改革佳音。

⑧坚持改革上上下下条条块块行行业业轰轰烈烈扎扎实实干四化，再展宏图家家户户男男女女老老少少兢兢业业认认真真建文明。

对偶中常常含有其他言语技巧，如歇后、镶嵌、回文、双关、拆字、叠字、同异、反复、顶针、比喻、比拟、夸张等。现略举数例：

相传吕蒙正未做官前家贫如洗，他曾在门口悬挂一联：

二三四五

六七八九

横批是：南北

什么意思？原来这副对联用的是歇后寓意法。上联缺"一"。谐音"缺衣"，下联少"十"，谐音"少食"。横批的寓意是缺"东西"。此联幽默风趣，但也流露了贫士的清苦。

京剧名旦程砚秋初由上海到北京登台，萧群撰联云："艳色天下重，秋声海上来。"

此联嵌进了"艳秋"，这是用的镶嵌法。从对联本身来看，所嵌之字可以是第一字、第二字或第三字，但以嵌第一字为常见，习惯上称它为"鹤顶"。

昔日报载一对联："普天同庆，当庆当庆当当庆；举国若狂，且狂且狂且且狂。"这副对联采用的是反复法。

杭州西湖有副对联:"山山水水处处明明秀秀,风风雨雨时时好好奇奇。"这是采用的叠字法。

梅兰芳生前最喜欢的一副对联是"看我非我,我看我,我也非我;装谁像谁,谁装谁,谁就像谁"。这副对联同时采用了顶针法、回文法和回环法,将表演的技巧描绘出许多层次来,因而深得京剧艺术表演家梅兰芳的喜爱。

除了运用各种言语技巧之外,有时对联中还出现一些文字游戏,此类对联有时也能给人以启发和思考。

对联有着悠久的历史,两千多年前,我国民间就有把桃枝插在门上避鬼魅的习惯(现在有些地区的农村在春节期间还保留着这种习惯),桃枝后来演变成桃符,即用两块桃木板,上面写一些类似狂草的字(据传桃木板上常写上"神荼"和"郁垒"均为捉拿凶魔恶鬼的门神),并将两块木块挂在两边的门上,以避妖邪。把画桃符变成在木板上写字,进而成为对联,是五代的事。据《宋史·蜀世家》载,蜀主孟昶亲自写了一副春联挂在皇宫里:"新年纳余庆,佳节号长春。"相传这是我国最早的一副对联。唐代今体诗的形成对于对联的广泛使用产生过重要影响,后来的文人学士突破了诗词的范围。撰写对联,或题咏,或馈赠,或自勉,或状景,或抒怀。

创作对联,除了要注意思想内容健康,具有时代精神外,还要符合对联的格式和特点。

首先是确定主题,然后根据主题立意。一副对联使用的对象(何人、何事、何物、何地),是属对的主题,上下联或各自抱定一个主题而各自独立为意,独立为境,或合拟一个意境,整体独立。

其次是用字遣词注意字数相等,结构相同。工对还要求词性相对,而宽对不要求词性相对,只要结构大体相同,甚至允许上下联中词语有时相同。

再次,协调平仄声。汉字的阴平、阳平为平声。上声、去声为仄声。对联的字数从四字对到多字对均可,然而上下联同位排列的字必须平仄相对。

对联的形成比较复杂，各类对联都有各自具体的要求。对联利用词义、词性、声韵等的巧妙配合，短短两句，含义深刻，意境优美，韵味隽永，尺幅千里，既有实用价值，又给人美的享受，给人们的生活增添光彩。

二十五、排比

列夫·托尔斯泰在《战争与和平》中写道：

胆大而不急躁，迅速而不轻佻，爱动而不粗浮，服从上司而不阿谀奉承，忠于职守而不刚愎自用，胜而不骄，喜功而不自炫，自重而不自傲，豪爽而不欺人，刚强而不自傲，谦虚而不装假，认真而不迂腐，活泼而不轻浮，直爽而不幼稚……

这段话用排比的手法，从各个不同的侧面告诫人们应该怎样加强自身的修养。所谓排比，是指用结构相同或相似，语气一贯的一连串语句，把相似或相关的内容表达出来。排比可以用来叙事、抒情或议论。

排比的形式有两种。

1. 短语排比

①当你坐上早晨第一列电车驰向工厂的时候，当你扛上犁耙走向田野的时候，当你喝完一杯豆浆提着书包走向学校的时候，当你坐到办公桌前开始一天工作的时候，当你往孩子口袋里塞苹果的时候，当你和爱人一起散步的时候……朋友，你是否意识到你是在幸福之中呢？（魏巍《谁是最可爱的人》）

这段话由六个介词短语组成排比。

②台风的中心是安静的。而旋卷在台风中央的人却焦灼着、奔忙着、谋划着、叫嚷着、战斗着、不吃不睡，狂热地保护自己的派性，疯狂地攻击对方的派性。（徐迟《哥德巴赫猜想》）

这段话连用五个动宾短语组成排比来表现处于台风中央的人的情态。

2. 句子排比。

有一则短文，题为《遗憾》：

①人生的遗憾在于最美好的时刻不能重现；生喉炎的遗憾在于等你完全痊愈以后，才能向人谈起你的病；成功的遗憾在于等你把它弄到手后，它好像没有以前那样堂皇；扩音器的遗憾在于能扩大你说话的声音，而不能扩大你的观点；微波烤炉的遗憾在于饭已经做好而饭桌还没有摆好；身体健康的遗憾在于要保持健康使你精疲力竭。

这六个句子形成排比，叙说六种"遗憾"。

②艺术女神离我那么近，我看见她的面容，闻到她的芳香，感受到她的温柔。然而在我向她伸出手时，我得到的却是冷冷的、轻蔑的、嘲弄的一瞥。（宋清海《我在怎样的路上走》）

前面连用三个排比句表达对艺术女神的感受，后面连用三个排比短语描述所得到的反应。

排比的特点是：

（1）构成排比的一组语句，一定要包含三项或三项以上的内容，它们的关系是并列的；

（2）排比常常带有提示语，提示语常常通过反复的形式来连接，结构紧凑，文意贯通，语势强劲。如：

有一次，有人问俄国杰出的军事家亚·瓦苏沃罗夫（1730—1800），在他看来，一个真正的英雄应该具有哪些品质，他回答说：

一个真正的英雄应该是：

要勇敢，但是不能急躁；要行动迅速，但是不能轻举妄动；要机灵，但是要有决断；要服从，但是不能卑躬屈膝；要能统率，但是不要盛气凌人；要做胜利者，但是不能贪图虚荣；要气度高雅，但是不能骄傲自负；要亲切和气，但是不能虚情假意；要坚定，但是不能固执己见；要谦虚，但是不能言过其实；要招人喜欢，但是不能举止轻浮；要博得别人赏识，但是不能施展权术；要善于洞察，但是不能诡计多端；要坦率，但是不能疏忽大意；要和蔼可亲，但是不能转弯抹角；要为人效劳，但是不能图谋私利；要坚决果断，但是不能顽固不化。

有人将这段话称为"一个真正英雄的十七个'但是'"。这十七个用了"但是"的句子形成排比，告诫人们作为一名"英雄"在十七个方面应该怎样有分寸地处事为人。十七个排比句中都用了转折连词"但是",这个提示语反复出现,增强了语言的气势。

古人云:"文有数句用一类字,所以壮气势,广文义也。"这是讲的排比的作用,排比在表达中能加强语势,使语意畅达,节奏和谐。

在运用排比时,不要生硬地拼凑,要做到语意上相关,范围性质相同,结构力求相似,整齐匀称,并可重复某些词语,而且数量不少于三个。

二十六、层递

应修人有一首诗,题为《小小儿的请求》:

不能求响雷和闪电底归去,
只愿雨儿不要来了;
不能求雨儿不来,
只愿风儿停停吧!
再不能停停风儿呢,
就请缓和地轻吹;
倘若要决意狂吹呢,
请不要吹到钱塘江以南。
钱塘江以南也不妨,
但不要吹到我家底家乡;
还不妨吹到我家,
千万请不要吹醒我的妈妈!
妈妈醒了,
伊的心就会飞到我的船上来,
风浪惊痛了伊底心,
怕一夜伊也不想再睡了,
缩之又缩的这个小小儿的请求,
总该许我了,
天呀?

诗歌一层退一层，愿望"缩了又缩"，请求风"不要吹醒我的妈妈"，这种表述方法称为层递。

所谓层递，是按照事物性状的大小、长短、高低、轻重、远近、难易、深浅等差别，有层次地叙述，表达客观事物的层级性，或逐层递增，或逐层递减。

层递可分为两种形式。

1. 递升。把事物按由小到大，由短到长，由低到高，由轻到重，由近到远，由易到难的顺序叙说下去，就像阶梯式的升高，这叫递升，又叫阶升。如：

某甲买了包五香豆边走边吃，乙向他讨豆吃，甲知道他熟悉历史，便说："要吃豆可以，但有个条件：你只要说出一个古人，就给你一粒豆。"乙同意。他说："刘、关、张桃园三结义。"甲就给了他三粒豆。

乙接着说："八仙过海显神通。"甲又给了他八粒豆。

乙又说："梁山泊一百零八将。"甲只得把剩下的豆全给了乙。

乙对甲说："你要是豆多的话，我还要说曹操八十万人马下江南呢！"

在这则笑话中，乙讲了四句话，数量上一层进一层。这是数量上的递升。又如：

一只手，提土篮，两只手，把石搬，十只手，拉动船，百只手，引清泉，千只手，改荒滩，万只手，能移山，亿万人民齐动手，高山大海听使唤。

从一到两、十、百、千、万、亿万，数字逐层增大，能量从提土篮到把石搬、拉动船、引清泉、改荒滩、能移山，最后高山大海听使唤，逐层增大。

2. 递降。把事物按由大到小，由长到短，由高到低，由重到轻，由远到近，由难到易，由深到浅的次序说下去，这种方法叫递降，又叫阶降或递减。

原联合国秘书长德奎利亚尔，在一份题为《八十年代的青年状况》的报告中指出："亚洲青年人数在世界青年总数中比例最大，约为60%，以后的顺序是：非洲——11%，南美洲——9%，欧洲——8%，北美洲——

5%。"这种排列是采用的递减式,它是根据青年人占的百分比按由大到小的顺序排列的。又如:

他一直是魂思梦想着打飞机,眼前飞过一只雁、一只麻雀、一只蝴蝶、一只蜻蜓,他都要拿枪瞄准。

从雁到麻雀,到蝴蝶,到蜻蜓,形体逐步递小。

我们把递升和递减分开,是为了叙述的方便。事实上,在言语表达中,递升和递减是结合在一起使用的。如:

有一则幽默故事,题为《恭维》:

某甲擅长恭维,一天,他请了几位小有名气的人来家中吃饭,准备施展一下自己的专长。他临门恭候,等客人们接踵而到的时候,挨个儿问道:"您是怎么来的呀?"

第一位客人说:"我是坐小汽车来的。"某甲立即用感叹加赞美的语调说:"啊!华贵之至。"

第二位客人听了,一皱眉头打趣道:"我是坐飞机来的!"某甲赞曰:"高超之至!"

第三位客人眼珠一转:"我是坐火箭来的!"某甲大喜曰:"勇敢之至。"

第四位客人坦白地说:"我是骑自行车来的。"某甲话锋一转脱口而出:"朴素之至!"

第五位客人老实地说:"我是步行来的。"某甲立刻大加赞赏:"健康之至"

第六位客人故意出难题:"我是爬着来的。"某甲真是词汇丰富,立即恭维:"稳妥之至!"

第七位客人讥讽地说:"我是滚着来的!"某甲并不脸红,哈哈大笑:"啊,周到之至!"

第一位客人说坐汽车来的,第二位客人说坐飞机来的,第三位客人说坐火箭来的,后者比前者逐层升格,这属于递升。第四位客人说是骑自行车来的,第五位客人说是步行来的,第六位客人说是爬着来的,第七位客人说是滚着来的,从方式程度上来说是递降。

运用层递，要注意递升或递降的逻辑顺序，否则会出现颠三倒四的毛病。例如：

给他进的那批货，他每天都要卖出一些，就是见不到一文钱，卖得少，他花得少，全部卖完，他全部花完，卖得多，当然也就花得多了。

数量由少到完，再到多，违背了逻辑顺序，出现了条理不清的毛病。应说成"卖得多，他花得多，卖得少，他花得少，全部卖完，他全部花完"才对。

层递与排比有区别。

层递和排比都具有三个以上结构相同或相近的语句。但排比具有平行性，只是在同一平面上扩展和延伸，不管有多少语句排列，总是在同一层次上。而层递是有层次的，大小、高低、深浅、轻重等的排列可顺可逆，因而具有层级性。层递讲究词语的层级性和使用范围，而排比讲究语句的重现。当然，如果既满足了排比在形式上的要求，又满足了层递在语义内容上的要求，则可认为是两种辞格的兼用。例如：

这种作风，拿了律己，则害了自己；拿了教人，则害了别人；拿了指导革命，则害了革命。

排比不同于对偶：

（1）排比由三项或三项以上的语句构成，而对偶仅限于上下两句；

（2）排比不拘泥于字数，而对偶要求字数相等；

（3）排比的各句以出现同形词为常规。

二十七、反复

有一首短诗，题为《但是不管怎样还是应该……》：

人们有时会缺乏理智，逻辑混乱，唯我独尊；

但是不管怎样，还是应该去爱他。

如果你勤勉向上，有人会指责你别有用心谋取私利；

但是不管怎样，还是应该去力争成功。

诚实和坦率会使你易遭伤害；

但是不管怎样，还是应该诚实坦率。

你今朝的善行，世人会在明晨淡忘；
但是不管怎样，还是应该多做好事。
胸怀大志的伟人往往失势于目光短浅的庸夫；
但是不管怎样，还是应该胸怀大志。
人们虽然常常怜悯失意的弱者，却总是趋炎于得志的权势；
但是不管怎样，还是应该去扶助某些弱者。
你多年建树的业绩可能毁于一旦；
但是不管怎样，还是应该努力建树。
献出你的全部精华去造福于人类，可能会使你陷入困境；
但是不管怎样，还是应该献出你的精华。

这首诗运用了反复的方法，让"但是不管怎样，还是应该"在诗中反复出现。

所谓反复，为了强调某个意思或表达某种感情，有意重复某个词语或句子。在言语交际中，反复的作用是不能忽视的，它能突出思想感情，分清层次脉络，加强节奏感，增添旋律美。

反复分为隔离反复和连续反复。

1. 隔离反复：把相同的语句隔离开来使用，中间插进别的语句。

秦兆阳有一首《无题》诗：
最应该记住的最容易忘记，
谁记住母乳的甜美滋味？
最应该感谢的最易忘记，
谁算过先行者的无数血滴？
最应该惊奇的最易忘记，
谁惊叹大地的无限生机？
参天树为什么要深深扎根？
是为了繁茂它绿色的生命。
历史的河流啊，长流不息，
流的是历史的深沉的思维。

这首无题诗选自秦兆阳的《大地》，诗中的"最应该××的最易忘记"

在诗中形成隔离反复，几个"谁"也形成隔离反复。

　　花儿为什么这样红？首先有它的物质基础。……花儿为什么这样红？还需要用物理学的原理来解释。……花儿为什么这样红？还有它生理上的需要。……花儿为什么这样红？从进化论的观点来考察，它有一个发展的过程。……花儿为什么这样红？从达尔文的自然选择学说来看，昆虫起到了重要的作用。……花儿为什么这样红？最后要归功于人工选择。……

　　"花儿为什么这样红"是不同段落中出现的间隔反复。

　　2. 连续反复，是把相同的语句连续不断地使用，中间不插入别的语句。如：吴敬梓的《儒林外史》中有一段文字：

　　从浦口山上发脉，一个墩，一个炮；一个墩，一个炮；一个墩，一个炮；弯弯曲曲，骨里骨碌，一路接着滚了来。

　　这里的"一个墩，一个炮"反复出现，是连续反复。又如：

　　巴尔扎克为《巴黎杂志》创刊号写了一篇小说，但还有一个人物的名字没有定好，他和戈日一同在街上看招牌，想从中得到点启发，就在最后的一条路上，巴尔扎克盯着路旁一扇歪歪斜斜、又狭窄又破旧的门，他突然大叫一声："有了……有了！有了！你念念！你念念！你念念呀！"

　　戈日念了："马卡！马卡！马卡！好了！"

　　这里的"有了""你念念""马卡"分别形成连续反复。

　　传统修辞学上，有所谓"同字"格，从传统的"同字"定义来看，所谓同字是把相同的字放在三个以上的句子的开头或结尾。如有一篇短文，题为《生活的艺术》：

　　一个明智的人早晚总会发现，生活是欢乐与悲哀、成功与失败、给予与获得的聚合体。

　　他知道能不为琐事而大动肝火对于成功是至关重要的。

　　他懂得不善于驾驭自己情绪的人总会有所失。

　　他理解任何行为总会像甩出的飞镖一样落回来。

　　他理解沉溺于说长道短地议论他人最能使自己信誉扫地。

　　他懂得去尊敬每一个人。

　　他知道一个"早安"和一个微笑能使人获得一天的快乐。

他知道用肯定和赞许去振奋别人的精神，同样也是在振奋自己的心灵。

他懂得当他落难或失败的时候，世界上并不是末日，新的一天和新的机会总在面前。

他觉得听往往比说更重要，让别人诉出心中的烦闷总能结交更多的朋友。

他知道每个人都会有烦恼，他不会因别人的怨尤而消沉。

他相信一个地方的人并不比另一个地方的人难相处，相处得和睦与否98%取决于他自己的所作所为。

用"同字"的眼光看，这里的十一个"他"都在句子的开头，这与其说是同字，不如说是反复，是由"他"构成的隔离反复。此外，"知道""懂得"亦属隔离反复。

排比与反复的联系和区别。

两者的相同点是：有些排比句在固定的位置反复用了同形词语，这样的排比可视为词语的隔离反复。这是排比和反复的兼用。

两者的区别有两点。

（1）着眼点不同。排比着眼于结构相似，语气贯通，多项并举。反复着眼于语句字面的重现，语义表达的重心在反复出现的那些语句上。

（2）作用不同。排比的作用主要是加强语势。反复的作用是为了强调某种思想感情，或增强节奏感。

二十八、同异

某作家与朋友有这样一段对话：

朋友：文人的胃口真好，在你们笔下什么都能吃，吃苦、吃力、吃醋、吃官司、饮泣、饮恨、食言、啃书本、喝西北风、咬文嚼字……还有什么不能吃的？

作家：不吃软，不吃硬，不吃眼前亏。

在吃苦、吃力、吃醋、吃官司中"吃"是"同"的成分，而苦、力、醋、官司是"异"的成分。在不吃软、不吃眼前亏中，"不吃"是"同"

的成分，软、硬、眼前亏是"异"的成分。

在相对称的语言单位（可以是词、短语）中，同中有异，异中有同，通过鲜明的对照产生丰富的联想，这样的表达方法叫同异。同异有三种情况：

1. "同"的成分往往是从复合词中提取的一个语素。有这样一首诗：

新莺始新归，新蝶复新飞。
新花满新树，新月丽新辉。
新光新气早，新望新盈抱。
新水新绿浮，新禽新听好。
新景自新还，新叶复新攀。
新枝虽可结，新愁讵解颜。
新诗独氤氲，新知不可闻。
新扇如新月，新盖学新云。
新落连珠泪，新点石榴裙。

这是六朝诗人鲍泉作的一首题为《奉和湘东王春日》的诗，内容空泛，但从形式来看，由"新"字组成的十七个复合词中，"新"为相同的语素，其他为异的成分。通过同异对比，给人耳目一新之感。

2. "同"的成分往往是联绵词中一个相同的音（或声同或韵同）。

联绵词在使用时，也会出现同异现象。如南北朝著名诗人庾信有一首诗，题为《示封中录》：

贵馆居金谷，关扃隔藁街。
冀君见果顾，郊间光景佳。

联绵词是指由于两个音节联缀成义而不能分割的词，或有双声叠韵的关系，双声是指每个字的声母相同，如辗转、参差、踌躇，叠韵是指每个字的韵母相同。如窈窕、绸缪。或没有双声叠韵的关系，如蜈蚣、妯娌，或同音相重复，如匆匆、津津。

《示封中录》这首诗的用字，是双声关系，声母是 g 和 j 这是"同"，余下的韵母是"异"。

3. "同"的成分可以是汉字中的一个偏旁或部首。

明朝天启元年，宰相叶向高路过神州，留宿新科状元翁正春家中，翁即兴出对曰：

宠宰宿寒家，穷窗寂寞。

叶向高见联中全是宝盖头的字，先是一惊，接着和道：

客官寓宫室，富室宽容。

这副对子用了同异法，"同"的成分是每个字全用了宝盖头儿。

同异的特点是：在具有对应性的语言单位中，有相同的成分，它侧重于语言单位之间的同异对比，产生同中有异、错落有致的效果。

同异修辞在广告语中运用很多，如：

①古绵纯酒的广告语："在于陶醉 而非沉醉。""陶醉"是沉浸在某种意境中，而"沉醉"则是指大醉。读者通过对两个同中有异的词的比较，可以更深刻地理解广告所传递的信息。

②青海雪顿乳业的广告语："有高度才有纯度。"这里用同异的手法表现高度与纯度之间的关系，用双关的手法将地理优势与科技优势融为一体，诉求单一，表现力强。

③利郎商务西服的广告语："利郎西服，有印象，更有形象。"用同异的手法表现利朗商务西服不仅能给人留下深刻印象，更能提升着装者的形象，使得广告诉求时尚，不张扬，有个性，不夸张。

④联想集团的广告语："八年风雨 八年风流。"用"风雨"概括创业的艰辛，用"风流"概括业绩的辉煌。"风雨"与"风流"，同中有异，相映相衬，准确地表达出联想集团八年来走过的非同寻常的历程。

同异不同于反复。

同异出现在相对应的字、词和短语中，着重于语言单位之间的同异对比，产生同中有异、错落有致的效果，而反复可以是同一个词的反复，同一个短语的反复，同一个句子的反复，语义重心落在被反复的语言单位本身，通过反复起强调作用。

二十九、易色

一位自命为"中国通"的教授，在中文课上讲："中国人把物品称为

'东西'，例如桌椅、电视机等，但有生命的动物就不称东西，例如虫、鸟、兽、人……所以，你和他都不是东西，我自然也不是东西。"

在汉语中，"东西"这个词有三种感情色彩：①褒义的，特指所喜爱的动物或人。如"这个小东西真顽皮"。②贬义的，特指所憎恨的动物或人。如"这老家伙不是东西"。③中性的，泛指各种具体的或抽象的事物。如"语言这东西不是随便可以学的"。

"我自然也不是东西"，这里的"东西"本来是贬义的，而被"中国通"误认为是中性的。故事的编者正是利用"东西"的不同色彩，来构成"易色"，产生幽默诙谐的讽刺效果。

易色，顾名思义，就是色彩的变易。在文章中有时为了表达的需要，临时变易词语感情色彩，将褒词贬用或贬词褒用，这种修辞手法，就是易色。

词语的色彩，分为感情色彩和语体色彩，因此易色法也相应地分为两种情况。

（一）变换词语的感情色彩

词语（虚词除外）在表达人们对客观事物的概括认识的同时，有时还能够表达人们对该事物的爱憎意味或褒贬评价。也就是说，有些词除了表示一定的意义外，还明显地带有感情色彩，这种色彩反映着人们的主观态度。

词语的感情色彩大体有褒义、贬义、中性三种，有些词带有喜爱、赞扬、崇敬或者表示肯定的感情色彩，这些词就是褒义词。有的词带有憎恨、鄙视、谴责、讽刺或表示否定的感情色彩，这些表示贬斥意义的词就是贬义词。还有些词，本身不带有褒贬色彩，这类词叫中性词。比如成果、后果、结果这三个词中，都有事情发展所达到的最后状态和结局的意思，但三个词感情色彩不同，"成果"是褒义词，"后果"是贬义词，"结果"是中性词。

在言语表达中，可以利用词语的感情色彩，故意褒词贬用或贬词褒用。如：

纪昀是清朝乾隆时河间才子，博学多智，能言善辩。

有一次，纪昀在皇宫翰林院率众编汇《四库全书》。当时正值盛夏，体胖的纪昀难忍酷热，便脱衣光背，把辫子盘在头上，伏案阅稿。忽然，他发现乾隆皇帝从前面向院里走来，穿衣服已经来不及，他一猫腰，钻入案下，并将桌布拉好，准备皇帝一走，再出来继续工作，谁知，这一切都被皇帝看到了。乾隆皇帝直奔纪昀案旁，坐了下来，并示意四周惊慌失措的众编辑安静下来。

肥胖的纪昀此时在通风不良的案下热得实在受不了，倾听屋内又发觉确无异常动静，以为乾隆帝走了，便撩起桌布露出脑袋问："老头子走了吗？"这句话惹恼了一直坐在案旁的乾隆帝，怒道："纪昀，别的罪可恕，你凭什么叫我老头子？如果讲不出道理来，立刻赐死！"

谁知此时纪昀却不慌不忙，从容笑道："'老头子'这三个字是大家公认的，非臣臆造，容臣详说。皇帝称万岁，岂不为老？皇帝乃国家之首，岂不为头？皇帝乃真龙天子，岂不为子？'老头子'三字乃简称缩写也。"乾隆听了，哈哈大笑，说道："好个能言善辩的纪昀，虽苏秦、张仪再生所不及也，朕赦汝无罪，起来吧。"

在汉语中，"老头子"本来是带有贬义色彩的，纪昀为了保全性命，故意对"老头子"一词进行曲解，使之带上褒义色彩，因而获得了乾隆皇帝的欢心。

(二) 变换词语的语体色彩

语体色彩，即一般所谓的语体风格。词语的语体色彩一般有口语和书面语之分。

1. 口语色彩：月亮、小伙儿、伙计、吊儿郎当。
2. 书面语色彩，又细分为四种：
①政论体的：国体、独裁、专制、复辟；
②文艺体的：春色、秋光、乳莺、残阳；
③科学体的：定理、具体、临床、开方；
④事务体的：签发、电复、批示、撰写。

语体涉及政治、经济、法律、军事、科学、文化领域或各个行业，在这些领域或行业中，都有一系列反映该领域或行业色彩的词语。

言语表达时，可以将甲语体的词语故意运用到乙语体中。有一则短文，题为《八十年代情话录》：

"我得到一条信息：你爱我，是吗？"

"这条信息反馈得真快！"

"太好了！我……我恨不得……恨不得承包……"

"承包什么？"

"承包您的全部爱情。"

"妈妈原来说由我自己做主的，就怕到时不给我落实政策。"

"我们不需要父母的赞助。"

"小声点！你的喉咙立体声似的，又不是做广告，要搞得人人皆知。"

"不会有人听到的，这儿是公园里最幽静的地方，是恋爱的特区！"

这则短文，在对话中使用了"信息""反馈""承包""落实政策""赞助""立体声""广告""特区"这些充满着新时代气息的新词，作者故意将这些新词用于谈情说爱，产生幽默诙谐的效果。

变换词语的语体色彩，常用的方法有两种。

（1）在言语表达中故意将分量重的、大的词语当作一般词语来使用。如钱钟书先生的小说《围城》有这样一段文字：

事实上，一个人的缺点，正像猴子的尾巴，猴子蹲在地面的时候，尾巴是看不见的，直到它向树上爬，就把后部供大众瞻仰，可是这红臂长尾巴本来就有的，并非它们爬高了的新标志。

（2）变换词语的语体色彩，还可以故意将某些专业用语转用到一般言语交际中。如：

冠军运动员因患感冒卧床不起，医生告诉他发烧了，他问道："体温多少度？"答："41℃。"运动员忙又问："那么世界纪录是多少？"

"世界纪录"本是用于体育比赛的词语，专业性较强，这里降用到体温上，令人发笑。

又如有一则题为《法律之家》的小幽默：

律师的儿子又回家晚了，邻居问他："你回家晚了，会挨爸爸的打吗？""不会的，我爸爸是律师，如果要打我，我母亲就会申请缓刑，再向我祖母提出上诉，就可以宣判无罪。"

"缓刑""上诉""宣判"为法律用语，一般用于庄重严肃的场合，这里运用到日常生活中，寓谐于庄，产生幽默的效果。

在修辞学界，一般认为"变易"词语感情色彩的用法叫易色，"由于表达的需要，偶尔把一些分量大的词语降作一般词语用，也就是词语的降级使用，这种词语活用叫降用"。① 我们认为，这里讲的易色和降用可以合并统称为易色。词语的色彩既包括感情色彩，又包括语体色彩，"易"是变换，易色就是变换词语的感情色彩和语体色彩。"降用"的命名也不够全面，词语的降用不仅仅是将分量重的、大的词语降作一般词语用，它也可以将一种语体的词语平级移用到另一种语体，这时很难看出它"降"的意味。

三十、转品

有一年，一位好莱坞的电影经纪人为了扩大影响，吸引观众，在美国好莱坞城主持举办了一场别开生面的"模仿卓别林竞赛"。许多来自各地的选手竞相登台表演。他们穿上卓别林式的服装，装扮成卓别林的模样，表演得惟妙惟肖，令观众倾倒，比赛场上盛况空前。

卓别林听到这个消息，也悄悄来到好莱坞。以一个模仿者的身份登台参加竞赛，谁知他只得了个第三名，后来获得第一名的选手知道了艺术大师卓别林本人竟屈居第三名，深感不安，执意要与他互换一下名次，卓别林坚决不同意，他诚恳地对这第一名选手说："你是卓别林的模仿者，却战胜了真正的卓别林，证明你比卓别林还卓别林，这第一名理当是你。"

在"比卓别林还卓别林"中，第二个"卓别林"本是名词，但它为了某种特殊的修辞目的，这里用为形容词，这种言语现象叫作转品。传统的"品"指的是词性，转品就是在言语表达中，凭借上下文条件有意转化词或短语的性质，一般是把名词当作动词或形容词来使用，以增加辞趣。（陈望道《修辞学发凡》原称"转品"，1976年上海人民出版社重印本改

---

① 倪宝元. 修辞[M]. 杭州：浙江人民出版社，1980：99.

称"转类"。)

有一则小幽默,题为《学问难成》,讲的是初学造句的小朋友,常常会造出意想不到的语句:

难过——我家门前的大水沟很难过。

如果——罐头如果汁营养丰富。

天真——今天真热,是游泳的好日子。

十分——妹妹的数学只考十分,真丢脸。

从容——我做事情,都是从容易的做起。

这则小幽默利用了转品的特点,读来幽默风趣。"难过"本来是个形容词,要求在所造的句子中也要出现这样的形容词,但造出的句子,将"难过"变成了动宾关系的短语了。"如果"是个连词,造句者只求字面同形,而忽视了词语的用法。"天真"是形容词,造句时只注意字面相同,而不顾词性和词义。"十分"是副词,而句子中出现的"十分"却是数量词。"从容"是形容词,所造的句子中虽然嵌进了这个词,但忽视了该词的词义和词性,只求字面同形。作者运用转品法有意改变这些词的词性,大大增加了言语表达的效果。

转品不仅在小幽默中出现,它也常常出现在文学作品和日常生活的言语表述中。如:

①她当然也不希望她男朋友的性格举止过于"奶油",何况她本来就觉得我长相太阴柔了点。(海岩《玉观音》)

②在他心的深处,他似乎怕变成张大哥第二——"科员"了一辈子,以至于对自己的事都一点也不敢豪横。(老舍《离婚》)

③因为苦过你的苦,所以快乐着你的快乐……所以悲伤着你的悲伤,幸福着你的幸福。

④要得到群众的拥护么?就要关心群众的痛痒,就得真心为群众谋利益……(毛泽东《关心群众生活,注意工作方法》)

⑤他家里有吃有穿,生活并不太差。

⑥他表演得很投入。

例①的"奶油"是名词当形容词用,是"公式化"的意思。例②是名词当动词用,是说"当了一辈子科员"。例③的"苦""快乐""悲伤""幸福"是形容词活用为动词。例④用"痛""痒"两种感受代指关乎切身感受的生活状况,是形容词活用为名词。例⑤"吃""穿"与前面的"有"构成动宾关系,指"吃的东西"和"穿的衣服",是动词活用为名词。例⑥用"投入"这个动作来形容他注意力的集中和专心,是动词活用为形容词。

转品与词类的误用,有一定界限。

转品是随情应景地让词语活用,使表达具体而形象,新鲜而活泼。而词类误用是在表达时将甲类词误作乙类词使用。前者是言语表达的一种方法,后者是言语表达时出现的一种语病。

三十一、飞白

琼瑶《还珠格格》中有一段描写"小卓子本来不姓卓,姓杜。小燕子一听他自称为'小肚子',就笑得岔了气。'什么小肚子,还小肠子呢!'于是,把他改成了小卓子"。这里,大大咧咧的小燕子把姓杜的"杜"错误地理解为肚子的"肚"了,因此把它改成了"小卓子",岂不让人笑掉了大牙。这是因音同而错,作者将错就错,把这个错误实录下来,活现了小燕子活泼可爱,憨态可掬的样子。飞白法往往起到滑稽、揶揄、增趣的作用。

所谓飞白,是为了特殊的表达需要,将明明知道是错误的字、词、句、篇故意如实记录或仿效。这里的"白"本来是指白字,我们可以将它扩大到有语病的词语句篇。飞白的构成有以下四种情况。

①利用白字构成飞白。

如一位网友在同他人争论时发了一个帖子"我要搞水陈那个垃圾,我好呸服他厚阉无齿"。这里作者故意将"佩服"写成"呸服",将"厚颜无耻"写成"厚阉无齿",连用几个"飞白"手法,淋漓尽致地表明了自己的愤懑之情。

②利用词语构成飞白。如赵树理的《灵洞泉》中:

地主刘石甫在太原混了几天,学了一套官腔:"我们的中央军'进行'

到我们'原籍'来了……我们的国民党又都'秩序'了……大家要严重地听!"

这里使用了修辞格的"飞白"手法,把地主刘石甫不学无术又狐假虎威的人物形象刻画得入木三分。

③利用有病的句子构成飞白。

无论说话还是写文章,人们都不愿在言语活动中出现讨厌的病句,但在文艺作品中,为了塑造人物形象,刻画人物的某种性格,表现人物的某种感情,作者往往在人物语言中有意地运用一些病句或不太规范的句子。

电视连续剧《黑十字架》中有一位海关人员,被走私集团利用,后来在同志们的帮助下,终于觉醒了,当公安人员派他打入走私集团内部侦察时,他非常激动地表示:"我一定使劲儿侦察。"

这种回答,近于孩语,这是成年人在强烈的感情支配下所道出的孩语,并且在特定的背景下由那位悔悟觉醒后的海关人员讲出,显得真实自然。

又如电影《御马外传》中,有人来找亮亮的妈妈,亮亮从屋里走出来说:"我妈妈说,家里没人。"亮亮的话本身是引人发笑的,因为它明显违背了逻辑事理,但从亮亮的口中说出,就自然妥帖。

散文作家秦牧在《艺海拾贝》中说:"在某种场合,'不合逻辑'的语言有时比合乎逻辑的语言更有力量。"在文艺作品中,这种"不合逻辑"的句子是作者将它作为某种艺术手段而有意运用的,它完全服务于文艺作品刻画,"这一个"的需要。

④利用篇章构成飞白。

在文艺性的小品文中常常采用这种方法。有一篇文艺小品文,题为《奇文共欣赏》,文中介绍了国民党山东省主席韩复榘的演讲词。

诸位,各位,在齐位。今天是什么天气?今天是演讲的天气。开会的人来齐了没有?看样子大概有五分之八了,没来的举手吧!很好,很好,都到齐了,你们来得很茂盛,敝人也实在是感冒。今天兄弟召集大家,来训一训,兄弟有说得不对的,大家应该互相原谅,因为兄弟和你们大家比不了,你们是文化人,都是大学生,中学生和留洋生,你们这些乌合之众是科学科的，化学化的，都懂七八国的英文，兄弟我是个大老粗，连中国的英文也不懂。你们是从笔筒里爬出来的，兄弟我是从炮筒里钻出来的，今天到这里讲话，真使我蓬荜生辉，感恩戴德。其实我没有资格给你们讲话，讲起来嘛就像就像……对了，就像对牛弹琴。

今天不准备多讲，先讲三个纲目。

蒋委员长的新生活运动，兄弟我举双手赞成，就是一条，"行人靠右走"实在不妥，实在太糊涂了，大家想想，行人都靠右走，那么左边留给谁走呢？

还有件事，兄弟我想不通，外国人在北京东交民巷都建了大使馆，就缺我们中国的，我们中国为什么不在那儿建个大使馆？说来说去，中国人真是太软弱！

再一件事，你们校的总务长太不像话了，要不是他贪污了，那学校为什么这样穷酸？十来个人穿着裤衩抢一个球像什么样子，多不雅观！明天到我公馆再领笔钱，多买几个球，一人发一个，省得再你争我抢。

韩复榘原是国民党山东省政府主席，齐鲁大学校庆时他作了此演讲。该演讲词病句甚多，堪称奇文，当然该文亦经后人的夸张加工，加工者采用飞白法，夸其病，讽其庸，具有独到的讽刺效果。

飞白就是故意使用有病的字、词、句、篇，但是我们所理解的"病"应包括语法、修辞和逻辑诸方面的毛病。

前几年，《人民文学》曾刊载了一篇《大问题》的小品文，现录于下：
同志们：

我今天准备给大家讲一个问题。这个问题，本来没有什么问题，但是，问题终究是问题，你越不讲它就越成问题，最后，可能发展成为无可救药的问题。

那么，这个问题究竟是什么问题呢？这个问题是一个不简单的问题，同时也是一个难以解决的问题。如果我这个问题讲来讲去你们听不出什么问题，那么就说明我这个问题中还存在问题，也许你们的耳朵有问题，这样大家都有问题。

但我希望，我讲完这个问题之后，大家要从我这个问题中多多提出问题,并且深入分析我这个问题。这样做,我一定没有问题,但我坚信,大家一定能解决我这个问题中所存在的问题,把它变成一个没有问题的问题。

讲到这里,我的问题已成为越讲越多的问题,大家会感到是一个十分荒谬可笑的问题。不过,我还要郑重地指出:我这个问题是一个非常特殊的问题,大家听后满意也好,不满意也好,始终会在你们的印象中留下一个不三不四的问题。这样一来,我所讲的问题就成为一个非常遗憾的大问题。

最后,祝大家身体没有问题!

这则讽刺小品,它以讲话稿的形式讽刺了一些喜欢打官腔的人。语法、逻辑上基本没有"病",只是修辞上以辞害意(单调地重复三十六个"问题"),内容空洞无物,形式呆板累赘。作者正是运用了飞白法写成了这样的讽刺小品。

三十二、释语

培根论爱情时这样写道:

所谓情话,就是热情冲动时所说的话,正如做梦时说出的呓语,并不是正常生活里的东西。

所谓永恒的爱,是从红颜爱到白发,从花开爱到花残。

这里解释"情话"和"永恒的爱"都采用了释语的方法。

释语,是用形象生动的言语对某个词语艺术地进行解释。它不同于一般的词语解释。虽然它在运用过程中要借助某些词语解释的方法。

释语的方法有这样两种。

1. 以本语释本语。"本语"指普通话,"以本语释本语"就是用普通话语词来作形象生动的解释。如:

立春:立是见,春是蠢动,是植物开始有生机的意思。

雨水:雨水将多。

惊蛰:春雷响动,惊动万物。从这一天起冬眠生物将醒。

春分:分就是半,春季九十天的一半叫春分,这一天昼夜平分。

清明：明洁的意思，这一天起，草木萌芽。

谷雨：雨生百谷之意，这一天雨水加多。

立夏：夏天开始。

小满：指麦种有芒。

夏至：至是极，是日影长到终极之意。

小暑：气候炎热，但还是没有热到极点。

大暑：炎热到极点。

立秋：秋是植物快成熟之意，这一天起秋天开始。

处暑：处是停止，指暑气将于这一天结束。

白露：地面水气凝结为露呈白色。

秋分：秋季九十天的一半，这一天昼夜平分。

寒露：露光白而寒，是气候逐渐转冷的意思。

霜降：下霜。

立冬：冬是终了的意思，作物收割后要收藏起来。

小雪：开始降雪，但还不多。

大雪：雪将由小而大。

冬至：日影已短到极点。

小寒：天气寒冷，但还没有冷到极点。

大寒：冷到极点。

这里是用本语释本语的方法，对二十四个节气作了通俗形象的解释。这类释语要求生动、形象，具备可接受性。如果把"立春"解释为"每年2月4日前后太阳到达黄径直径315度时的节气"，把"雨水"解释为"每年2月19日前后太阳到达黄径330度时的节气"，则是对词语进行科学的解释。

2. 用普通话语词对非汉语普通话语词（包括外语词、兄弟民族语言的语词、汉语方言语词、行业语的语词）进行生动形象的解释。有人称之为"异语"。如：

①PET是正电子放射层扫描机（Position emission tomography）的简称。它是在曾获得一九七八年诺贝尔医学奖的CT机（计算机控制的断层体层

X射线扫描机)的基础上发展得来的一种最新技术。(《光明日报》)

②西藏拉萨河畔有个叫王丽梅的北京下乡知识青年,藏族同胞总是亲昵地称她"格拉"。(藏语"格拉",意思是老师)。(《北京日报》)

③"作家"——湖南人叫种地的为"作家"。这个名称的双关意义也很好,这是说,写作也和耕种一样,是要勤于劳动的,湖南人又叫做地多的为"大作家"。(《人民文学》)

例①如果只写PET,而不写此语词的汉语翻译和简称的原文,读者就不能了解该扫描机的性能。这种利用外来语的异语,是适应科学技术的发展和国际间交际的需要而产生的。例②用了藏语的语词,表达了藏族人民对王丽梅的亲昵之情,若直接用"老师"而不用"格拉"转译,这种亲切之感就不能充分地表达出来。这种用兄弟民族语言的语词构成的异语,民族色彩很浓,有独到的表现力。例③是用方言词构成的异语,它对方言词加以解释而引申出新意,给人以新颖别致之感。

异语的使用,要能把握住分寸。即外来语、兄弟民族语词、方言词的运用,在言语作品中不宜太多。运用这些语词的好处是:能增强语词的表现力,生动形象,亲切可感。如果滥用,往往会影响言语交际。比如周立波的《山乡巨变》和冯志的《敌后武工队》都过多地运用了方言词。《山乡巨变》中的湖南方言"莫逗要方了""大崽""耕白水""晏了"等,《敌后武工队》中的北方方言"不赖歹""干的戟""卖谝""栽不楞"等都不同程度地影响了文学语言的表达效果。

释语不同于词语的解释。释语的方法只有两种,一种是本语释本语,一种是用异语作解释。

而解释词的方法是多种多样的。

(1) 利用同义词或同义短语来解释。

拭——擦,畏惧——害怕。

(2) 利用反义词或者在反义词前加"不"。

丑恶——不美好,调和——不斗争。

(3) 解释字义。

跋涉——爬山蹚水,形容旅途艰苦。跋,爬山,涉,蹚水。

(4) 交代异称。

参差——文言词,不整齐的意思;俺——方言,我,我们。

(5) 举例。

呈现——显出,露出的意思。多指景象、状态之类的显露。如到处呈现出一片生气勃勃的景象。

(6) 说明类属。

象形——六书之一,描摹实物形状的造字法。

(7) 交代背景,指出它是什么时代、什么社会的产物,是同什么背景联系在一起的。

连坐——反动统治时代,一个人触犯了当时的令,连带亲属也治罪,叫连坐。坐就是犯法。

(8) 两相对照。

利润——商品生产的赢利。在资本主义生产中,利润是工人所创造而为资本家所剥削的剩余价值的转化形式;在社会主义制度下,利润是劳动创造出来的纯收入的一部分,是社会资金积累的主要来源。

(9) 描绘解释。

棒棒——形容野草树木丛生的样子。

释语常常借助词语解释的某些方法,但最终的目的不一样,释语是为了使表达生动形象,亲切可感,而词语的解释是为了揭示词语的语义。

三十三、节缩

志若黄河奔沧海,形似珠峰刺青天。

借问英灵今何在?花潮湿诗震人间。

这首诗选自童怀周《天安门诗抄》,诗中"珠峰"是珠穆朗玛峰的节缩。因为在诗中出现全称会影响诗的对称和简洁。

所谓节缩,是为了使语句简明,或节拍协调,或实现其他的修辞目的,把一些音节过多的词语加以删节、压缩和归并。

节缩常见的形式是简称和数词缩语。

1. 简称,是事物的全称简化了的称谓。简称的出现是为了用语的经济。简称是和全称相对而言的，简称具有全称在表义上的明确性。如：

亚足联2月24日做出一个相当严厉的决定，取消了4支俱乐部队参加亚冠联赛的资格。(《中国体育报》2006年6月25日)

"亚足联"是"亚洲足球联合会"的简称，"亚冠联赛"是"亚洲冠军联合比赛"的简称。

简称的构成方式有如下几种。

（1）取全称中每个词的第一个字。如，政治委员——政委。北京大学——北大。

（2）取全称中第一词的第一个字，取第二个词的第二个字。如，战争罪犯——战犯。师范学院——师院。

（3）取全称中的前一个词。如，师范学校——师范。清华大学——清华。

（4）取全称中的最后一个词。如，中国人民解放军——解放军。中国人民志愿军——志愿军。

（5）取全称中每个词的一个字，再将具有类别性质的词附在后面。如，少年先锋队——少先队。支部委员会——支委会。

（6）取全称中具有代表性的两个字。如，鞍山钢铁公司——鞍钢。中国作家协会——作协。

（7）取全称中的第一个字，并与另一个全称中的第一个字连用。如，中华人民共和国、朝鲜民主主义人民共和国——中朝。英吉利大帝国联邦、法兰西共和国——英法。

（8）简称中字的顺序打破了原称中字的顺序。如，国营第五棉纺织厂——国棉五厂。第四女子中学——女四中。这种简称法更具有区别性，前例突出一个"棉"字，以区别于一般工厂。后例突出一个"女"字，以区别于一般中学。

简称不同于"代称"，代称一般是用一个字来代替原名称，它不是对全称的简缩。如，"湘"称代湖南，是因为该省境内有湘江，上海市用"沪"，是根据上海县东北的沪渎水（即今之吴淞江）来代称的。河南省的代称是"豫"，是因为河南是古九州之一的豫州。代称所用的字来源于该地区具有代表性的事物。

2. 数词缩语

数词缩语有两种情况。

（1）将"百花齐放、百家争鸣"简缩为"双百"。这类数词缩语，数词的数额取决于全称中相同词的多少。又如，反贪污、反浪费、反官僚主义简称为"三反"。初伏、中伏、末伏简缩为"三伏"。

（2）将蚊子、苍蝇、臭虫、老鼠缩简为"四害"。这类数词缩词前部分数词的数额取决于全称中词的多少，后部分的词是全称中各个词语所代表的事物的共同属性。又如，喜、怒、表、爱、恶、惧、欲简称为"七情"，酸、甜、苦、辣、咸简缩为"五味"。

简缩在言语交际中，不需详细解说其内涵，因为它是约定俗成的，因而简缩语常可以独立运用。如：

他们有高度的革命觉悟，可贵的革命干劲，一心为公的"十不"精神，"三老四严"和"四个一样"的革命作风。

简缩有临时和约定俗成之分，后者以前者为基础。如把感情、激情、抒情称"三情"，把理解力、概括力、分析力称作"三力"，这都是临时节缩，但"五讲""四美"现在看来就是约定俗成的。任何简缩都有从临时向约定俗成转化的过程，在转化过程中，有些被淘汰，有些被保存了下来。

随着社会的发展，改革开放以来，出现了许多新词语。在这些新词语中，简缩语也很多。比如：动漫——动画漫画，超女——超级女声，闺密——闺中密友，彩喷——彩色喷墨打印机，个税——个人所得税，彩民——彩票市场上的个人投资者，公信力——使公众相信的能力，奥申委——奥林匹克运动会申办委员会，等离子刀——等离子体手术刀，世贸中心——世界贸易中心，等等。

作为简称和数词简缩语在使用时应注意两点。①在郑重的场合少用或不用。如正式文件中尽量少用或不用节缩语，要用也要注意节缩语的约定俗成性和全民性。②局部通用的简称应加上注解。如巴金《我们会见了彭德怀司令员》一文，用了通行于志愿军内部的"志政"，就附上了注解：

"志政，即中国人民志愿军政治部。"

节缩不同于释语，节缩是对全称的简缩，是为了言语的经济、表达的方便，释语是通过通俗形象的解释，让对方易于接受。

释语不同于词语解释，释语力求通俗形象或具有可接受性，而词语解释是阐述词语的语义，力求准确性；释语和解释词语的方法也各不相同。

易色不同于倒反，也不同于双关。易色是变换词语的感情色彩和语体色彩，而倒反是说反话或戏谑讽刺，而双关是一语二义，言此而意彼。

转品不同于飞白，转品是故意改变某个词的词性，飞白是故意使用有病的字、词、句、篇。

三十四、镶嵌

有一次，纪晓岚陪伴乾隆皇帝到南方巡游。乾隆皇帝坐在龙舟上，面对"滔滔长江万重浪，苍苍江堤万里蛇"的深秋迷人景色颇有感慨，即命纪晓岚当场吟一首七绝，来描述这一壮丽动人的景色。纪晓岚站起身来，把手一背，在龙舟甲板上来回踱步沉思，不一会儿，朗声吟道：

一篙一橹一渔舟，一个艄头一钓钩；

一拍一呼还一笑，一人独占一江秋。

乾隆皇帝听后，拍手称绝，佩服地说："怪不得人们称你为'纪才子'，果然名不虚传！"

纪晓岚所吟七绝，嵌进了十个"一"字，这种手法叫镶嵌。它是为了表达的需要，故意加进一些字、词、句。镶嵌有两种情况。

1. 为了言语的音节对称或便于吟唱，故意加进几个无关紧要的字来衬托紧要的字，这叫衬字。如王实甫《西厢记》中的《长亭送别》，其中的一些唱词就采用了衬字法，为的是便于吟唱。

恨相见得迟，怨归去得疾，柳丝长玉骢难系，恨不得倩疏林挂住斜晖。马儿的的行，车儿快快的随，却告了相思回避，破题儿又早别离，听得道一声"去也"，松了金钏。遥望见十里长亭，减了玉肌；此恨谁知。

见安排着车儿、马儿，不由人熬熬煎煎的气。有什么心情花儿，粉儿，打扮得娇娇滴滴的媚。准备着被儿，枕儿，只索昏昏沉沉的睡。从今后衫儿、袖儿，都揾做重重叠叠的泪。兀的不闷杀人也么哥！兀的不闷杀人了么哥！久已后书儿，信儿，索与我凄凄惶惶的寄。

这两段唱词的加点部分都是衬字，当时加上这些衬字是为了便于吟唱，衬字之外的字都是正字。

又如《木兰辞》中描写木兰准备替父从军时写道："东市买骏马，西市买鞍鞯，南市买辔头，北市买长鞭。"

这里就嵌进了"东西南北"，使得句式整齐，便于吟诵。

2. 有时把能表达内心真情实意的词语巧妙地嵌进言语段落中去，或表达真情，或表示讽刺。

封建军阀袁世凯，篡夺辛亥革命果实，窃居总统职位，王凯运作对联加以讽刺：

民犹是也，国犹是也，何分南北；
总而言之，统而言之，不是东西。

这副对联中嵌进了"总统不是东西"。

又如《天安门诗抄》有一首诗：

江河湖海浪涛起，亿万人民悼总理。
青山绿影低下头，滚滚泪浪哀声起。
靠着泰山心难移，谁料星陨日月泣。
边防战士继遗志，誓和白骨斗到底。

在"四人帮"横行时期，人民失去了言论自由，这首诗采用镶嵌法，嵌进了"江青靠边"，曲折而巧妙地表达了作者的爱憎。

3. 嵌名镶嵌法。即有意将店名、商品名、人名、地名等镶嵌进语段中，使得所嵌之名更富深意。如：

北大未名湖的楹联："人逢盛世真难老，湖至今日未有名。"将湖名"未名湖"一词拆开，分别嵌入联语中，使闻名华夏的"未名湖"与"湖至今日未有名"之语形成鲜明对比，寓意颇深，耐人寻味。

康佳集团的广告语："康乐人佳品纷呈。"将企业名"康佳"一词拆开，嵌入文案中，塑造出一个为人类健康快乐地生活而不断提供佳品的企业形象。

天湖公寓的广告语："天南海北四方客,湖光山色碧云天,公苑曲径绿意香,寓心闲情天湖家。"将"天湖公寓"拆开,分别嵌入广告诗各句之首,每句诗表达"天湖公寓"的一个特色,描绘出一个充满诗情画意的空间,令人心驰神往。

不仅是词语、句子可以嵌入言语段落中,有时嵌进的文字可以成为一个完整的篇章。如:有一个小伙子非常爱一个姑娘,但姑娘的父亲却不喜欢他,也不想让他们的爱情发展下去。小伙子很想给姑娘写一封情书,然而他知道姑娘的父亲会先看,于是他给姑娘写了这样一封信。

<u>我对你表达过的热爱,</u>
已经消逝。我对你的厌恶
<u>与日俱增,当我看到你时,</u>
我甚至不喜欢你的那副样子,
<u>我想做的第一件事就是</u>
把目光移向别处,我永远不会
<u>和你结婚。</u>我们的最近一次谈话
枯燥乏味,因此无法
使我渴望再与你相见
你心中只有自己
<u>假如我们结婚,我深信我将</u>
生活得非常艰难,我也无法
愉快地和你生活在一起,我要把我的心
奉献出来,但绝不是
<u>奉献给你,没有人能比你更</u>
苛求和自私,也没有人比你更不
<u>关心和帮助我。</u>
我诚挚地要你明白
<u>我讲的是真话,请你助我一臂之力,</u>
结束我们的关系,别试图
<u>答复此信,</u>你的信充满着

使我兴味索然的事情，你也不可能怀着

<u>对我的真诚关心，再见，请相信</u>

我并不喜欢你，请不要以为

<u>我仍然爱着你。</u>

姑娘的父亲看了信以后，非常高兴地把信交给女儿，姑娘看罢信也非常快乐，小伙子仍然爱着她。

小伙子的情书，采用镶嵌手法，将奇数行连缀成文，表示对恋人的忠贞不渝，你不妨读一读信中加横线的文字。

三十五、拆字

有个财主少爷出外游玩，见一年轻貌美的村妇在木桥边，便生歹意。于是凑到村妇跟前嬉皮笑脸地说："有木便是桥，无木也念乔，去木添个女，添女便为娇，阿娇休避我，我最爱阿娇。"说完，眼睛直勾勾地盯着村妇。

村妇听了他的下流言词，看着他摇头晃脑的丑态，非常生气，回敬他说："有米便为粮，无米也念良，去米添个女，添女便为娘，老娘虽有子，子不敬老娘。"

少爷受了才思敏捷的村妇的回击，灰溜溜转身便走。

财主少爷把"桥"字拆开，几换偏旁变为"娇"，调戏村妇，而村妇同样采用拆字法将"粮"字几换偏旁变为"娘"，回击恶少。

所谓拆字，是为了表达的需要，把所用的字故意拆开，这种方法能增强趣味感。

有一副对子：

冻雨洒窗，东两点，西三点；切瓜分客，上七刀，下八刀。

这副对联，出句巧拆"冻""洒"两字，语意自然，饶有意趣，对句巧拆"切""分"两字，浑然天成，入情入理。

纪晓岚任侍读学士时，每日要为皇上诵读《汉书》，久而久之，纪晓岚心生烦闷，思念起家乡来了。这些，都逃不过皇上的眼睛。有一天，皇上对纪说："纪爱卿，你近日有事，我看是：口十心思，思妻、思子、思父母。"纪晓岚听了,立即附和:"皇上所言极是,若皇上恩准臣回乡省亲,臣是:言身寸谢,谢天、谢地、谢君王。"

皇上和纪晓岚的对话中,都使用了拆字手法。"口十心"合起来就是"思",道出了纪晓岚的心思;"言身寸"合起来就是"谢",巧妙地表达了对皇上的谢意。这是一个成功的交际对话,效果很好。

有时,拆字不是一眼就能看出来的,它留下的回旋空间,要靠想象才能破译。因此,使用拆字格,不仅需要一些文字的知识,而且还要善于想象。如《三国演义》第七十二回里有一段描写,说是曹操在巡视一所新造的花园时,走到园门旁,取笔在门上写了一个"活"字,然后扬长而去。大家不解其意,被弄得丈二和尚摸不着头脑。这时,杨修说:"'门'里添'活'字,乃'阔'字也。丞相嫌门阔耳。"曹操利用的正是拆字法,含蓄地表达了自己的想法,而杨修也深谙拆字手法,准确无误地破译了曹操的谜底。

有时,拆字格对汉字形体的分析不如文字学研究的要求那么严格,只要八九不离十就可以了。如:毛泽东主席在1922年给长沙人力车工人上课时,在讲解"天"的意义时,就用了拆字的方式。毛主席说:"'工'和'人'合为'天',如果工人团结起来,就是顶天的力量。"毛泽东主席根据"天"的字形特点,把"天"分解为"工"和"人",虽然这样的分解不太规范,但这样的分解能形象生动地说明工人的力量,具有很强的鼓动性,就应该是个成功的例子。

这里讲的"字"是个传统概念,它包括今天的字和词,即拆字除了合体字可以"化形拆字"外,为了表达需要,也可以把多音词临时拆开使用(有人称之为拆词)。如:

①我们现在革了船主的命,可不能革大海的命,大海一变脸,岂不是照样兴风作浪,伤害人命么?(杨朔《海市》)

②他虽然借父亲的光,有一个贫农成分,但他本人当初既不"贫"又不"农",而是从小走南闯北,闯荡江湖。(张天民《创业》)

③不懂得路就问路,不认得的事物就请教。谦而不虚,采取老实的办法,狂而不妄,采取认真的态度。(徐迟《向着二十一世纪》)

例①将"革命"一词拆开，活泼自然，带有浓厚的生活气息。例②将"贫农"拆开，并加上否定副词，比"并不贫穷，也不务农"要显得生动。例③将"谦虚"和"狂妄"分别拆开，也是为了表达的需要。

总之，一个字有它的定型性，一个多音词也有其凝固性，一般不能拆开使用，如果为了表达的需要，将这些字或词拆开使用，这种字、词的活用就是拆字法。

有人认为，"从语言发展看，拆词有前途，而拆字没有前途"[①]。其实这是一种误会，拆字在日常的言语活动中，特别是在幽默故事中是非常有生命力的，汉字虽然可以简化，但像"谢"字这类由几个部分组成的合体汉字是众多的，要在短期内将这些合体字简化到不能拆的地步，这是不可能的。既然有大量的合体字存在，拆字又是一种古老的而又为群众喜闻乐见的言语技巧，便有其存在价值。可以预测，拆字和拆词一样，在今后相当长的历史时期内都将保持着旺盛的生命力。

三十六、叠字

一位老师讲解虚词"而"字，对学生说："这个'而'字，可解作'但''与''如'……是一词多用的常用字。"

第二天，一个学生写了一篇文章，不管三七二十一地乱用"而"字。老师看后，极为生气，便在文章上批道，"该而而不而，不该而而而，而今而后，已而已而，应而便而，不应而不而……"

学生看了这批语，不禁赞叹说："我写了一百七十个字的文章，才用了十几个'而'字，他写了二十多个字的批语，却用了十多个'而'，怪不得他能当老师！"

老师的批语，用叠字法，将几个"而"重叠使用，这是故事的编者故意用叠字法来嘲讽封建老学究的陈腐教学。叠字法的运用可使故事幽默风趣。

叠字，是把同一个字或词接连叠用，这种方法如果用得恰当，还能增

---

① 濮侃. 辞格比较 [M]. 合肥：安徽教育出版社，1983.

强言语的音乐美，加强言语表达的形象性。如宋代女词人李清照的词《声声慢》：

寻寻觅觅，冷冷清清，凄凄惨惨戚戚，乍暖还寒时候，最难将息。三杯两盏淡酒，怎敌他，晚来风急！雁过也，正伤心，却是旧时相识。满地黄花堆积，憔悴损，如今有谁堪摘？守着窗儿，独自怎生得黑？梧桐更兼细雨，到黄昏，点点滴滴。这次第，怎一个"愁"字了得！

这首词是李清照晚年所作的名篇之一。词一开头连下十四个叠字，层层铺叙，表现了寂寞、悲凉、凄怆的心境。

又如宋代诗人陆游和其前妻的《钗头凤》：

红酥手，黄縢酒，满城春色宫墙柳。东风恶，欢情薄，一怀愁绪，几年离索。错！错！错！

春如旧，人空瘦，泪痕红浥鲛绡透。桃花落，闲池阁，山盟虽在，锦书难托。莫！莫！莫！（陆游《钗头凤》）

世情薄，人情恶，雨送黄昏花易落；晚风干，泪痕残，欲传心事，独倚斜栏，难！难！难！

人成各，今非昨，病魂常似秋千索；角声寒，夜阑珊，怕人询问，咽泪装欢，瞒！瞒！瞒！（唐婉和词）

陆游三十出头，到山阴禹迹寺南的沈家花园去游玩，恰好与十年前的爱妻唐婉相遇，本来陆游与唐婉情投意合，夫唱妇随，生活美满，后陆游为母亲所逼，休了爱妻。迫于家命，陆游另娶了王氏，唐婉嫁给赵士程。此时两人相遇，旧情藕断丝连，唐婉命家童给陆游送了一份酒肴，陆游想起十年来的人事变迁，吞下苦酒，于是在一堵粉墙上题了这首伤心断肠的《钗头凤》小词。

《钗头凤》词，分别将"错！错！错！"和"莫！莫！莫！"作为词的上下阕的结句，它们采用了叠字的方法。当然，这里的字也是个传统概念，古代指单个的字，今天也可以指词，如翻译成现代汉语的"不该！不该！不该！"和"不行！不行！不行！"就是典型的叠词了，为了照顾传统的"字"的说法，统称为"叠字"。

冯景元的《玩》中，也用了叠字的方法：

老了看世界，看世事，生生死死，沉沉浮浮，来来去去，起起落落，什么全明白了，澄清出一个字，是"玩"。

"生生死死，沉沉浮浮，来来去去，起起落落"，多少人的千差万别的人生，全在这一串的叠音词中。

各种性质的词都能重叠。如：

动词重叠：

虽然她的手臂挨过一下拳头，但只消扯点草药来揉揉就可以好了的。（艾芜《石青嫂子》）

"揉揉"就是揉一揉，重叠后，语气比单独一字出现缓和些。

副词重叠：

你这儒巾明明是个读书幌子，如何不会作诗？（《镜花缘》22回）

"明明"就是明显的意思，重叠后加重了语气。

形容词重叠：

老通宝恨得牙痒痒的，没有办法。（茅盾《秋夜》）

"痒痒"重叠后使得愤恨的程度更深了。

叠字状声词：运用叠字来描摹各种声音。

那荷叶初枯，擦得船嗤嗤价响。那水鸟被人惊起格格价飞。（《老残游记》12回）

状色词：借对于视觉的色感用叠字来表现当时的气氛。

天苍苍，野茫茫，风吹草低见牛羊。（《敕勒歌》）

状形词：运用叠字描绘人和景物的各种形状。

那溅着的水花，晶莹而多芒，远望去，像一朵朵小小的白梅，微雨似的纷纷落着。（朱自清《温州的踪迹》）

状态词：运用叠字描绘人物的情感或神态。

观秦钟腼腆温柔，未语脸先红，怯怯羞羞有女儿之风。（《红楼梦》9回）

"总之，叠字在诗、词、曲、文中之所以被广为运用，是因为叠字这种语言形式多方面的表达优势所致。首先，它可以描摹出自然万物的各种状态，模拟任何一种自然之声，哪怕是极细致的差别都可以表达出来；当它形容某一事物的特点时，又可以起到一种加强、突出的作用。其次，某一单言独字一旦被叠用，词义往往被极大地拓宽，往往可变单调为复杂，变质直为朦胧含蓄，大大丰富了汉语词汇。"①

三十七、炼字

一个男子要到某地去办事，他在机场告别了妻子便乘飞机走了。十天后，事办完了，他买好回家的机票，然后往邮局去给妻子发电报。他拟好电文，交给一位女营业员，说道："算算要多少钱？"

她讲了个数目。他清点了自己所有的钱，发觉不够。

"把'亲爱的'从电文中去掉吧"，他说，"这样钱就够了"。

"不"，那姑娘说，并打开自己的手提包，掏出钱来，"我来为'亲爱的'，这几个字付钱好了，做妻子的，可需要从她们的丈夫那儿得到这几个字眼呢"。

"亲爱的"这几个字之所以不能省，是因为"做妻子的可需要从她们的丈夫那儿得到这个字眼呢"，女营业员的话不是没有道理。事实上，在言语表达中，有的字可以省，有的不能省，字的选用，的确有一个比较、选择和提炼的问题。

炼字，本来是指我国古诗文中锤炼言语的一种传统方法。皮日休所谓"百炼为字，千炼为句"。杜甫所谓"吟安一个字，捻断数茎须"。王安石《泊船瓜洲》："春风又绿江南岸，明月何时照我还？"被公认为是炼字的典范。这个"绿"字好就好在它含义丰富而又深邃，既表现了春天来得迅速，又描绘了江南欣欣向荣的新春景象。"绿"字并非顺手拈来，而是作者反复推敲、锤炼、修改的结果。宋洪迈在《容斋续笔》中谈到这首诗的修改过程：起初写作"春风又到江南岸"，后将"到"改为"过"，后又将"过"改成"入"，而后又将"入"改为"满"，共换了十几个字，最后才定为"绿"。从这个具体过程可以看出，所谓炼字，就是选用最恰当的字来表情达意。

---

① 骆小所. 试析叠字及其修辞功能[J]. 楚雄师专学报, 1999, 4: 30-35.

炼字的"字",其范围比较宽泛,但是宽到什么程度,这是一个值得讨论的问题。在语言学界有一种看法:所谓炼字就是在提炼作品内容的基础上,对词句进行比较、分析和挑选,使作品的内容通过精选得来的词句得到更充分的体现。①

很明显,这里所讲的"字"是指词句,而事实上"字"的范围不能太广,因为"句"不能包含于"字"。"句"是言语表达的动态单位,而"词"是言语表达的静态单位,言语过程是组词成句的过程。我们所讲的"字"是指词或短语,不包括"句",炼字的实质就是词语的选用,它不限于古诗文,在现代文中,高明的作者都是注重炼字的。如:

①婵娟:宋玉,我特别恨你!你辜负了先生的教训,你这没有骨气的无耻之人。(郭沫若《屈原》)

②孔乙己着了慌,伸开五指将碟子罩住,弯下腰去说道:"不多了,我已经不多了。"直起来又看一看豆,自己摇头说:"不多不多!多乎哉?不多也。"(鲁迅《孔乙己》)

③没有生,死就不见;没有死,生就不见;没有上,就无所谓下;没有下,就无所谓上。没有祸,无所谓福;没有福,无所谓祸。(毛泽东《矛盾论》)

例①中的"你这"原作"你是",把表示判断的动词"是"改成指示代词"这",不仅句子形式变了,句子的语势也加强了,"你是没有骨气的无耻文人!"一览无余,话好像说尽了,而"你这没有骨气的无耻文人!"却包含着丰富的潜台词。例②中的"乎""哉""也"都是文言词语,鲁迅先生用在这里,非常生动地表现了旧知识分子那种迂腐可笑的性格。例③用"生、死""上、下""祸、福"这三组反义词,揭示了事物之间相互联系又相互对立的关系。

炼字的过程是一个综合运用言语技巧的过程,选用何种词语,要考虑多方面的因素。

---

① 越克勤. 古汉语修辞简论 [M]. 北京:商务印书馆,1983.

1. 声音优美

炼字要选用上口、中听、声韵优美的词语，充分表现音乐美，以适应情调，增强表达效果。古人在诗文中运用"响字"有两层意思，一是声音响亮，二是意活。这体现了内容与形式的统一。如贾岛的"鸟宿池边树，僧敲月下门"，是用"推"好还是用"敲"好？仔细比较后选定一个"敲"字，"敲"当然要比"推"好。从所谓的"响字"上来分析：①"推"属十灰韵，为合口呼，"敲"属三肴韵，为开口呼，理当择其响者而用之。②从意义上看，"敲"不仅传达诗人的动作，而且传达出了这个动作发出的"咚咚"的响声，衬托出万籁无声的寂静。

2. 确切合理

确切合理是言语表达的立足点，有了合理的内容，没有确切的言语，往往会以辞害理，以辞害意。清代戏剧理论家李渔说："琢句炼字，虽贵新奇，亦须新而妥，奇而确，妥与确总不越一理字，欲望句之惊人，先求理之服众。"（《窥词管见》），李渔的意思是说，用字贵"新奇"，但须注意"妥"与"确"，建立在合理的基础之上。

合理的内容是先决的，确切的言语是表达是否合理的关键，两者相辅相成。通过貌似不合理的言语来表达极合理的因素，正是言语艺术的魅力所在。如："云破月来花弄影"表面看来是不合理的，月亮怎么会破？又怎么会被云弄破？花儿又怎会戏弄自己的影子呢？可是当一丝浮云缠在月亮上，遮住部分月亮时，月亮好像破了一样，但大部分却依然明亮，所以花才有影，花儿在依然明亮的月光下，微风吹拂，摇摆不停，花影也随之摇曳起舞，不正像花儿在逗弄自己的影子吗？这句诗把静物动写，在特定的情境中，用字显得合理确切。

3. 形象鲜明

"红杏枝头春意闹"，是宋祈《玉楼春》里的诗句。《玉楼春》描绘的是春的景色，一个"闹"字，使景物从静态变成了动态，从无声变成了有声，从平面变成了立体，给人以春风扑面，春意盎然，一片欣欣向荣的鲜明形象。王国维《人间词话》中曾赞叹"着一闹字而境界全出"。宋祈也因此而被后人誉为"红杏枝头春意闹尚书"。

4. 适应情境

炼字并不是搜求那些艳丽、奇特、冷僻、深奥的字眼，它妙就妙在把极普通的字放到特定的情境中便能传神，这是"炼字"的功力所致，而并非刻意模仿雕饰所能企及的。如：

一天，财迷同一位朋友去散步，不慎掉进河里去。路人见了，连忙伸出手对他说："把手给我！"谁知财迷听了，只把头往上浮了一下，说什么也不把手伸出来，那人又喊了一次，仍然是这样……

这时纳斯雷丁路过这里，连忙对财迷说："把我的手快拿去！"这一回，财迷反应很快，连忙伸出手来，让纳斯雷丁拉上岸来。纳斯雷丁对大家说："那落水的财迷你叫他'给'，他不去理你，你叫他'拿'，他比谁都快！"

纳斯雷丁用"拿"代替"给"，收到了明显的效果。"拿"和"给"都是极其普通的字眼，在特定的情境中显得情趣无穷。

炼字，作为锤炼言语的方法，有着悠久的历史，在运用炼字法时，除了要考虑"声音优美""确切合理""形象鲜明""适应情境"之外，还要注意避免重复，顾及篇章，体现风格。运用炼字法时，没有"两句三年得"的精神，绝不会有"一吟双泪流"的效果。古人所谓"一字千金"并非过分，前人对于点题之字，总是呕心沥血，千锤百炼的。

三十八、图示

有这样一则抗震救灾公益广告：一个鲜红的"血"字，上方仿佛一片被血浸红的土地，土地中间是一颗浴血的"心"的图形，心中叠现各种报纸报道地震灾害的文章标题。上下两部分由"血"字的"一撇"连接起来。

这则公益广告运用了"图示"修辞手法。上图"心"的图形中叠现的各种报道地震灾害的文章标题，仿佛一个个特写镜头，透过它，我们似乎听到"救人高于一切，救灾高于一切"的最强音；仿佛看到国家领导人冒着余震不断的风险，相继奔赴救灾第一线的身影和以举国之力拯救一切可以拯救的生命的壮举。下图"血"字，方正的黑体字及字本身脉脉相通的结构特色，鲜红的颜色，烘托出灾难的气氛，又高度概括出一种象征意义，即中华民族在灾难面前的血气方刚的性格和凝聚起来的巨大的精神力量。没有具体的描写和叙述，却将祖国与灾区人民心血相连，同胞与灾区人民心血相连的主题表达得酣畅淋漓，充分显示出图示修辞的表达效果。

所谓图示是指在言语表达中，有些事物难以用文字表达清楚，就让符号、图形、字形等直接参与言语表达。这是一种以字形代文字，以图形示意的表现力很强的修辞方式。它醒目，具有很强的直观性和形象性；它可以节省文字，以少胜多，可以表达复杂的事理，化抽象为具象，激发人们丰富的联想。

图示法可以分为三种类型。

1. 符号示意法。利用现成的、人们所熟悉的符号来表达意思。如：

"被动的＋主动的＋自觉自愿的（怕老婆）＝模范丈夫"就是日常生活中的可能出现的玩笑话。（何炳章《"模范丈夫"格调不高》）

这里作者连用了"＋"和"＝"两种符号，组成一个数学计算的形式，用来评论电影《模范丈夫》中所赞扬的"模范丈夫"不具有典型性，以这样的"怕老婆"作为讴歌的对象，立意太浅。

又如：振兴东北老工业基地公益广告：

，逗号的故事。（逗号）是早春的嫩芽、池塘的蝌蚪，亦可以是人之生命的初始。萌芽时，一切是那么的生机盎然、充满活力。中国东北——吉林，一片魅力四射的热土，正在经历一次涅槃。

。句号的故事。（句号）是一种旋转之美，思考直至事物本质。深邃，思考的一种境界。振兴，必须思考，振兴东北老工业基地，绝非简单地创造，而是一种挖掘，探究振兴之源。

？问号的故事。问一句为什么吧！在探索中勇敢前行。简单的弯曲，代表了探索道路的曲折与坎坷。曲折归曲折，坎坷归坎坷，期待以不懈的追求，带来欢呼雀跃。振兴的过程，便是创造的过程；创造的过程，便是探索的过程。

……省略号的故事。停顿，不该是我们的性格，发展，需要以创新延续。点与点，一种排列的魅力。只有不断地创新，让新鲜的思维不断跃动。振兴，才不是一句空话，而是一次新生。

；分号的故事。磨刀不误砍柴工，振兴难以一蹴而就，更不可急于求成。创造需要一套科学的行之有效的方法，方法可行方能水到渠成，脚踏实地才能步步为营，静下心来让我们一步一步，步步向前。

（）括号的故事。括号代表一种无私的包容，只有包容才能达到团结一心。任何的创造行为，人必须是第一因素，是一切创造行为取得成功的根本。一根筷子轻轻被折断，十根筷子牢牢抱成团。振兴，团结就是力量！

《》书名号的故事。书中自有黄金屋，科学文化知识，在创造中永远占据重要位置。没有先进的科学技术，创造便会停滞不前。振兴东北老工业基地，科技是第一生产力。

！感叹号的故事。东北一片传奇的黑土地，永远的骄傲与自豪。曾经的灿烂与辉煌，已成为历史。在党中央的领导下，在振兴老东北工业基地的大潮中，开拓创新，同心协力，写就更令人叹为观止的传奇篇章。

这段广告词由各种标点符号自身的作用和形象特征展开丰富的联想，并运用比喻手法诠释各种符号的深刻内涵，如：将"，"喻为"早春的嫩芽，池塘的蝌蚪，人之生命的初始，概括为一种事物的萌芽"；将"（）"喻为"一种无私的包容，一种团结的力量"。这些新颖、形象、深刻的比喻充分表现出东北老工业基地人对振兴东北老工业基地的思索，展示出东北老工业基地人开拓创新的科学精神，同心协力的精神风貌，坚定不移的必胜信念，抒写振兴东北老工业基地令人叹为观止的传奇篇章。

2. 图形示意法。利用图像或简单的图案来表达意思，如曲波在《林海雪原》中有一段文字：

剑波根据他的报告在地图上标了一个 8 字形的蓝线表。按着刘勋苍、孙达德的报告，他又标上了不同周度的两个 8 字线条，三个 8 字线加起来，形成了一朵❀形的花。此时，小分队的位置已在正北那个 8 形的红点处。

这里的❀和 8 是图形示意，邵剑波用它来记周围的环境和小分队的位置。

3. 字形示意法。利用文字的形貌来表达意思。如：

①正屋和锅屋有一堵墙合用，这两间屋形成了"丁"字形。（卢群《有这么一个地方》）

②他们登完了石级转一个弯便到了钓台，那是用石头造的，临湖一带"亚"字栏杆，栏杆前面是一长排石凳。（巴金《春》）

例①中的"丁"字，清楚地告诉读者那正屋和锅屋的方位，为故事情节的展开提供了极大的方便。例②中的"亚"字，形象地勾勒出钓台临湖一带栏杆的形貌。这栏杆下平上也平，中间则是亚形花格子，朴素美观。

以字示意时，所用的汉字都是一些醒目的笔画少的字。但是也有用拉丁字母来示意的。如：

一九五八年，尼克松拜访丘吉尔时，这位七十九岁高龄的英国前首相已是步履艰难，不得不借助两名助手的搀扶，但他坚持把尼克松送到门口。"他看上去像具僵尸"尼克松写道，"到了前门时，当我们都被打开的耀眼的摄影灯光照得睁不开眼睛时，他在灯光下直立着……下腭猛向前伸去，目光灼灼，举起双手做了个人们所熟知的象征胜利的 V 形手势"。

因无法用言语来描述丘吉尔的手势姿态，这里用拉丁字母"V"来图示，言简意明。

用来作图示的符号、图形、字形、在言语表达时不是可有可无的，而是言语作品的有机组成部分。

图示法的特点和作用是：①醒目，有极强的直观性和形象性；②节省文字；③可表达复杂的事理。

图示不同于文字画。文字画只是一种图画，是指早期的象形文字，这种文字保存着较为浓厚的图画色彩。而图示除了有图形、符号、字形，还常常伴随着文字说明，图示法往往是为了使表达简洁，直观可感。

三十九、桑槐

你变成了巴黎公社时期的法国画家杜米埃一幅画中的人物。狱卒摸着一个死囚犯的脉搏，对刽子手法官说："现在这个人可以释放了，他再没有危险了。"

你呀，副司令员，"四人帮"就是这样把你"释放"了，亲爱的首长，人家把你放了,你为什么不再睁开眼睛,看看这,和太行山、和朝鲜、和延安相连的蓝天、白云?你为什么不再看看我们?……杜米埃呀,你是多么的残酷。(刘真《哭你彭德怀副司令员》)

作者表面上斥责的是法国画家杜米埃,而实际上是在斥责"四人帮",怨恨"四人帮"。杜米埃的画与"四人帮"导演的悲剧多么相似啊!作者这样写感情更加深沉。

那么,这个例子就是桑槐格。30多年前陈望道先生在一次座谈会上指出:"刚才有人说,有的修辞现象,现有的辞格概括不了。概括不了,就不要概括,事实发展了,修辞研究就应该发展,要作新的概括。新中国成立前,我在课堂上用指桑骂槐的手法骂C·C派分子,这种手法就未概括进去。"① 这一论述点明了"指桑骂槐"作为修辞新格的资格。所谓桑槐格就是表面上斥责甲,而实际上斥责的是与甲有相似点的乙的修辞手法。

桑槐格多用于小说、戏剧、影视、诗歌、曲艺等文学作品中,其他体裁的文章中也有运用,但比较少见。值得指出的是,桑槐格里的"桑"和"槐",必须有相似之处,指桑是形式,是表象,骂槐才是目的,是根本。名在指桑,实在骂槐,指桑是为骂槐服务的。

成功地运用桑槐格,能深化文章的思想内容,增强文章的表现力和感染力。例如:

有日月朝暮悬,有鬼神掌着生死权。天地也!只合把清浊分辨,可怎生糊突了盗跖、颜渊?为善的受贫穷命更短,造恶的享富贵又寿延。天地也!做得个怕硬欺软,却原来也这般顺水推船!地也!你不分好歹何为地!天也!你错勘贤愚枉为天!哎,只落得两泪涟涟。

该段选自关汉卿的《窦娥冤》,明为怨天、怨地,实际怨的是当朝的贪官污吏,怨的是黑暗的社会。

桑槐格里的桑和槐可以互换。

成功地运用桑槐格能深刻地揭示事物的本质,能增强语言的表达效果和艺术魅力。又如:

---

① 《修辞学习》1982年第4期《在纪念〈修辞学发凡〉出版三十周年座谈会上的讲话》。

把你这东皇太一烧毁了吧！把你这云中君烧毁了吧！你们这些木偶木梗，你们高坐在神位上有什么德能？你们只是产生黑暗的父亲和母亲。

这段选自郭沫若的《屈原》。这里，屈原表面上在斥责"木偶木梗"，实际上，在怒斥楚国的当权者。这里，"木偶木梗"与楚国当权者之间有相似处——居高位却腐朽昏庸。又如：

秀儿娘：老天爷啊，你为何不长眼睛，为何如此狠毒，害得我们这般凄惨啦！

秀儿：娘……（电视连续剧《青天衙门》）

这里，秀儿娘的表白表面上骂天老爷狠毒，不长眼睛，而实际上在骂封建制度、清王室家族和福晋。

桑槐格里的指桑多指老天爷、上帝、菩萨、神灵等被人们信仰崇拜的人或物。骂槐多指现实中给人带来痛苦和灾难的制度、恶势力、恶环境或恶人等。两者之间一定要有相似性。

桑槐格不同于双关。双关是利用词语的音义条件，构成词语的双重意义，表里二义间没有相似处。桑槐格以句子组成"骂"，表和里（也就是桑和槐）之间有相似点。没有相似点就不能构成桑槐格。[①]

四十、列锦

枯藤老树昏鸦，小桥流水人家，古道西风瘦马。夕阳西下，断肠人在天涯。（马致远《天净沙·秋思》）

这首小令，起势连用九个常见名词构成了一幅秋天傍晚萧瑟苍凉的图画，表现出天涯游子的彷徨愁苦的心境。枯藤攀缠，老树衰颓，昏鸦瑟缩，万物肃杀，了无生机，此句既是工笔实景，又是铺陈心绪。面对如此凄清之情境，羁旅天涯的游子如何不赶归途啊！然而古道坎坷漫长，秋风萧瑟凄冷，坐下瘦马如柴，归家的路途还迢迢千里……诵读至此，游子思乡盼归的哀伤之情怎不让人肝肠寸断、潸然泪下！一曲小令既非清词丽句，也无奇崛景象，仅几个简单的名词组合，却让人咀嚼不已，百感

[①] 吕福中. 打中柱　恨壁子——说修辞新格桑槐格[J]. 语文天地, 2006 (22).

交集。

像这种将几个名词或名词性短语排列起来构成句子的一种修辞手法就是列锦。句中没有谓语成分,却能表达复杂的思想感情,多角度地描绘事物。谭永祥先生在《修辞新格》中说:"古典诗歌作品里面,有一种颇为奇特的句式,即以名词或以名词为中心的定名结构组成,里面没有形容词谓语,却能写景抒情;没有动词谓语,却能叙事述怀,这种语言现象……我们把它叫做'列锦'。"

例如"落叶他乡树,寒灯独夜人"(马戴《灞上秋居》),"乱山残雪夜,孤烛异乡人"(崔涂《除夜有作》),"燕子来时新社,梨花落后清明。池上碧苔三四点,叶底黄鹂一两声"(晏殊《破阵子》),"烟杨画柳,风帘翠幕,参差十万人家"(柳永《望海潮》),等等。

构成列锦的心理基础是联想。诗人常常借助事物之间的某种联系,将几个相互关联的词语罗列起来,构成意象的组合与叠加,营造特定的情景和境界,让读者去感知画面之间的流动和联系,从而把握作者所描绘的复杂事物和抒发的复杂情怀,窥斑见豹,见木思林。

如宋代词人贺铸的《青玉案》中的妙句:"试问闲愁都几许?一川烟草,满城风絮,梅子黄时雨。"这组佳句,借用相似联想,连用三喻,将本是无情之物的风雨草絮进行诗人独特的审美加工,而后叠加复合,以实拟虚,把作者纷乱的愁情形象生动地描摹出来。你看:那一腔愁绪,仿佛遍地如烟的青草,连绵弥漫,无边无际;又像那满城随风飘舞的柳絮,蒙蒙一片,遮天盖地;更似那江南黄梅时节的霏霏细雨,淅淅沥沥,飘飘洒洒。整个句子就由三个名词性短语设喻而成,通过内在的愁思将三个各自独立的意象、三个不同的画面巧妙地组合起来。将主观的情绪、心境移注到审美客体上,使无情之景物人格化、情感化;反过来,又通过读者的想象、赏鉴、品味,起着烘托、渲染、强化主体的作用。

同样,温庭筠的《商山早行》中也有这样的佳句:"鸡声茅店月,人迹板桥霜。"全句由十个纯名词构成六个意象,叠映出商山黎明之前的一幅完整的画面:残月高悬,雄鸡清声,茅房客舍,思归心切的客人早早地起来赶路,谁料,板桥横渡,冷霜冽冽,一行足印,真是"莫道君行早,更有早行人"了。整句诗仅由叠加的六个意象来突出"早行"二字,不着一闲词,尽得"早"之风流韵味。正如李东阳《怀麓堂诗话》所言:"二句中不用一二闲字,提掇出紧关物色字样,而音韵铿锵,意象具足,实为难得。"

在古代诗词中诸如此类的佳言妙句还有很多,像"七八个星天外,两三点雨山前"(辛弃疾《西江月》),"杨柳岸晓风残月"(柳永《雨霖铃》),"楼船夜雪瓜洲渡,铁马秋风大散关"(陆游《书愤》)等。

但值得注意的是,运用列锦修辞方法不是古典诗词的独有现象,古代其他文体和现代作品中也时有所见,如:

"巍巍天山,浩浩长江;骏马西风塞北,杏花春雨江南;故园的竹篱茅舍,童年的如豆青灯……"(袁鹰《〈海天·岁月·人生〉序》)。

又如朱成玉《别踩痛了雪》中有一段感人的语言:

"春天的晨光,夏天的绿阴,秋天的云朵,冬天的雪花,这些都是你妈妈变的,她一刻都没有离开我们。"

女儿一出生就失去了母亲,父亲的这段话就是想告诉女儿,母亲时刻与我们在一起。其中"春天的晨光,夏天的绿阴,秋天的云朵,冬天的雪花"使用了列锦的修辞手法,由四个定中名词性短语构成,列举了四季最可人的场景,目的是为了让女儿相信,她的妈妈时时刻刻和她在一起。

列锦的修辞手法在广告中也运用得很多。如:

①台湾至善园:名园如画,晓日轻烟雅客,何须万紫千红。

"晓日轻烟雅客"运用了列锦辞格。"晓日""轻烟"描绘出自然景物的雅致,"雅客"融于其中,更增添了景物的神采。后面一句"何须万紫千红"赋予了文案以更丰富而深沉的审美内涵。

再如:

②富水园林的房产广告:富水园林,平泉花木,春风桃李秋雨芭蕉。

③音乐茶座:竹露松风蕉雨茶烟琴韵书声。

④藏饭店:虫草鹿茸青稞酒,牦牛糌粑酥油茶。

从以上例子可以看出,在列锦这种独特的语言组合中,每个语言单位都有独特的表意功能,虽无动词谓语、形容词谓语及关联性词语,但通过读者的联想可以完成对其语义的补充，使并列的名词或名词性短语简洁地构成一幅完整、统一，极富艺术魅力和感染力的图画。

运用列锦辞格的语句除了其自身的辞格特点和修辞效果外，还往往与比喻、对仗、排比、借代等叠用，以增强表达的效果。因此，在赏鉴时就需要我们仔细地去咀嚼品评。列锦的句式是一种奇特的句式，从语法的角度看，它是一种不完全句，很难分析出它的语法成分，但它却是个包含信息量非常丰富的句子。在句子中几乎一个词或一个短语就是一个信息，甚至不止一个。但它又绝不是词或短语的堆砌，在使用时必须注意。

"列锦"能否运用好，"关键在于运用者的功力，即想象力与逻辑思考力，几个名词的并置表面是漫不经心，实则排列中有深刻的逻辑联系在其中，结构上不合语法规约，内涵却深刻隽永，妙趣横生"。①

四十一、舛互

初入草原，听不见一点儿声音，也看不见什么东西，除了一些忽飞忽落的小鸟。（《草原》人教版六年制第九册语文教材）

对于这样的句子，有人曾提出是病句，理由是"既然听不见一点儿声音，也看不见什么东西"，就不应该有小鸟。其实，这里是运用了舛互的修辞手法。

舛互（"舛"，读 chuǎn，意为"违背"）这一修辞格，是 1983 年 10 月中国修辞学会华东分会编的《修辞新格》（福建教育出版社，谭永祥主编）一书中首先提出来的。所谓舛互，是指对某一事物既全部肯定又部分否定，或者既全部否定又部分肯定。肯定，是为了衬托、强调否定部分；否定，是为了衬托、强调肯定部分。例如：

①三百来户都欢天喜地。只有老王太太跟她俩小子没有挑到好牲口，牵了一匹热毛子马。（《分马》）

②室中更无人，惟有乳下孙。（《石壕吏》）

③才到房门，只见赵姨娘和周姨娘两个人来瞧宝玉。宝玉和众人都起

---

① 吴礼权. 妙语生花·语言策略秀 [M]. 上海：上海文化出版社，2002：37.

身让座,独凤姐不理。(《红楼梦》)

④万事俱备,只欠东风。(《三国演义》)

⑤绝无仅有。(成语)

这里的①先是整体肯定,后个别否定。先说翻身农民都为尝到了土地改革的胜利果实而欢天喜地,后又用"只有"强调老王太太的不满意,强调这是分马中唯一的美中不足,同时引出下文的"换马"风波。②先整体否定,后个别肯定。先是全部否定室中没有(成年)人,后又强调只有一个"乳下孙",这是为了突出家中已经没有(成年)男子能应征"河阳役"了。③也是先全部肯定,然后局部否定,以突出凤姐与众不同的身份和性格。④所说的"万事",是指"破曹"的"一切军事上的条件和保障",也是先全部认定,"只欠东风",就是在先全部认定的前提下,单提出个相反情况,借以突出、强调"东风"的必不可少乃至决定性的作用。⑤是行文上较为简单的成语,前两字"绝无"是先全部肯定,其目的是突出强调后者——局部的"仅有"的内容。

这类运用舛互修辞格的句子在学生的作文中也常发现。如:"阅览室里肃静无声,只听见大家翻书报的声音。"写连翻书报的声音都听得见,有效地强调了阅览室里的"静",突出了大家专心致志看书看报的学习气氛。又如:"今天,全班都去看电影了,只有小王一个人去了图书馆。"写全班都去看电影了,是为了突出小王更喜欢看书。因此,这些句子都不能算病句。

不过,运用舛互写成的句子,要写得含蓄、巧妙一点,尽量用一些模糊语言,不能说得太过直露,否则读者是难以接受的。像上面一句,如果说成"全班所有的人都去看电影了,只有小王一个人去了图书馆",就把话说死了,让人接受不了。如果说成"同学们都去看电影了,只有小王一个人去了图书馆",则比原句更好,因为"同学们"不等于"全班(同学)",是一种模糊说法。

在群众语言中,这种修辞手法也常有体现。如:"有什么可不能有病,没什么可不能没钱。"这是说健康和必要的经济保证是人类生存的最基本的要素。又如:"下什么可别下岗,上什么可别上当。"这也反映了当今社会存在的有一定普遍性的社会问题。再如脑白金广告语："今年过节不收礼，收礼只收脑白金。"这里是将舛互、顶真两种辞格一起使用，效果自然不同凡响。类似于这样的广告语还很多，比如黏合剂广告：它能黏合住一切，除了一颗破碎的心。旅游区公益广告：除了照片，什么都别带走；除了脚印，什么都别留下。阿尔法电脑公司电脑广告：我们的电脑在任何方面都是第一流的，除了价格。某银行广告：除了自己，您可以在这里储存一切。

判断一个句子是否运用了舛互修辞格，方法很简单，像比喻句具有比喻词一样，这类句子最明显的特征词是"……都……只有（只、只是）……""都……唯独……"因为只有这些词才能体现舛互辞格既全部肯定又部分否定，或既全部否定又部分肯定的特点。

作为修辞格的舛互与一般的逻辑矛盾是有区别的。这种看似矛盾的表达手法，其实并不是真的自相矛盾。逻辑矛盾是需要排除的，而作为修辞格的舛互中出现的看似前后矛盾的"矛盾"，却相互映衬，相得益彰，有着很强的表达效果。

四十二、示现

利用想象力，将过去、未来或无法亲眼看见的事物，凭借文字的描述，呈现在读者的面前，就称为示现修辞法。

示现修辞法可分为追述示现、预言示现、悬想示现三种。

1. 追述示现——将过去发生的事物，凭借想象力追叙描写出来。如：

①哦，我记得了。我孩子时候，在斜对门的豆腐店里确乎终日坐着一个杨二嫂，人都叫伊"豆腐西施"。但是擦着白粉，颧骨没有这么高，嘴唇也没有这么薄，而且终日坐着……（鲁迅《故乡》）

这段想象，依据作者多年前的印象，形象地刻画了昔日年轻的杨二嫂的相貌。

②"在家时你干什么？""帮人拖毛竹。"我朝他宽宽的两肩望了一下，立即在我眼前出现了一片绿雾似的竹海，海中间，一条窄窄的石级山道，盘旋而上。一个肩膀宽宽的小伙，肩上垫了一块老蓝布，扛了几枝青竹，

竹梢长长的拖在他后面，刮打得石级哗哗作响……这是我多么熟悉的故乡生活啊！（茹志鹃《百合花》）

从小战士的话语中勾起了对故乡生活的深深怀念，把人物的思想感情形象地再现了出来，字里行间倾注着人物的深情。让读者如见其人。

③在初夏阳光渐暖时，你去买一支小船，划去桥边荫下躺着，念你的书或是做你的梦，槐花香在水面上漂浮，鱼群的唼喋声在你的耳边挑逗。（徐志摩《我所知道的康桥》）

这一段文字其实只是作者追述自己的经验罢了，但他却要你去买一支小船，去桥边荫下躺着，念你的书，做你的梦，去闻槐花的香味，去听鱼群的唼喋声。这是触觉、视觉、嗅觉、听觉多方面的追述示现，十分引人入胜。

2. 预言示现——把未来的事情说得仿佛发生在眼前一样。

①君问归期未有期，巴山夜雨涨秋池。何当共剪西窗烛，却话巴山夜雨时。（李商隐《夜雨寄北》）

诗人预言在某个晚上，夫妻团聚了，同坐在家中的西窗下，侃侃而谈。谈到今夜的情景，说异乡的思归，说接到信后的感受……由于谈得久了，所以一次次剪去了烛花。诗人将想象与现实交织在一起，真切地写出了远地相离者的心情。

②多情自古伤离别，更那堪冷落清秋节！今宵酒醒何处？杨柳岸晓风残月。（柳永《雨霖铃》）

诗人想象出"杨柳""风""残月"这三种最能触动离愁别绪的意象来预言酒醒的场景，遂成为千古名句。

③二嘎子更有出息啦，进工厂当小工子，还外带着念书，赶明儿要是好好的干，说不定长大了还当厂长呢！（老舍《龙须沟》）

这种想象，完美地表现了龙须沟人民开始新生活的喜悦之情，表现了他们对今后生活的向往和憧憬。

3. 悬想示现——把想象的事物说得好像真的在眼前一般，与时间的过去或未来无关。

①我在这里吃雪，正是为了我们祖国的人民不吃雪。让他们可以坐在

挺豁亮的屋子里,泡上一壶茶,守着个小火炉子,想吃点什么就做点什么。(魏巍《谁是最可爱的人》)

通过悬想祖国人民温馨的生活图画,表现了战士们朴实的信念追求,以及他们对祖国人民的爱。

②独在异乡为异客,每逢佳节倍思亲。遥知兄弟登高处,遍插茱萸少一人。(王维《九月九日忆山东兄弟》)

诗人悬想:远在故乡的兄弟们今天登高时身上都佩上了茱萸,却发现少了一位——诗人不在内。好像感到可惜的不是自己,而是故乡的兄弟;不是自己因未能和故乡的兄弟们共度佳节而遗憾,反倒是兄弟们佳节未能与自己团聚而遗憾。不说自己在想念故乡的兄弟,反过来说故乡的兄弟们在佳节挂念自己,这正是对"倍思亲"感情的深化。

③麦子黄梢的时候,蟹子顶盖儿肥。把刚下网的新鲜蟹放锅里一蒸,清汤的脑儿,紫盖红鳌,剁下姜,浇上醋,谓之姜汁蟹,实在是一盘下酒的佳肴。(王润滋《卖蟹》)

当然,在作品中,作者将多种"示现"手法结合运用也是常有的。如苏轼的悼亡妻词:

十年生死两茫茫,不思量,自难忘。千里孤坟,无处凄凉。纵使相逢应不识,尘满面,鬓如霜。

夜来幽梦忽还乡,小轩窗,正梳妆。相顾无言,惟有泪千行。料得年年断肠处,明月夜,短松冈。(苏轼《江城子乙卯正月二十日记梦》)

"纵使相逢不相识,尘满面,鬓如霜。"即使能够相逢,大概也不认识我苍老的容颜和衰败的形体了。这种悬想示现的表现手法使得罹之情更为深沉、悲痛和无奈。"夜来幽梦忽还乡,小轩窗,正梳妆。相顾无言,惟有泪千行。"用梦境追述二人曾共度的甜蜜岁月,而预想中的见面却是痛苦万分,阴阳两隔,虽是无言,却胜过千言万语。将两种示现手法结合在一起,这正是东坡笔力奇崛之处。尤其是诗尾的"料得年年断肠处,明月夜,短松冈"。这样的画面更是凄凉清幽独,令人黯然魂销。

需要说明的是,示现修辞是语言运用者想象力的发挥,但这种想象不能凭空臆想,必须以现实为基础,否则,不但无助于说话意旨的表达,还会给人一种虚假的感觉,从而削弱语意的表达。

四十三、跳脱

鲁迅先生在《为了忘却的纪念》中有这样一段文字:"天气愈冷了,我不知道柔石在那里有被褥不?我们是有的。洋铁碗可曾收到了没有?……但忽然得到一个可靠的消息,说柔石和其他二十三人,已于二月七日夜或八日晨,在龙华警备司令部被枪毙了,他的身上中了十弹。原来如此!……"

这是一个典型的跳脱修辞的例子。鲁迅对革命者无微不至的关怀,连天冷了,有无被褥,捎去的洋铁碗是否收到这样的小事都想到了,拳拳之心可见一斑,接下来笔锋突然一转,作者听到柔石牺牲并且是身中十弹的消息,所受到的打击是难以用言语形容的,这时作者几乎是脱口而出:"原来如此。"突然收住,加上一个省略号,再没有其他话了。话虽没说完,但却收到比说完更好的效果。这就是跳脱修辞的魅力。

所谓跳脱,就是指在说话或写文章时,因为特殊的情境,如语意的含蓄、心思的急转、事象的突出等笔锋突然转变,有时故意中途断了语路。这就是跳脱的修辞手法。它又分为急收、遮断和突接三种。

1. 急收:说到半路突然中断,不肯说尽,使人得其意于言语之外。

①一语未了,只听外面一阵脚步响,丫鬟进来报道:"宝玉来了。"黛玉心想:"这个宝玉不知是怎样个惫懒人呢!"及至进来一看,却是位青年公子……

黛玉一见便吃一大惊,心中想道:"好生奇怪,倒像在哪里见过的,何等眼熟……"(曹雪芹《红楼梦》)

这段话是林黛玉第一次进贾府见到贾宝玉时的情景。当林黛玉一见贾宝玉,心里就觉得奇怪:"倒像在哪里见过的,何等眼熟……"接着就中断了思路。为什么她会觉得眼熟,因为他们在转世为人之前,贾宝玉是仙境中的一块顽石,林黛玉是仙境中的一棵仙草,两人常得以见面,所以此时会觉得眼熟,但又因为是前生的事而想不起来。这样想到一半问题又打住不想的手法,便是急收跳脱法,它恰当地表现了林黛玉此时此地的心态。

②巧珍终于坚决从坡里下来了。她甚至连路都不走,从近处的草洼里连跑带跳转下来,径直走向井台。

她走到他面前,鞋袜和裤管被露水浸得湿淋淋的。她忐忑不安地扣着手指头,小声问:"加林哥……什么事?村子上面有人看咱两个呢,我爸……"

"不怕!"加林手指头理了一下披在额前的一卷头发说:"专门叫他们看!咱又不是做坏事哩……你爸打你了吗?"他有点心疼地望着她白嫩的脸庞和亭亭玉立的身姿。(路遥《人生》)

在小说中,高加林和刘巧珍恋爱,遭到巧珍爸爸的反对,但两人坚决不屈服,甚至公开约会,这是两人公开约会时的情景。两人的对话,都是话没说完就停止不说了,然后又岔开去说别的事。比如高加林刚刚还在说不怕他们看,突然又转到问巧珍爸打了她没有,表现了加林对巧珍的关心、爱护和疼惜。运用的也是急收跳脱法。

③我本来就有些恼怒和不快,听她这么一哭,突然记起了丈夫,我心里的怒气更大了,用脚尖踢了她一下,怒斥道:"嚎什么?死了一个顽固不化的反动派,有什么好伤心的?!难道不怪你自己吗?"她抱着丈夫血淋淋的身体,哭得痛不欲生:"……是我害了你,是我……我想让你逃条生路,可是没想到反而……天啊!瞎了眼的老天啊,你……"(汪雷《女俘》)

这段话是描写女俘在丈夫被流弹击中死去后的表现。她自哭自诉的那段话断断续续,语句不完整,不连贯,这是由于心里太过悲伤,感情很复杂而使自己的话语说到半路就中断了。这是急收跳脱。

2. 遮断:一个人的话说到中途被另一个人的话遮拦打断。

①他平常很不喜欢说话,可是这阵儿他愿意跟光头的矮子说几句,街上清静得真可怕。"抄土道走吧?马路上——""那还用说?"矮子猜到他意思,"只要一上了便道,咱们就算有点底儿了!"(老舍《骆驼祥子》)

这段文字中的"马路上——"一句话还没有说完,就被矮子强行打断,这种说话人说的话突然被别人打断的是遮断跳脱。这句话生动地表明了矮子着急的心情。

②我接着问:"你们经历了这么多危险,吃了这么多苦,你们对祖国对朝鲜有什么要求吗?"他想了一下,才回答我:"我们什么也不要。可是说心里话,——我这话可不一定恰当啊,我们是想要这么大的一个东西……"他笑着,用手指比个铜子儿大小,怕我不明白,又说:"一块'朝鲜解放纪念章',我们愿意戴在胸脯上,回到咱们的祖国去。"(魏巍《谁是最可爱的人》)

"可是说心里话"后面的语句"这话可不一定恰当啊""一块'朝鲜解放纪念章'"这些都是插进来的注释性的话,所以都属于遮断跳脱手法。

③石头围了一圈的水井,脏得像个烂池塘。井底上是泥糊子,蛤蟆衣;水面上漂着一些碎柴烂草。蚊子和孑孓充斥着这个全村人吃水的地方。

他手里的马勺犹豫了半天,终于还是没有舀水。他索性赌气似地和两只桶一起蹲在了井台边。

此刻他的心情感到烦躁和压抑。……眼前他又看见水井脏成这样也没人管(大家年年月月就喝这样的水,拿这样的水做饭),心里更不舒畅了。(路遥《人生》)

这段话是描写高加林看到水井这样脏,心情烦躁。"大家年年月月就喝这样的水,拿这样的水做饭"这句话是突然插进来的,是说明的话,它将"眼前他又看见水井脏成这样也没人管"和"心里更不舒畅了"分开,使语言不连贯,所以也是遮断跳脱。

3. 突接:折断语路突接前话,或者突接当时的心事,因此把话折成了"上气不接下气"。

①路旁的夹竹桃枝像碰着了她的脸,她躲闪开,停住了脚步,凝神注视着这一丛丛黑黝黝的植物。她是讨厌它们的,可学校里到处都是。真奇怪,她想,文革武斗时整个校园几乎都毁了,这东西怎么没毁掉?据说,前任老校长喜欢夹竹桃,在他任职期间,它成了绿化校园的最佳植物。而老校长有一天在某间小屋子里割断大腿动脉死了。(她不知道为什么觉得那动脉里流出来的血是像夹竹桃那样暗绿色的。)前不久开追悼会,好多

花圈都是用夹竹桃枝条编的，除了那些坐飞机来的高级花圈。（徐军《近的云》）

这段文字主要是写"她"看见夹竹桃后的感想。先写因为前任校长喜欢，所以校园里到处是夹竹桃。然后再写到老校长割断动脉死后，追悼会上送来的花圈大多是用夹竹桃做的。在这中间，随着她转动的心思的突然涌起，插入了"她不知道为什么觉得那动脉里流出来的血是像夹竹桃那样暗绿色的"这句话。这种类型，就是跳脱中的突接跳脱。

②大水苦着脸说："旁的事儿好学，这个事儿弄不好就要伤人嘛！"双喜看他太丧气，就坐在他旁边安慰他："打仗还能不伤人？……咱们明天开个会检讨检讨，看毛病出在哪儿，多琢磨琢磨就有办法啦。"（袁静等《新儿女英雄传》）

双喜刚在讲"打仗还能不伤人？"下面的话还没说完，突然就谈到了别的事，接上别的话，使说的话上下显得不连贯。这种如实反映了他当时的心情的跳脱手法也是属于突接修辞法。

③"你看，说走就走了。""可慌呢！比什么也慌，比过新年，比娶新——也没见他这么慌过。"（孙犁《荷花淀》）

文中的"比娶新——"这句话是没有说完的，后面本来还有"媳妇还慌"，由于说话人觉得不好意思说出口而中断话题，急急忙忙地说出下一句"也没见他这么慌过"，从而使上下文不连贯。这也是说话人自己截断话语，又因为是要马上中断上文的说话而说出下文，所以是突接跳脱。

运用跳脱的修辞手法，可以真实地表现出说话时的特殊情境，有衔接上文和使上文完整的效果。

四十四、通感

"我在朦胧中，又隐约听到远处的爆竹声连绵不断，似乎合成一天音响的浓云。"（鲁迅《祝福》）

音响是用听觉器官来感受的，而作者却把这听觉的感受形容成"音响的浓云"，使读者对新年的祝福爆竹声不仅能听到，而且还能见到。借此，把祥林嫂在祝福声中悲惨死去的气氛烘托得愈见凄凉。

在日常经验中,眼耳鼻舌身这五种感官获得的视觉、听觉、嗅觉、味觉、触觉往往可以互相沟通。颜色似乎会有温度,声音似乎会有形象,冷暖似乎会有重量,这种把甲种感官获得的感觉,说成仿佛是乙种感官的感觉的修辞方式叫通感,又叫移觉。

朱自清先生在散文《荷塘月色》中,也用了"通感"的修辞方式。

层层的叶子中间,零星地点缀着些白花……微风过处,送来缕缕的清香,仿佛远处高楼上渺茫的歌声似的。

"清香"只能用嗅觉来感知,"歌声"只能用听觉来感受,但作者却巧妙地以"高楼上渺茫的歌声"比拟荷的"缕缕清香",收到了声色俱佳的绝妙艺术效果。请体会,歌声来自"远处",又出自"高楼",自然不会听得真切,但它毕竟是歌声而不是窃窃私语,所以它缭绕断续的余音还能似有若无地在耳边萦绕;风是轻轻吹过的,香是缕缕飘来的,尽管它不浓烈扑鼻,但它毕竟是香气,所以它那断断续续的幽香虽淡,然而还能时不时嗅到,这是确定无疑的。可是,香气的感受程度意会之尚可,言传之则不易。故而作者移之以歌声,这样,就声味相移地使人意会到香的浓淡醇薄,联想到风的疾徐刚柔,并给人留下歌声萦绕,可以想象捉摸的余地。

月光是隔了树照过来的,高处丛生的灌木,落下参差的斑驳的黑影;弯弯的杨柳的稀疏的倩影,却又像是画在荷叶上。塘中的月色并不均匀;但光与影有着和谐的旋律,如梵婀玲上奏着的名曲。

这是视觉与听觉的相通。因为"梵婀玲"(小提琴)有着高低起伏的音律和轻重缓急的节奏,拉得好,旋律就悦耳动听;光和影也有疏密起伏和轻重浓淡之分,调得好,色彩就悦目动人。但是,光和影是否和谐相称,是很不容易传达的;琴声是否和谐好听,却是可感可辨的。所以,作者利用人们积累的经验,去揣度难懂或难论的事物,就很容易产生感觉转移的修辞效果。

"这里除了光彩,还有淡淡的芳香,香气似乎也是浅紫色的,梦幻一般轻轻地笼罩着我"。(宗璞《紫藤萝瀑布》)

这里作者将香气诉诸嗅觉,色彩诉诸视觉,梦幻是大脑的幻觉,作者把无形的香气转化成有形的颜色来形容缥缈轻柔的感觉值得注意的是：一种感觉与另一种感觉之间在心理反应上的相似点，是通感的条件，也是这一修辞方式的原则。从上面我们所举的例句中可以看出来，"新年的爆竹声连绵不断，汇合成一天的音响"，这是听觉；而"浓云"也可以是"一天汇合"的，因此浓云虽是视觉所感，但在心理反应上同汇合成一天的音响是相似的。又如"渺茫的歌声"与"缕缕清香"，也都存在心理反应上的相似点。因此这种不同感觉是可以转移的。如果不存在这一条件，任意运用通感，就是错误的。

第四节 辞格的综合运用

在具体言语活动中，有的是某种修辞格单独使用，有的在一句话或一个语言片段中不止一次使用了修辞格或不止使用了一种修辞格，这些修辞格搭配使用，就叫修辞格的综合运用。修辞格的综合运用情况复杂多变，常见的有兼用、套用、连用三种类型。

一、辞格的兼用

辞格的兼用是指一种语言表达形式兼用两种或两种以上的辞格，也称兼格。兼格的特点是从某一角度看是这种辞格，换个角度看，又是另一种辞格。几种辞格相互依存，水乳交融，其修辞效果比单一修辞更突出。例如：

①红花岗，是他们的刑场，是他们的战场，也是他们举行那庄严而高尚的婚礼的礼堂。（齐怀《刑场上的婚礼》）

②蓝海靠在车椅背上打盹。一根根铁丝般的胡子在饱经风霜的脸上竖着，就像是一排钢筋。（苏叔阳《旅途》）

③可是在中国，那时是确无写处的，禁锢得比罐头还要严密。（鲁迅《为了忘却的记念》）

④她们从小跟这小船打交道，驶起来就像织布穿梭，缝衣透针一般快。（孙犁《荷花淀》）

例①的"是他们"领起的三个句子结构相似,语气一致,是排比。同时,"是他们"也间隔反复出现了三次,是反复。这句是排比兼反复。例②的"就像是一排钢筋"兼用了比喻和夸张。例③的最后一句是比喻和夸张的兼用。例④也是比喻和夸张兼用。

二、辞格的套用

修辞格的套用是指一个主要修辞格中又包含着其他辞格,形成大套小的包容关系。辞格的套用特点是一句话或一个语言片段总的看来是用了甲修辞格,其中又包含着乙修辞格。几种辞格互相配合,使大辞格有所借助,小辞格有所依托,大小辞格分层次结合。例如:

①桃树、杏树、梨树,你不让我,我不让你,都开满了花赶趟儿。(朱自清《春》)

②风如马,任我跨;云如雨,随我踏。(郭小川《大风雪雨歌》)

③看吧,狂风紧紧抱起一层层恶浪,恶狠狠地将它们甩到悬崖上,把这些大块的翡翠摔成尘雾和碎末。(高尔基《海燕》)

④树缝里也漏着一两点路灯光,没精打采的,是渴睡人的眼。(朱自清《荷塘月色》)

例①总的看来是比拟,其中"你不让我,我不让你"是回环。例②从总的结构看是对偶,但"风如马"和"云如雨"是比喻。例③整个句子是比拟,而"这些大块的翡翠"是借喻,这是比拟中包含着比喻。例④总的是暗喻,中间套着两个连用的比拟。

三、辞格的连用

修辞格的连用是在一段话中接连使用同一辞格或不同辞格的综合修辞。连用是辞格一个接一个地运用,各辞格之间是平行的并列关系。例如:

①他长着一对阴阳眼,左眼的上皮特别长,永远将眼珠囚禁着一半,右眼没有特色,一向是照常上班。(老舍《离婚》)

②泪水模糊了我们的双眼,灵车割断了我们的视线。敬爱的周总理

啊！我们多么想再看一看你，再看一看你啊！（《敬爱的周总理永垂不朽》解说词）

③我麻木的神经在清醒，我滚滚的热血在沸腾！奇耻大辱，大辱奇耻，如毒蛇之齿，撕咬我的心！（李存葆《高山下的花环》）

④盼望着，盼望着，东风来了，春天的脚步近了。

例①是两个比拟的连用。例②是对偶、呼告、反复三个辞格的连用。例③是对偶、回环、比喻的连用。例④是反复、拟人、拟人的连用。以上几例都没有分布上的交叠。

在实际的语言运用中，往往把兼用、套用、连用一起使用，发扬各自的优势，增强话语的表达效果。例如：

①那沉甸甸的稻谷，像一垄垄金黄色的珍珠；炸蕾吐絮的棉花，像一厢厢雪白的珍珠；婆娑起舞的蓬莲，却又像一盘盘碧绿的珍珠。（谢璞《珍珠赋》）

②海在我们脚下沉吟着，诗人一般。那声音仿佛是朦胧的月光和玫瑰的晨雾那样温柔，又像是情人的密语那样芳醇，低低地，轻轻地，又像微风拂过琴弦；像落花飘零在水上。（鲁彦《听潮》）

例①总的看是排比，排比中套用三个比喻，最后一个比喻又套用了比拟。例②总的是连用，第一句是比喻套用比拟。第二句中第一个分句是移觉套用移就，第二个分句用了移觉，最后两句是比喻连用。这些辞格从多方位把夜间平静的海面响声表现得丰富多彩。

四、辞格的综合分析

修辞格综合运用的分析，要注意以下几点：

1. 从宏观把握，弄清辞格间的相互关系。辞格有主次、隐显之分，应按照不同顺序，分层次进行分析。

2. 注意辞格分析的角度。有的辞格可以从形式着手，有的可以从意义着手，有的着眼于词语，有的着眼于句式。分析切不可只取一种而不及其余。不同辞格的表达效果需及时注明，反复推敲，从整体把握语段。

3. 分析可用评点法和层次分析法。

（1）评点法。例如：

盼望着，盼望着（用反复，表达盼望的急切心情），东风来了，春天的脚步近了（用拟人，表达对春到来的欢喜之情）。

（2）层次分析法。例如：

卓尔呀，（呼告）你以温柔的粼粼水波（移觉）洗涮它们淡淡的哀愁，（比拟中套用移觉）以及那驭云载月的翅膀。（夸张）（查干《夜雁，在卓尔边》）

参考文献

［1］陈望道. 修辞学发凡［M］. 上海：上海教育出版社，1979.

［2］曹石珠. 形貌修辞学［M］. 长沙：湖南师范大学出版社，1996.

［3］陈丛耘. 人际沟通的社会心理语言学探索［M］. 北京：群言出版社，2007.

［4］陈丛耘. 现代汉语修辞学［M］. 武汉：华中科技大学出版社，2012.

［5］胡裕树主编. 现代汉语（增订本）（下册）［M］. 上海：上海教育出版社，1993．

［6］李嘉耀、李熙宗. 实用语法修辞教程［M］. 上海：复旦大学出版社，1996.

［7］刘焕辉. 修辞学纲要［M］. 北京：百花洲文艺出版社，1993.

［8］吕叔湘、朱德熙. 语法修辞讲话［M］. 北京：中国青年出版社，1979．

［9］倪宝元主编. 大学修辞［M］. 上海：上海教育出版社，1994.

［10］孙汝建、陈丛耘. 言语技巧趣话［M］. 南京：东南大学出版社，1988.

［11］孙汝建. 修辞的社会心理分析［M］. 上海：上海外语教育出版社，2006.

［12］孙汝建. 修辞理论与修辞方法［M］. 韩国：新星出版社，2002.

［13］谭永祥. 修辞新格［M］. 福州：福建教育出版社，1983.

[14] 王希杰. 修辞学新论 [M]. 北京：北京语言学院出版社, 1993.

[15] 张弓. 现代汉语修辞学 [M]. 石家庄：河北教育出版社, 1993.

[16] 张炼强. 修辞 [M]. 北京：首都师范大学出版社, 1995.

[17] 郑奠、谭全基编, 周定一校补. 古汉语修辞学资料汇编 [M]. 北京：商务印书馆, 1980.

[18] 郑子瑜. 中国修辞学史稿 [M]. 上海：上海教育出版社, 1984.

[19] 中国华东修辞学会复旦大学语言文学研究所编. 语体论 [M]. 合肥：安徽教育出版社, 1987.

[20] 钟敏. 汉语修辞概论 [M]. 北京：中国文联出版社, 2006.

[21] 纪永祥. 新时期语体研究述评 [J]. 青海民族学院学报, 1995 (4).

[22] 刘峰、李军. 网络语体：一种新兴的语体类型探析 [J]. 宁夏大学学报, 2005 (2).

[23] 祁伟. 试论社会流行语和网络语言 [J]. 语言与翻译, 2002 (3).

[24] 孙书杰. 析古诗词曲中的列锦 [J]. 保定师范专科学校学报, 2002 (3).

[5] 王瀸枝. 论跳脱的美学功能 [J]. 思茅师范高等专科学校学报, 2000 (3).

[26] 谢伟民、乙常青. 例说"示现" [N]. 中国中学生报, 2009-06-05.

[27] 许钟宁. 论语体的交叉渗透 [J]. 西北第二民族学院学报, 2002 (1).

[28] 张玉玲. 语体交叉渗透的类型 [J]. 湖北师范学院学报（哲学社会科学版）, 1999 (4).

[29] 赵宏. 新修辞格—变焦 [J]. 修辞学习, 2001 (3).

后 记

"学术"包括"学"和"术"。现代人研究学术，往往喜欢冠以"某某学"，而避称"某某术"，甚至以术充学，厚此薄彼。其实，"术"与"学"同等重要。就修辞研究来说，所谓"理论修辞学"是指修辞学的研究，所谓"实践修辞学"乃指修辞术的研究。修辞学是探讨修辞的本质和活动规律，给人们提供修辞的本体论、系统论和价值论等属于事实理念的知识，修辞术是研究修辞过程中的方法或技巧。修辞学包括修辞术，修辞术里又会折射出修辞学的影子。

翻开修辞研究的历史，无论中国还是西方，都源于说辩修辞术。《鬼谷子》堪称中国第一部专论说辩修辞术的著作。其后的孟子、庄子、荀子、韩非子等，也都有不少说辩修辞术的论述。古希腊亚里士多德的《修辞术》（或译《修辞学》），堪称西方最早的专论说辩修辞术的著作。古罗马的西塞罗和昆体良继承和发展了亚里士多德的修辞术，将修辞研究的范围扩大到构思、谋篇、表达、记忆、演讲等五个方面，但仍属修辞术的范畴。中国从汉代开始，西方从文艺复兴开始，由于政治环境的变化，说辩的市场小了，修辞研究向更广阔的领域拓展，说辩在中国已经变成《国语》《战国策》《说苑·善说》《世说新语》等著作中的历史文学故事，说辩术仅剩了历史的辉煌。修辞研究的重心从口头移到了书面，文章风格和写作术成了修辞研究关注的焦点。进入20世纪后，在现代语言学的影响下，真正属于"学"的修辞研究才开始问世。在西方和日本修辞学的影响下，中国在20世纪初开始出现"学"味浓厚的研究修辞的著作，尤其是陈望道的《修辞学发凡》既讲修辞学对象、范围、任务、性质和作用、修辞风格，又讲积极修辞和消极修辞中的修辞术，应该说是"学"与"术"兼备的修辞著作。

修辞研究从"术"到"学"的发展脉络，反映了研究者对修辞现象的认识不断进步的趋势，但这并不意味着修辞术的彻底没落或毫无价值。实际上人们从来就没有也不可能抛弃修辞术。因为"术"与"学"从来都是相辅相成、不可偏废的。"学"与"术"是一枚金币的两面，表明币值单位的一面是打造的黄金，没有币值的另一面也是黄金打造的。厚此薄彼无益，薄彼厚此无利。所以我在完成了《现代汉语修辞学》（华中科技大学出版社2012）一书之后，又致力于写成《汉语修辞术研究》，其心意也正在于此。

早在1987年，我就与孙汝建教授合著《言语技巧趣话》（学林出版社1987年3月）一书，该书从言语技巧的角度例释了30多种辞格，属于"术"的范畴。其后我又独著了《人际沟通的社会心理语言学研究》（群言出版社2006年12月），主编了《口语交际与人际沟通》（重庆大学出版社2010年9月），并在有关刊物发表了《年代之交的修辞学审视》（《黄淮学刊》1992年第2期），《言语模仿与言语暗示的社会心理分析》（《语言与文学研究》，2004年第1期），《新词语的文化透视》（《中国教育研究与实践》2003年第12期），《汉语修辞的适度原则》，中国修辞学会成立25周年国际学术研讨会（2005年11月；上海外国语大学）论文，《单句的三个平面分析》（《西南民族大学学报》2007年第12期），《谈成语中的比喻修辞艺术》（《宿州教育学院学报》2010年第4期）等，这些更侧重于"学"的研究，这些研究为本书的写作提供了有益的思想积累。